Criminalidade Organizada

Criminalidade Organizada
INVESTIGAÇÃO, DIREITO E CIÊNCIA

2017

Coordenadores:
Eliomar da Silva Pereira
Guilherme Cunha Werner
Manuel Monteiro Guedes Valente

CRIMINALIDADE ORGANIZADA
INVESTIGAÇÃO, DIREITO E CIÊNCIA

© ALMEDINA, 2017

COORDENADORES: Eliomar da Silva Pereira, Guilherme Cunha Werner,
Manuel Monteiro Guedes Valente
DIAGRAMAÇÃO: Almedina
DESIGN DE CAPA: FBA
ISBN: 978-85-8493-201-6

Dados Internacionais de Catalogação na Publicação (CIP)
(Câmara Brasileira do Livro, SP, Brasil)

Criminalidade organizada : investigação, direito e
ciência / coordenadores Eliomar da Silva
Pereira, Guilherme Cunha Werner, Manuel Monteiro
Guedes Valente. -- São Paulo : Almedina, 2017.
ISBN: 978-85-8493-201-6
1. Crime organizado 2. Direito penal 3. Direito
processual penal 4. Segurança pública I. Pereira,
Eliomar da Silva. II. Werner, Guilherme Cunha.
III. Valente, Manuel Monteiro Guedes.

17-05387   CDU-343.341

Índices para catálogo sistemático:

1. Criminalidade organizada : Direito penal 343.341

Este livro segue as regras do novo Acordo Ortográfico da Língua Portuguesa (1990).

Todos os direitos reservados. Nenhuma parte deste livro, protegido por copyright, pode ser reprodu-
zida, armazenada ou transmitida de alguma forma ou por algum meio, seja eletrônico ou mecânico,
inclusive fotocópia, gravação ou qualquer sistema de armazenagem de informações, sem a permissão
expressa e por escrito da editora.

Julho, 2017

EDITORA: Almedina Brasil
Rua José Maria Lisboa, 860, Conj.131 e 132, Jardim Paulista | 01423-001 São Paulo | Brasil
editora@almedina.com.br
www.almedina.com.br

NOTA DOS COORDENADORES

O *Observatório de Criminalidade Organizada (OB-COR)* tem a finalidade de promover ações de pesquisa destinadas a excelência no ensino, formação e especialização dos profissionais de segurança pública, bem como a difusão da doutrina policial no plano nacional e internacional, instituído oficialmente no dia 9 de março de 2016, em Brasília, de acordo com a missão e objetivos da Academia Nacional de Polícia – Polícia Federal do Brasil.

Trata-se de um sólido conjunto de iniciativas acadêmicas inseridas no Programa de Pesquisa da Escola Superior de Polícia, projeto *Corpus Delicti – Investigação Criminal, Direito e Ciência,* o qual tem por objetivo fomentar pesquisas multidisciplinares sobre a criminalidade nacional e transnacional, a partir de dados de inquéritos que tenham investigado organizações criminosas, um importante resultado da continuidade de trabalhos conjuntos que se têm realizado no âmbito do Acordo de Cooperação entre a Academia Nacional de Polícia (Brasil) e o Instituto Superior de Ciências Policiais e Segurança Interna (Portugal), contando com a colaboração de outras instituições que têm convênio acadêmico com a Polícia Federal, designadamente o Instituto de Pesquisa Econômica Aplicada (IPEA) e a Universidade de São Paulo (USP).

Os autores do presente livro são integrantes do Conselho Cientifico da *OB-COR* e foram palestrantes no evento inaugural. Os artigos aqui reunidos apresentam a síntese das diretrizes basilares desse projeto pioneiro. Cabe destacar que a metodologia do programa de pesquisa atenta às especificidades sociais, políticas e econômicas que exsurgem da *sociedade global do risco,* tendo em conta os dados coletados da prática e da experiência das instituições policiais, judiciais e universitárias. Assim, pretende-se

CRIMINALIDADE ORGANIZADA

fomentar o estudo de modo integral do fenômeno criminal, na perspectiva integrada da Ciência Policial, preventiva e investigativa, das Ciências Criminais, que englobam disciplinas importantes como o Direito Constitucional, Direito Penal, Direito Processual Penal, Criminologia e Política Criminal, além de estudos complementares no âmbito multidisciplinar, com o objetivo de melhorar a compreensão sistemática dos problemas enfrentados pela Justiça penal e apresentar soluções para a construção de políticas públicas mais eficazes e eficientes para a solução dos problemas.

O livro foi organizado de forma didática com o fim de apresentar um panorama sobre três pilares centrais, que estão umbilicalmente ligados na pesquisa científica do crime organizado:

1 – Ciência: busca-se propor a estruturação de uma teoria científica sistemática sobre o crime organizado de forma ampla, abrangendo suas causas e efeitos, com ênfase nos aspectos dogmáticos e multidisciplinares;

2 – Direito: apresenta-se uma análise dos desafios a serem enfrentados no desenvolvimento da arquitetura jurídica da figura típica do crime organizado em suas várias dimensões;

3 – Investigação: análise objetiva e pragmática sobre as apurações preventivas e investigativas realizadas no âmbito do crime organizado, com o fim de possibilitar a sistematização dos dados, troca de experiências e propostas de aperfeiçoamento da atuação profissional.

Na primeira parte, o artigo *Cleptocracia: Corrupção Sistêmica e Criminalidade Organizada*, de Guilherme Cunha Werner, analisa o fenômeno da corrupção a partir de três dimensões: sociocultural, político-econômico e neoinstitucional, utilizando como ferramenta a teoria das organizações criminosas e, assim, demonstra como ocorre o fenômeno da captura do Estado que leva à transformação do Estado Democrático em uma *cleptocracia* e, por fim, apresenta a proposta de um modelo que permita o redirecionamento do Estado corrompido em um Estado impessoal e igualitário.

Na sequência, Leandro Piquet Carneiro e Fábio R. Bechara, no artigo sobre o *Impacto no Brasil dos Mercados Ilícitos Globais e do Crimes Transnacional*, analisam o impacto das transformações dos mercados ilícitos de bens e serviços globais no Brasil na operação e articulação das forças de segurança, principalmente na integração entre os sistemas de inteligência e informação policial, utilizando como referencial empírico a análise das forças dinâmicas que atuam regionalmente e nacionalmente para a promoção das atividades de tráficos ilícitos.

NOTA DOS COORDENADORES

A *Análise da Criminalidade Organizada e Incremento das Atividades de Inteligência Policial* é o tema abordado por Almir de Oliveira Junior através de uma análise teórica sobre o papel das atividades policiais voltadas ao controle do crime organizado, com destaque ao papel das instituições de segurança pública e da justiça criminal em desenvolver e ampliar suas capacidades investigativas e de modernização dos sistemas de inteligência policial.

Na segunda parte do livro, Manuel Monteiro Guedes Valente aborda o tema *Criminalidade Organizada: tópico juscriminológico supranacional* com enfoque na dificuldade de tipificação legislativa da criminalidade organizada diante da falta de consenso e de rigor científico-jurídico quanto à tipologia do fenômeno. Apresenta um quadro evolutivo sobre a posição das Nações Unidas e, ao final, propõe um conceito, com ênfase em quatro traços: intangilibilidade e impenetrabilidade; invisibilidade; indeterminabilidade das vítimas e elevada lesividade.

O sistema processual penal brasileiro e o projeto de reforma do Código de Processo Penal foram analisados de forma crítica por Nereu José Giacomolli, no artigo *O Processo Penal e a Lei n.º 12.850/2013*, de modo a demonstrar a necessidade de reconfiguração da percussão criminal nos casos de organização criminosa, com ênfase na necessidade de se impor limites e de se preservar um modelo democrático de processo penal.

Marta Saad, em seu artigo *Direito de Defesa no inquérito policial diante dos meios de obtenção de provas previstos na lei brasileira das organizações criminosas*, analisa de forma pontual a questão do direito de defesa na fase do inquérito policial, com ênfase no respeito à integridade da liberdade individual, a partir dos meios possíveis de obtenção de provas na lei de organização criminosa, destacando os institutos da colaboração premiada, interceptações telefônicas e telemáticas e captação ambiental de sinais eletromagnéticos, ópticos ou acústicos, ação controlada, infiltração em atividades de investigação, por policiais, dentre outros meios.

A terceira parte apresenta uma abordagem empírica e crítica sobre a investigação do crime organizado. Eliomar da Silva Pereira, em seu artigo, *A investigação probatória no processo penal contemporâneo*, aborda os desafios a serem enfrentados na adoção de um modelo de investigação criminal, considerando as peculiaridades de cada fase do processo penal, em especial, as realizadas na fase preliminar do inquérito, de modo que sejam consideradas aptas a serem utilizadas na fundação da decisão judicial condenatória.

No artigo *Ação controlada na investigação da criminalidade organizada*, Carlos Roberto Bacila apresenta reflexões sobre a necessidade da ação controlada policial, ou seja, aborda os requisitos e limites do retardo da intervenção policial ou administrativa nas ações praticadas por organizações criminosas ou a ela vinculadas, com o fim de mantê-las sob observação e acompanhamento para que a medida legal se concretize no momento mais eficaz à formação da prova e obtenção de informações, com análise do direito comparado e nacional.

A complexidade e os desafios da investigação nos casos envolvendo o crime organizado e a lavagem de dinheiro foram examinados e criticados por Márcio Adriano Anselmo no artigo *Crime Organizado e Lavagem de Dinheiro: uma aproximação quanto aos métodos de investigação*, devendo-se destacar que, além do caráter teórico e embasamento legal, o texto ressalta os dilemas pragmáticos que surgem com as figuras novas da colaboração premiada, ação controlada, infiltração de agentes, acesso a registros e dados cadastrais, documentos e informações, aspectos peculiares da lei de combate à lavagem de dinheiro, tanto no aspecto criminal, quanto de inteligência financeira.

Nesse contexto, os Coordenadores têm a honra de compartilhar com os acadêmicos, operadores do direito e a comunidade em geral um estudo integral e sistêmico sobre a questão da criminalidade organizada nacional e transnacional de forma multidisciplinar, embasada em profunda pesquisa dogmática, juspositivista-legalista e pragmática, esperando-se assim contribuir para a melhor compreensão do fenômeno e sua prevenção e repressão de forma eficaz e eficiente, com respeito pelos direitos fundamentais e os princípios republicamos e democráticos.

Eliomar da Silva Pereira
Guilherme Cunha Werner
Manuel Monteiro Guedes Valente

SUMÁRIO

Nota dos coordenadores..5

PARTE I: CIÊNCIA

1. Cleptocracia: Corrupção sistêmica e criminalidade organizada.................... 17

1. Introdução... 17
2. Organização Criminosa: dimensões estruturais..20
    2.1. Conceito tradicional..20
    2.2. Conceito contemporâneo 25
3. Corrupção: dimensões conceituais..27
    3.1. Sociocultural...30
    3.2. Político-Econômico...32
    3.3. Neoinstitucional (Redes Difusas)...35
4. Corrupção: a formação do Estado *Cleptocrata* 39
    4.1. Clientelismo:...43
    4.2. *Patronagem*: 44
    4.3. Particularismo: 46
    4.4. Assistencialismo: 46
5. Patrimonialismo e *Neopatrimonialismo*, os dois Brasis:............................53
6. Democracia: Controle e Superação da Cleptocracia..................................68
7. Conclusão..73
Referências: 75

CRIMINALIDADE ORGANIZADA

2. O impacto no Brasil dos mercados ilícitos globais e do crime transnacional.....79

1. Introdução: as grandes transformações nos mercados ilícitos de bens
e serviços globais...79
2. Mercados Ilícitos e Crime Organizado 83
3. A narrativa sobre a presença do crime organizado no Brasil 95
4. A magnitude dos mercados ilícitos globais...89
   O mercado das drogas ilícitas 93
   Além das drogas: mercados ilícitos emergentes.................................102
5. Plano de ação: Desafios para as políticas públicas.............................107
6. Conclusão 110
Referências 112

**3. Análise da criminalidade organizada e incremento das atividades
de inteligência policial** 115

Introdução...115
1. A criminalidade organizada..117
2. Sociologia do crime organizado: a dinâmica da empresa criminosa....120
3. Por uma visão estratégica: importância das atividades de inteligência policial.124
Conclusão 128
Referências 129

PARTE II: DIREITO

4. Criminalidade organizada: tópico juscriminológico supranacional...........133

1. Enquadramento geral. Concetualização confusa e difusa. A quebra de
confiança. A relação umbilical entre criminalidade organizada e o fenómeno
do terrorismo. Efeitos negativos desregulação e a interioridade global 133
2. Análise doutrinária na linha do pensamento hassemeriano. Uma
conflitualidade concetual e desenfreada. A teoria de tudo (o nada).
O afastamento dos critérios tradicionais 136
3. O quadro jurídico conceitual intrínseco aos códigos e legislação avulsa
penais. A construção (a)jurídica (e política) das Nações Unidas –
A Convenção de Palermo. Os critérios axiomáticos da dogmática penal
dos últimos 40 anos. A nossa posição..138
3.1. Análise global jurídico-criminal positiva. A conflitualidade discursiva
dogmático-jurídico-criminal. A necessária descida ao discurso dogmático...........138

3.2. A Convenção das Nações Unidas Contra o Crime Organizado. Os critérios dominantes e o critério dominante: organizativo. Os critérios: fechado, aberto e remissivo. Um conceito ajurídico, acientífico e tecnicamente deficitário 140

3.3. A teoriahassemeriana da criminalidade organizada. Os traços identitários de uma criminalidade organizada. A negatividade do Estado pela criminalidade organizada..144

3.4. A nossa posição. Um reajuste concetual necessário e urgente. A consciência do rigor concetual jurídico para o mundo da prova. O bem jurídico como reinício da discussão...146

Referências 150

5. O Processo Penal e a Lei 12.850/2013...151

Introdução 151
1. O projeto de reforma do Código de Processo Penal 152
2. Crítica às reformas parciais de 2008 156
3. Reconfiguração da persecução das organizações criminosas...................161
4. Limites da *persecutio criminis* nas organizações criminosas 162
5. Preservação de um modelo democrático de processo penal....................168
Conclusão..170
Referências 171

6. Direito de defesa no inquérito policial diante dos meios de obtenção de provas previstos na lei brasileira das organizações criminosas 173

1. Introdução..173
2. Direito de defesa no inquérito policial: da negação por décadas à edição da Súmula Vinculante nº. 14, do Supremo Tribunal Federal..........................175
   2.1. Funções e finalidades do inquérito policial 175
   2.2. Extensão do direito de defesa assegurado na Constituição da República ... 178
   2.3. Inoponibilidade de sigilo em relação ao acusado e seu defensor 182
   2.4. Proposição, admissão e produção de meios de prova............................185
3. Os meios de obtenção de provas na lei das organizações criminosas.................187
   3.1. Colaboração premiada 189
   3.2. Interceptação de comunicações telefônicas e telemáticas e captação ambiental de sinais eletromagnéticos, ópticos ou acústicos....................................191
   3.3. Ação controlada 193
   3.4. Infiltração, por policiais, em atividade de investigação 194
   3.5. Demais meios de obtenção de prova previstos na Lei nº. 12.850/13.............194
4. Considerações finais 195
5. Referências 197

CRIMINALIDADE ORGANIZADA

PARTE III: INVESTIGAÇÃO

7. A investigação probatória no processo penal contemporâneo 201

1. Tendências da investigação no processo penal 201
2. Tipologia das investigações criminais 206
3. A investigação probatória 211
    3.1. Atos de investigação como atos de prova 211
    3.2. A inevitabilidade de instrução na investigação 215
Referências 216

8. Ação controlada na investigação da criminalidade organizada 219

Introdução. Um caso de ação controlada nos anos 1990 antes da atual legislação 219
1. Ação Controlada e Direitos Humanos 221
2. Terminologia 225
3. Origem 227
4. Conceito 229
    4.1. Conceito Legal 230
5. Requisitos Legais 230
6. Características 231
7. Espécies 232
8. Incidentes na Ação Controlada 233
    8.1. Lesão ao Bem Jurídico: Limites 233
    8.2. Direitos Fundamentais em Questão 235
    8.3. Transposição de Fronteiras 236
    8.4. Atuação Policial: Requisitos 237
    8.5. Meios de Apoio 238
    8.6. Mecanismos Internacionais 238
9. Direito Comparado e Competência 239
    9.1. Portugal 239
    9.2. Espanha 240
    9.3. França 240
    9.4. Itália 240
    9.5. Argentina 241
    9.6. Alemanha 241
10. Estudo de Caso na Área Ambiental 242
11. Conclusão 245
Referências 246

SUMÁRIO

9. Crime organizado e lavagem de dinheiro: uma aproximação quanto aos métodos de investigação 249

Introdução 249

1. Lavagem de dinheiro, corrupção e crime organizado: rumo a uma interação investigativa 250

2. Os meios de investigação e obtenção de prova na criminalidade organizada 255

    2.1. Colaboração premiada 256

    2.2. A Ação Controlada 259

    2.3. Infiltração de Agentes 259

    2.4. Do Acesso a Registros, Dados Cadastrais, Documentos e Informações 262

3. Lei de lavagem e investigação 262

4. Mecanismos de controle e regulação administrativa 269

Conclusão 276

Referências 278

PARTE I: CIÊNCIA

1. Cleptocracia: Corrupção sistêmica e criminalidade organizada[1]

Guilherme Cunha Werner[2]

1. Introdução

O julgamento do caso *Mensalão* foi um marco na memória nacional ao revelar e possibilitar o acesso ao vivo da transmissão das sessões do Supremo Tribunal Federal que julgaram a denúncia sobre *"o loteamento político dos cargos públicos em troca de apoio às propostas do Governo"*[3] com a finalidade de *"financiar campanhas milionárias nas eleições, além de proporcionar o enriquecimento ilícito de agentes públicos e políticos, empresários e lobistas que atuam nessa perniciosa engrenagem"*[4], um esquema ilícito de financiamento político

---

[1] O presente artigo insere-se no programa de pesquisa do Pós-Doutorado em Direito Penal Medicina Legal e Criminologia da Faculdade de Direito da Universidade de São Paulo com a supervisão da Profa. Janaina da Conceição Paschoal é destina-se a fornecer o embasamento teórico necessário para responder se é possível fazer política de forma ética ou a política é um mundo a parte

[2] O autor é Doutor e Mestre em Ciência Política pela Universidade de São Paulo FFLCH/USP. Professor da Academia Nacional de Polícia do Departamento de Polícia Federal no Curso de Formação Profissional e no Programa de Pós-Graduação, Presidente do Conselho Científico da Escola Superior de Polícia (ANP/DPF). Pesquisador do Núcleo de Políticas Públicas NUPPs/USP e Delegado de Polícia Federal aposentado.

[3] Denúncia do Caso Mensalação, p. 7, do Procurador-Geral da República Antonio Fernando Barros e Silva de Souza, em 30 de março de 2006.

[4] Ibidem.

organizado pelo Partido dos Trabalhadores (PT), abastecido com dinheiro público para garantir apoio ao governo no Congresso, entre janeiro de 2003 e junho de 2005. Na ocasião, o debate sobre a tipificação ou não da ocorrência do crime de formação de quadrilha entre os réus do núcleo político da Ação Penal n.º 470, com origem no Inquérito Policial 2245, acabou por ser afastado, uma vez que a maioria dos Ministros deliberou[5] que os réus teriam se reunido para obter vantagens individuais, sem perturbar a ordem pública, o que caracterizaria apenas coparticipação, ou seja, a Corte entendeu que seria necessária a prova da associação de maneira estável e permanente para a prática de crimes em geral.

O mesmo problema se revelou a partir das investigações da *Operação Lava Jato*[6], do Departamento de Polícia Federal, com a identificação de novas condutas do mesmo núcleo político, ampliadas, o que nos leva a refletir sobre a necessidade de se compreender a corrupção de forma diferenciada, a partir de seu caráter multifacetado. Assim, a corrupção apresenta uma estrutura muito mais ampla do que a figura da quadrilha ou bando,[7] transcende a concepção clássica das organizações criminosas, uma vez que, apesar de compartilharem a mesma matriz teórica, se voltam ao cometimento de atos ilícitos orientados para a obtenção de vantagens indevidas, estruturadas mediante redes difusas e fluídas estabelecidas por múltiplos atores e seus intermediários, impondo um novo parâmetro interpretativo.

Nesse contexto, é possível abordar a corrupção por intermédio de dois eixos interpretativos: *(i)* o primeiro voltado à investigação, controle, prevenção e repressão com viés nitidamente normativo e organizacional; *(ii)* o segundo focado no caráter ético/moral do indivíduo e sua opção pela corrupção fundado nos estudos da criminologia e nas teorias comportamentais da Escolha Racional e da Ação Planejada.

---

[5] Observo que houve a alteração de dois componentes do Supremo Tribunal Federal durante o julgamento, com o ingresso dos Ministros Luis Roberto Barroso e Teori Zavascki.

[6] Dados atualizados: até o dia 4/9/2016 a operação Lava Jato como um todo já gerou 81 inquéritos que investigam 364 pessoas – com foro ou não – sendo 54 parlamentares, ministros do Tribunal de Contas da União e a ex-presidente Dilma Rousseff. Dados disponíveis em: http://congressoemfoco.uol.com.br/noticias/lava-jato-dois-anos-apos-chegar-ao-stf-nenhum-politico-foi-julgado/. Consulta em 12.10.2016.

[7] Versão original do tipo penal de Quadrilha ou bando: Art. 288 – Associarem-se mais de três pessoas, em quadrilha ou bando, para o fim de cometer crimes: Pena – reclusão, de um a três anos. (Vide Lei 8.072, de 25.7.1990) Parágrafo único – A pena aplica-se em dobro, se a quadrilha ou bando é armado. (Alterado pela Lei nº 12.850, de 2.013)

O presente trabalho limitar-se-á a analisar o primeiro eixo com o objetivo de desenhar o caráter estrutural da corrupção em toda sua dimensão, a partir da *Teoria das Organizações Criminosas*, e possibilitará identificar a corrupção sistêmica como fenômeno presente na conjuntura sociocultural e político-econômica de diversos países, ricos ou pobres, subdesenvolvidos ou em desenvolvimento, e o ambiente onde os corruptos e corruptores, por intermédio dos instrumentos do clientelismo, *patronagem*, particularismo e assistencialismo, assumem o poder e determinam a distribuição dos recursos públicos em favor de determinados grupos ou indivíduos que se obrigam na garantia e manutenção deste *status*, demonstrando como o Estado é apoderado, a democracia é deturpada, corrompida e substituída pela *cleptocracia*.

A atualização do conceito de criminalidade organizada é necessária uma vez que o modelo tradicional identifica a corrupção como uma ação garantidora da impunidade das organizações criminosas em dupla perspectiva, para assegurar os proventos da atividade ilícita, e possibilitar a impunidade de seus membros. Entretanto tal perspectiva não é suficiente para fornecer o instrumental necessário à exata compreensão do fenômeno da corrupção sistêmica desenvolvida por servidores públicos e agentes políticos de Estado (funcionários públicos).[8]

---

[8] A Convenção das Nações Unidas Contra a Corrupção (Decreto 5.687/2006) em seu artigo 2º utiliza a expressão funcionário público como gênero que abrange: *"i) toda pessoa que ocupe um cargo legislativo, executivo, administrativo ou judicial de um Estado Parte, já designado ou empossado, permanente ou temporário, remunerado ou honorário, seja qual for o tempo dessa pessoa no cargo; ii) toda pessoa que desempenhe uma função pública, inclusive em um organismo público ou numa empresa pública, ou que preste um serviço público, segundo definido na legislação interna do Estado Parte e se aplique na esfera pertinente do ordenamento jurídico desse Estado Parte; iii) toda pessoa definida como "funcionário público" na legislação interna de um Estado Parte. Não obstante, aos efeitos de algumas medidas específicas incluídas no Capítulo II da presente Convenção, poderá entender-se por "funcionário público" toda pessoa que desempenhe uma função pública ou preste um serviço público segundo definido na legislação interna do Estado Parte e se aplique na esfera pertinente do ordenamento jurídico desse Estado Parte. "*A denominação que será utilizada no presente texto é funcionário público por englobar servidor público e agente político. Destacando que o conceito da Convenção de Mérida é compatível com o Código Penal (Decreto-Lei n.º 2.848/1940) em sua definição legal de funcionário público: Art. 327 – *Considera-se funcionário público, para os efeitos penais, quem, embora transitoriamente ou sem remuneração, exerce cargo, emprego ou função pública. § 1º – Equipara-se a funcionário público quem exerce cargo, emprego ou função em entidade paraestatal, e quem trabalha para empresa prestadora de serviço contratada ou conveniada para a execução de atividade típica da Administração Pública.* (§1º incluído pela Lei n.º 9.983/2000)

CRIMINALIDADE ORGANIZADA

A abordagem autônoma da corrupção em suas diversas matrizes, por outro lado, não pode prescindir dos estudos das redes proposto na teoria das organizações criminosas, assim, para compreender o alcance da análise econômica levada a termo pelo corrupto e identificada na avaliação dos custos e benefícios da sua conduta, a corrupção deve ser compreendida como um fenômeno: *(i) individual* em seu caráter ético-moral e *(ii) coletivo* na perspectiva sistêmica, multidimensional e universal. Fornece, assim, o instrumental capaz de identificar uma dupla via de ação, de um lado representada por servidores públicos e agentes políticos que capturam o Estado e transmutam o público em privado, impondo como o Estado vai atuar e, por outro, representa os interesses privados ao analisar como estes influenciam a alocação dos recursos públicos e as decisões públicas.

2. Organização Criminosa: dimensões estruturais

2.1. Conceito tradicional

O conceito tradicional de organização criminosa[9] utiliza a corrupção como um dos seus elementos de composição, impondo-lhe o caráter de componente instrumental ao limitar o espectro de abrangência da corrupção à dimensão de assegurar os proventos ilícitos obtidos, bem como, garantir a impunidade dos seus integrantes por meio do pagamento de propinas e subornos, tal perspectiva é reforçada com os estudos das máfias,[10] especi-

---

[9] Conceito é a parte integrante de um julgamento, proposição ou teoria, sendo o resultado do processo de organização sistemática do pensamento em unidades de análise, não é a unidade última acabada ou indivisível, pode sofrer aumento ou diminuição por adição ou subtração de suas características (elemento de composição) e deve ser a representação mais próxima possível da realidade, sendo formulado a partir da associação de estímulos e reações a sinais (signos) e sua valoração com atribuição de significado na formação de um conjunto de ideias particulares (símbolos) conforme apontado por Edward B. Titchener (1922) na obra Psychology. 3 ed. Nova York, Macmillan; David Sills. Enciclopedia Internacional de las Ciências Sociales. Volume II PP. 692-696 Aguilar (1974).

[10] As teorias a respeito da origem do termo máfia divergem, uma delas estabelece que o adjetivo Siciliano *mafiusi*, possivelmente derivado da palavra árabe *mahyas* cujo significado remete ao fanfarrão, vanglorioso ou agressivo, bem como a palavra árabe *marfud* que significa rejeitado ou em uma tradução livre designaria fanfarronada, bravata, presunção ou insolência. Assim a referência ao *mafiusu*, é ambígua na Sicília do século XIX, podendo tanto significar famoso e arrogante, como também um empreendedor destemido e orgulhoso, o etnógrafo Giuseppe Pitrè por seu turno aponta que a associação da palavra com as atividades criminosas

ficamente da Máfia Italiana e Americana ao identificar um núcleo central de poder cujo caráter é eminentemente familiar fundado nos valores da *"onore"* (Código de Honra) e *"omertà"* (Lei do Silêncio), características essenciais para a legitimação e manutenção da organização criminosa sob a égide de um comando central exercido pelo *"capo"* (Chefe) (Alarchi, 1988: 14-23; Albini; 1971: 37-38; Albanese, 2007: 126-127; Gambetta, 1996: 262; Lunde, 2004: 55-63; e Ziegler, 2003: 56).

A ampliação do campo de ação entre famílias mafiosas e os laços estruturantes estabelecidos propiciaram uma inter-relação em diversos substratos culturais e étnicos compostos especialmente por italianos, americanos, irlandeses e canadenses o que propiciou o alargamento das áreas de atuação, e uma maior abrangência de mercado, com especial destaque ao período entre 1919 e 1933, durante a Lei Seca[11], destinada ao controle do comércio de bebidas alcoólicas em todo o território norte-americano (Alarchi 1988: 22-25; Albini, 1971: 49; Robinson, 2001: 31-40 e Ziegler 2003: 111-115), tais características foram centrais na identificação da rígida hierarquia das máfias e possibilitou identificar a interdependência do sistema político-social e seu impacto na economia especificamente no uso das leis de mercado especificamente na oferta e demanda de bens e serviços ilegais e sua infiltração nos mercados lícitos.

A maioria das pesquisas adotou o modelo das máfias como ponto de partida, destacando-se, o pensamento concebido, em 1969, de Donald R. Cressey[12], ao identificar o criminoso organizado como aquele que conquis-

---

foi feita inicialmente por Giuseppe Rizzotto e Gaetano Mosca na clássica peça teatral *Imafiusi di la Vicária* (A Bela Gente de Vicária), ao retratar as gangues de criminosos de Palermo (Gambetta, 1993: 136 – 137; Gundle e Rinaldi 2007: 116-120), outras fontes indicam o levante dos camponeses Sicilianos contra a unificação forçada da Itália sob o reino da casa de Sabóia em 1865, nos documentos romanos originais surge a expressão máfia para designar os camponeses revoltados (Ziegler, 2003: 56-57).

[11] Lei Seca denominada em inglês *Prohibition of Alcohol*, conhecida também como *Prohibition*, foi a proibição adotada nos Estados Unidos, a partir de 16 de janeiro de 1919, com a ratificação da 18ª Emenda à Constituição, objetivando proibir o comércio e o fabrico de bebidas alcoólicas, esta norma proibitiva permaneceu em vigor até 5 de dezembro de 1933 quando foi abolida, muito em razão da sua inaplicabilidade prática .

[12] Donald R. Cressey (1919-1987) pode ser considerado o fundador dos estudos sobre o crime organizado, seu livro *"Theft of the Nation: The Structure and Operations of Organized Crime in America"*, de 1969, apresenta o conceito original: *organized criminal, by definition, occupies a position in a social system, an "organization", which has been rationally designed to maximize profits by performing illegal services and providing legally forbidden products demanded by the members of the broadersociety in*

ta uma posição em um sistema social e compõe uma organização racionalmente concebida para maximizar os lucros no oferecimento de bens e serviços ilícitos visando atender as demandas da sociedade na qual se insere, podendo ser identificado no seguinte diagrama:

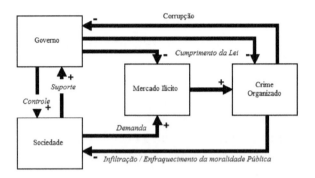

Modelo Analítico – Donald Cressey

A importância da análise dos vínculos interpessoais e da perspectiva econômica pode ser observada também na proposta de Klaus von Lamp (2003)[13], que se propõe a identificar, através de um modelo analítico, os fluxos e as demandas por bens e serviços ilegais que propiciam o aparecimento de organizações criminosas bem estruturadas e poderosas, que interagindo com a economia legal estabelecem vínculos com o *governo*

---

which he lives. Posteriormente o autor em seu trabalho *"Criminal Organization"* e *"Methodological Problems in the Study of Organized Crime as a Social Problem."* Annals of the American Academy of Political and Social Science.374 (1967) e de 1972, desenvolveu melhor as ideias referentes a relação social da organização criminosa."*Methodological Problems in the Study of Organized Crime as a Social Problem."* Annals of the American Academy of Political and Social Science.374 (1967) Cressey destaca os elementos constitutivos como: (a) organização totalitária; (b) busca da imunidade e da proteção da lei pela corrupção; (c) permanência; (d) atividades lucrativas de risco relativo; (e) uso de medo contra as vítimas e sócios e da chantagem contra os sócios públicos; (f) contínuo ataque ao poder legal constituído; (g) isolamento dos líderes; e (h) disciplina rígida e hierarquia de graus. (Cressey, 1969: 72 e 311-315).

[13] A crítica de Klaus Von Lampe ao modelo apresentado por Donald R. Cressey (1969), é justamente de considerar uma organização criminosa emergente ou de dimensões menores, com a mesma potencialidade dos grupos criminosos maiores, compostos e com ramificações e influência nos Estados, uma vez que as organizações emergentes também participam de forma ativa no crime organizado, considerado-se em seu conjunto desempenhando um importante papel nas redes.

através de instrumentos como a corrupção e com a *sociedade*, minando a moral pública conforme podemos observar (Lampe 2003:05):

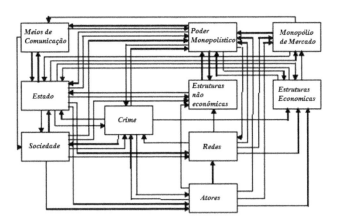

Modelo Analítico – Klaus vonLampe

O sociólogo Howard Abadinsky[14] destacou as características centrais do crime organizado: *(a)* não apresenta objetivos políticos; *(b)* organização hierarquizada; *(c)* a participação de seus membros é definida através das qualidades individuais específicas; *(d)* formam uma *subcultura*, os participantes aceitam padrões e regras comportamentais; *(e)* perpetuação da organização criminosa com a agregação de novos membros; *(f)* uso da força e da corrupção visando à impunidade; *(g)* especialização e divisão das tarefas; *(h)* monopólio das atividades ilícitas objetivando a hegemonia e *(i)* comando através de normas e regras pré-estabelecidas, guardando um paralelo com os elementos constitutivos indicados por Donald R. Cressey e servindo de base a todos os estudos subsequentes.

O Século XX foi muito fértil na profusão conceitual do crime organizado conforme identificado nos estudos de Frank Hagan[15], o qual, em 1982, elaborou uma pesquisa voltada a estabelecer um índice de classificação da incidência dos elementos de composição adotados no conceito de crime

---

[14] Nesse sentido ABADINSKY, Howard. (2000). Organized Crime. 6ª ed. Chicago: Wadsworth. Pag. 03-07
[15] Hagan, Frank E. "The Organized Crime Continuum: A Further Specification of a New Conceptual Model," Criminal Justice Review, (Spring, 1983), vol. 8, p. 52-57.

CRIMINALIDADE ORGANIZADA

organizado, sendo revisitado por Jay Albanese[16], ao propor um consenso conceitual através do levantamento da frequência com que determinadas características foram utilizadas pelos diversos autores, das mais variadas áreas do conhecimento, ao longo dos últimos 35 anos, indicando a preponderância da hierarquia como a principal modalidade estruturante das organizações criminosas. A mesma metodologia foi aplicada no estudo de Bruce Hoffman, em 1998, retomando a pesquisa de Alex P. Schmid e Albert J. Jongman, elaborada em 1988, que identificou em 109 conceitos de terrorismo a frequência dos seus elementos característicos concluindo que a violência e o caráter político detêm respectivamente com 83,5% e 65% de incidências sobre 6% relativo ao aspecto criminal.[17]

Os modelos de análise com sensual baseados na média estatística de incidência de determinadas características, ao longo do tempo, acabaram por limitar e restringir a percepção do verdadeiro alcance das organizações criminosas e a aplicabilidade de sua teoria aos estudos da corrupção, por apresentar uma formulação conceitual baseada em fatos pretéritos limitados a identificar a rígida hierarquia como característica prevalente, tendência reformulada apenas no debate internacional, especificamente nos anos 90, o que possibilitou delinear novos modelos de análise baseados no grupo estruturado.[18]

---

[16] Jay Albanese (2007) Organized Crime in our Times. 5ª ed. Lexis Nexis pág. 03-05 apresenta as seguintes características: hierarquia organizada e permanente (10, lucro racional através do crime (13), uso da força ou ameaça (12) corrupção para manter a imunidade (11), demanda pública por serviços (7) monopólio sobre o mercado privado (06), associação restrita (04), não ideológico (04), especialização (03), código secreto(03), planejamento extenso (02) e ao final propor um conceito de Crime organizado é um empreendimento criminal contínuo que trabalha racionalmente para lucrar com atividades ilícitas que estão na demanda do grande público.

[17] Veja o estudo completo em Bruce Hoffmann no livro Inside Terrorism. New York: Columbia University Press, (2006: 40) e Alex P. Schmid e Albert J. Jongman no livro *Political Terrorism. A new guide to actors, authors, concepts, data bases, theories & literature.* New Brunswick, NJ: Transaction Publishers, (2008: 05-06).

[18] A Convenção das Nações Unidas Contra o Crime Organizado Transnacional (Convenção de Palermo) apresenta um caráter dinâmico para o conceito de crime organizado, com destaque a sua forma estrutural, como disposto no Art. 2º:"Grupo criminoso organizado" – grupo estruturado de três ou mais pessoas, existente há algum tempo e atuando em conjunto e com o propósito de cometer uma ou mais infrações graves ou enunciadas na presente Convenção, com a intenção de obter, direta ou indiretamente, um benefício econômico ou outro benefício material; "Infração grave" – ato que constitua infração punível com uma pena de privação

2.2. Conceito contemporâneo

Novos desafios devem ser notados para compreensão atual das organizações criminosas, uma vez que, a corrupção deixou de ser considerada uma componente central de sua definição, as práticas de pagamento de subornos com o objetivo de garantir os proventos ilícitos e a impunidade de seus autores encontram-se inseridas na conjuntura relacionada à comercialização dos ilícitos, conforme os estudos propostos por Margareth Beare (2005), Ian Taylor (2002) e R.T. Naylor (2002), e sinalizam a importância das análises das organizações criminosas sob o ponto de vista de sua atuação nos mercados tanto lícitos, quanto ilícitos.

A corrupção integra-se aos novos mecanismos de escolhas e análise dos riscos operacionais das organizações criminosas, a visão de mercado anteriormente proposta deve ser revista e mirar o controle sobre estruturas macroeconômicas com o reenquadramento em estruturas pequenas e competitivas apresentando uma característica distinta e por vezes oposta ao paradigma clássico das organizações criminosas monopolistas e oligárquicas fundadas na rígida hierarquia (Beare, 2005: 36-37 e 51, Naylor, 2004: 53-55, Taylor, 2002: 120-123), sendo necessária – se não imperiosa – a adequação do antigo fenômeno ao tempo presente: a organização criminosa apresenta-se na forma estrutural em redes difusas e fluidas de atuação econômica (Werner, 2015a: 72-77).

Entretanto, não é possível abandonar por completo os estudos clássicos das organizações criminosas em razão da sua importância e por possibilitar, no campo da criminologia, a identificação do *"crime do colarinho branco"*, no qual seus integrantes dispunham de um *status* social e respeitabilidade junto

---

de liberdade, cujo máximo não seja inferior a quatro anos ou com pena superior; "Grupo estruturado" – grupo formado de maneira não fortuita para a prática imediata de uma infração, ainda que os seus membros não tenham funções formalmente definidas, que não haja continuidade na sua composição e que não disponha de uma estrutura elaborada. O conceito de Grupo Estruturado possibilita a diferenciação com a Associação Criminosa onde duas ou mais pessoas se unem de forma não permanente (alianças *ad hoc* – voláteis) para a prática imediata de ilícito penal punível com uma pena inferior a quatro anos e assim indica seu balizamento de aplicabilidade: (a) – infrações tipificadas na legislação interna de cada país (Art. 5º, 6º, 8º e 23) e infrações relativas à participação em grupo criminoso organizado, lavagem de dinheiro e corrupção (art. 3º n.º 1º alínea "a") e (b) – crimes graves cuja pratica impõe penas privativas de liberdade com pena não inferior a quatro anos (art.3º n.º1 alínea "b").

à sociedade, bem como gozavam do reconhecimento de seus pares como pessoas de grande reputação, contrariando o estereótipo tradicional do delinquente como um pária da sociedade (Sutherland, 1961: 52-54 e 227-233).

A criminalidade oculta, dissimulada e imperceptível, coberta pelo manto da aparente legalidade, começa a ser descoberta, a percepção da corrupção deixa de estar vinculada apenas aos integrantes das organizações criminosas, expande-se e torna possível a compreensão de práticas deturpadas do mundo político, os desvios e malversações dos recursos públicos, a confusão entre patrimônio público e privado, a disputa e exercício do poder influenciam na degeneração do Estado.

Na organização criminosa os agentes devem exercer papéis específicos, dentro do empreendimento ilícito, para a consecução das finalidades estabelecidas nas fases do planejamento, financiamento, lavagem de capitais, recrutamento de novos membros, infiltração em órgãos públicos, cooptação de agentes políticos dentre outras (Barbosa, 2015:98).

Ao analisar as organizações criminosas e seus impactos na democracia, deve ser considerado para além da violação da lei criminal, os reflexos no poder político, institucional e econômico. Luigi Ferrajoli conceitua-a como o crime dos poderosos que viola direitos fundamentais, atenta contra a democracia, a paz e o próprio futuro da nossa convivência pacífica, não é um fenômeno marginal e excepcional, mas sim incorporado no funcionamento normal da nossa sociedade.[19]

No Brasil, a regulamentação da organização criminosa[20] seguiu a tendência mundial de adotar termos vagos e abertos que farão com que o intérprete necessite estudar os diversos modelos de análise com o objetivo de fixar as suas características fundamentais para preencher seu alcance e sentido.

---

[19] Ao receber o Título de Doutor Honoris Causa na Universidade Nacional de Tucumán província da Argentina, o Professor Luigi Ferrajoli, proferiu palestra referenciada na Sentença do Tribunal da Corte Suprema de Justiça da Província de Tucumán/ Argentina, publicada em 05.02.2014 Por Thomson Reuters disponível em:http://thomsonreuterslatam.com/ jurisprudencia/05/02/2014/fallo-del-dia-trata-de-personas-ocultamiento-y-retencion-para-ejercer-la-costitucion#sthash.P8X4LhNi.dpufAcesso em 25.10.2014.

[20] A organização criminosa foi regulamentada no Brasil através da Lei n.º 12.850, de 2 de agosto de 2013, a opção do legislador foi definir a organização criminosa (artigo 1.º, § 1.º) com o fim de dar suporte para a investigação criminal e, paralelamente, inseriu-a como elemento objetivo do tipo penal do crime organizado (artigo 2.º), encerrando a antiga discussão conceitual na diferenciação entre crime organizado e organização criminosa: o legislador optou por adotar apenas a última como denominação oficial do fenômeno.

O conceito jurídico-penal previsto permite desenvolver uma *Teoria Interpretativa das Organizações Criminosas* a partir da sistematização de seus componentes: **(1)** *Estruturas Ordenadas*: considerando a atual preponderância das redes difusas e fluidas sobre a forma tradicional de estrutura hierarquizada; **(2)** *Caráter racional de exploração dos mercados ilícitos*: fundado no cálculo do ganho em relação ao risco da atividade; **(3)** *Vantagem ilícita*: de qualquer natureza economicamente auferível podendo ser um benefício ou privilégio; **(4)** *Capacidade de atuação supranacional de caráter transnacional*: desrespeito as fronteiras dos Estados (Werner, 2015a: 77-78).

3. Corrupção: dimensões conceituais

Conceituar a corrupção não é uma tarefa simples, trata-se de uma manifestação multifacetada e seu debate sofre forte influência das componentes sociais, culturais, políticos e econômicos, entretanto, isoladamente, tais perspectivas não resolvem a questão por não ser possível a compreensão do seu conjunto.

A percepção exata do problema também é influenciada por uma crença destorcida e generalizada de que a corrupção é algo que possa ser justificado como mais uma regra implícita do jogo econômico, uma variável das leis de mercado no mundo competitivo, ou, até mesmo, algo que por falta de opção seja determinante de uma conduta objetivando algum benefício específico, serviço ou posição social, trata-se de uma percepção completamente equivocada do tema.[21]

A origem do termo corrupção encontra fundamento no pensamento aristotélico e em sua observação do mundo físico, especificamente no campo das reações como processos inexoráveis de existência perceptíveis durante toda a vida, do nascimento a morte, sendo a ação motora da mudança do estado inicial da geração, até sua etapa final da morte, sendo a degeneração o estado anímico da corrupção, manifesto na decadência, perecimento, perceptível com a perda da saúde, juventude, vida e virtude como equilíbrio estético e harmônico das formas (Aristóteles 1984: 512-515).

A corrupção como decadência é demonstrada na transição de um estado de virtude (*Areté* forma grega do latim *virtu*) para o estado do vício (*kakós*

---

[21] O pensamento pode ser lido nos textos de Samuel Hutington (1968) em *Political Order in Changing Societies. New Haven: Yale University Press e Nathaniel Leff (1964) em Economic Development Through Bureaucratic Corruption. The American Behavioural Scientist*, p. 8-14.

forma grega do latim *adjectio*); onde as formas de governo classicamente consideradas no pensamento aristotélico que consideram em sua forma de constituição, o número de pessoas no exercício do poder, separando as formas legitimas sujeitas às forças da virtude, equilíbrio e harmonia das formas desviantes e corrompidas pelos vícios da tirania (Aristóteles 1984: 2009-2023).

Assim, a característica central da monarquia é a de ser o governo de um só, da aristocracia no governo de alguns e na *politéia*[22] no governo de toda a coletividade, manifestações da população na polis grega que são corrompidas quando os governantes não procuram o bem comum,[23] e se servem do governo para a satisfação dos interesses pessoais de forma opressiva. Assim, a monarquia decai e surge a tirania, a aristocracia transmuta-se na oligarquia e a *politéia* deturpa-se na Democracia[24], identificando-se que a tirania é uma monarquia, onde o bem de um homem só é objetivo do governo, a oligarquia considera apenas os ricos, e a democracia só os pobres; mas nenhum deles tem o bem comum como propósito (Aristóteles 1984: 2009-2023).

Fenômeno presente desde a aurora da civilização, tanto ocidental, quanto oriental, a corrupção política reveste-se em práticas como o pagamento

---

[22] Politéia é compreendida no pensamento aristotélico de duas formas complementares, no sentido amplo de organização da cidade sobre um regime estabelecido pelo povo, e no sentido estrito na representação de todo o povo (Aristóteles 1984 Política Livro II Capítulos VII à XIV, Livro III Capítulos IV à X e Livro IV).

[23] A encíclica *Mater et Magistra* (1961) editada por Sua Santidade o Papa João XXIII define o bem comum, assim: A Socialização: 65. *"Para o conseguir, requer-se, porém, que as autoridades públicas se tenham formado, e realizem praticamente, uma concepção exata do bem comum; este compreende o conjunto das condições sociais que permitem e favorecem nos homens o desenvolvimento integral da personalidade. E cremos necessário, além disso, que os corpos intermediários e as diversas iniciativas sociais, em que sobretudo procura exprimir-se e realizar-se a socialização, gozem de uma autonomia efetiva relativamente aos poderes públicos, e vão no sentido dos seus interesses específicos, com espírito de leal colaboração mútua e de subordinação às exigências do bem comum. Nem é menos necessário que os ditos corpos apresentem forma e substância de verdadeiras comunidades; isto é, que os seus membros sejam considerados e tratados como pessoas, e estimulados a participar ativamente na vida associativa."* (g.n.).

[24] O conceito de democracia em Aristóteles seria a corrupção do governo popular equivalendo à demagogia, é importante considerar que no mundo aristotélico não é possível falar em democracia uma vez que no mundo antigo a democracia não comportava a representação e era exercida de forma pessoal por todos nas assembleias promovidas na ágora, sendo que o conceito de todos não englobava as mulheres, crianças e escravos (Aristóteles 1984 Política Livro II Capítulos VII à XIV, Livro III Capítulos IV à X e Livro IV).

de suborno para influenciar a decisão de determinado funcionário público, sendo tal prática descrita na história do Egito antigo, em 3.000 a.C. e também no Império Máuria há 2.300 anos onde o primeiro-ministro brâmane de Chandragupta descreveu e relacionou 40 formas de extorsão, bem como na China antiga, onde funcionários recebiam o *Yang-liena* gratificação destinada a *nutrir a incorruptibilidade* e assim evitar a corrupção (Noonan 1989: 12 e 21-22 e Klitgaard, 1988:7).

O mundo clássico da Grécia Antiga já identificava três formas de crimes praticados por funcionários públicos o peculato (*klopês* – crimes contra o patrimônio), a corrupção (*dóron* – dádiva) e o abuso de autoridade (*ádikía* – injustiça), todos apenados de forma rigorosa, inclusive com a morte, como forma de proteger a polis (Oliveira, 1994: 18-19 e Hayashi, 2015: 11-15).

O termo corrupção apresenta um extenso rol de condutas e pode ser utilizado tanto nas atividades da vida privada, quanto da vida pública, interessando ao presente estudo centrar-se na interface das atividades público-privada envolvendo as esferas governamentais com a perversão dos padrões aceitos, que transpõem os limites do mundo da ética ou da moral para uma arena aonde o corrupto chega ao ponto de não aceitar qualquer limite a sua ação, age dentro de um regramento próprio fundado na soberba, avareza e ganância, e só age assim por se considerar mais esperto que todos os demais a sua volta.

A moral e a ética alicerçam a argumentação sociocultural mesmo ao considerar as dificuldades postas na aparente ambiguidade das expressões e sua aplicabilidade como virtude política, presente no pensamento aristotélico *Da Ética a Nicômaco* até Cícero, a ética ou a moral era parte da política, aquela que não tratava as instituições, mas o cidadão, e todas as virtudes na Grécia ou em Roma, são definitivamente virtudes políticas e determina uma única indagação, não se um indivíduo é bom, mas sim se a sua conduta é boa para o mundo em que vive, assim no centro do interesse esta o mundo, e não o eu (Arendt: 2003:151)

A literatura especializada apresenta uma fórmula consensual, um conceito mínimo de corrupção, ao defini-la como sendo a improbidade ou decadência no processo de decisão política onde quem deve decidir se desvia dos critérios legais em troca de determinada vantagem ilícita (Duyne, 2001: 73-75), o uso do poder público para alcançar objetivos privados (Clapham 2004: 50-53), ou seja, a atividade ilícita desenvolvida por agentes políticos dotados de poder de gestão sobre a destinação das verbas públicas, do bem

CRIMINALIDADE ORGANIZADA

público geral, objetivando o benefício privado (Nye, 1967: 119-120; Bohn, 2013: 161 e Gardiner, 2007: 25-28).

Os conceitos indicados afastam a compreensão comumente aceita e equivocada da corrupção ter sua origem na pobreza ou na falta de recursos, capitais ou de qualquer outra fonte de riqueza, mas sim, encontra-se diretamente relacionada à má-governança, na forma como os recursos públicos são distribuídos e na qualidade das estruturas governamentais, sendo um problema que atinge tanto países subdesenvolvidos como Bangladesh e Quênia, como em desenvolvimento no caso da Coréia do Sul e Polônia e, nos desenvolvidos como Alemanha e Reino Unido (Hough, 2013: 32-35).

A revisão teórica da literatura contemporânea proposta por Donatella Della Porta e Alberto Vannucci (2012) possibilita estabelecer uma correlação com a teoria interpretativa das organizações criminosas apresentada, uma vez que compartilham da mesma matriz metodológica das redes difusas e descentralizadas de atuação econômica e indicam a difusão global da corrupção como atividade sistêmica ao considerar as perspectivas de análise sociocultural e político-econômica, como fonte para uma terceira abordagem a neoinstitucional, capaz de identificar o modelo da corrupção sistêmica, conforme os pontos destacados a seguir:

3.1. Sociocultural

Destaca a importância das tradições culturais, normas sociais e valores interiorizados que informam as preferências morais ao considerar o papel do indivíduo na sociedade e sua interação com as organizações políticas e sociais. Apresenta o primado teórico dos indivíduos estarem mais ou menos suscetíveis a praticar atos de corrupção em razão dos valores socioculturais internalizados e manifestos nas normas legais, padrões éticos, cultura e tradição cívica, impondo um elevado custo moral pela sociedade ao desviante das regras (Della Porta e Vannucci, 2012: 12-13).

A abordagem sociocultural contribui para explicar a variação dos níveis de corrupção entre países com sistemas jurídicos semelhantes em razão do custo moral e do modo como cada indivíduo reage às pressões sociais.[25]

---

[25] O Paradoxo Escandinavo conceito identificado por Donatella della Porta e Alberto Vannucci (2012: 12 e 129-130) ao analisar os relatórios do ranking de percepções da corrupção elaborados pela Transparência Internacional desde sua origem em 1995, os quais evidenciam que nos

Variáveis geopolíticas de inserção dos países e o seu entorno não servem como indicadores preponderantes na definição do nível de corrupção, uma vez que prevalece como determinante a soma dos comportamentos de caráter individual, reflexo das escolhas racionais dos indivíduos em relação ao custo moral imposto pela sociedade na qual vivem. A lógica de relacionar níveis de corrupção com países de determinada região do globo, que presumidamente compartilhariam normas socioculturais semelhantes, mostra-se falsa e não soluciona na análise da corrupção, como se pode observar nos dados gerados pelo Índice de Percepção da Corrupção (IPC) da Transparência Internacional, referente ao ano de 2015: *(i)* No Continente Asiático, Singapura e Hong-Kong (8ª e 18ª/IPC) têm classificação superior à média dos seus vizinhos, como a China ou Coréia do Norte, (83ª e 167ª/IPC); *(ii)* Na América do Sul, países como o Uruguai e Chile (21º e 23º/IPC) ocupam posição superior ao Brasil e à Argentina (76ª e 107ª/IPC); *(iii)* Na África, Botsuana (28ª/IPC) destoa de todos os seus vizinhos; *(iv)* na América do Norte, a posição de países como o Canadá e Estados Unidos (9.ª e 16ª/IPC) contrasta coma classificação do México (95º no IPC); *(v)* Na União Europeia, a posição da Grécia e Itália (58º e 61º/ IPC) é também dissonante.[26]

A corrupção não pode também ser considerada como um fenômeno adstrito aos países pobres, ao contrário, em países ricos e desenvolvidos,

---

países do norte da Europa, especificamente escandinavos, os mais altos graus de transparência encontram-se associadas a níveis mais elevados de intervenção pública, o que em outros países é um incentivo a corrupção uma vez que os agentes públicos gerenciam e alocam maiores quantidades de recursos, entretanto o que se observa não segue tal regra, uma vez que outras variáveis se integram a fórmula, como os atores dos setores privado e público incorporam a robustez das barreiras morais, interiorizada nos critérios sociais de reconhecimento do valor e da importância na obediência às leis. Entretanto o Paradoxo Escandinavo apresenta exceções à regra na formação de oligopólio e proximidade dos bancos a corrupção privada acaba por influenciar o ambiente público, bem como empresas que localmente não são corruptas praticam atos de corrupção em outros países.

[26] O fato de Singapura e Botsuana apresentarem um grau de percepção baixo em relação a corrupção, na análise de Robert Rotberg resulta da atuação efetiva da liderança no seu controle e combate e parte da premissa de que o líder leniente ou tolerante a práticas ilícitas permitirá que esta se instale de forma permanente independente dos mecanismos formais de prestação de contas, o destaque da argumentação é a cultura política e os sistemas de valor das instituições políticas como resultante da liderança efetiva, tal argumento entretanto não considera a corrupção sistêmica onde o próprio sistema impede a ascensão de um líder que seja contrário aos seus interesses.

CRIMINALIDADE ORGANIZADA

com altos índices de desenvolvimento humano, as atividades de corrupção são desenvolvidas por cartéis econômicos e partidos políticos, inclusive com respaldo legislativo, como o noticiado no Luxleaks, nome dado ao escândalo financeiro e de sonegação fiscal ocorrido em Luxemburgo e revelado em 2014[27]; o Swissleaks um esquema milionário de evasão fiscal envolvendo bancos e descoberto em 2015 na Suíça[28]; neste contexto, nem o Vaticano, a Santa Sé Apostólica, com profunda tradição, encontra-se imune aos problemas da corrupção, nepotismo e lavagem de dinheiro, como observado no Vatileaks I e II.[29]

3.2. Político-Econômico

Enfatiza a correlação entre os incentivos econômicos e as oportunidades no desenvolvimento de atividades corruptas em um ambiente onde as autoridades públicas são consideradas como atores de estímulo ou desestímulo em tais práticas (Della Porta e Vannucci, 2012: 12-13).

O enfoque econômico é fundado nas leis que regem o mercado, as leis gerais da economia, as quais impõem aos atores a tomada de decisões baseadas em preceitos lógicos de escolha da melhor oportunidade dentro de uma série de variáveis possíveis, neste contexto, busca aplicar a *Teoria da Escolha Racional* no estudo da corrupção, sendo tal enfoque observável nos trabalhos de Gary Stanley Becker (1968), Rose-Ackeman (1978) Isaac Ehrlich (1996) e Robert Klitgaard (1988).

---

[27] Trata-se de um dos muitos fatos tornados públicos por meio do jornalismo investigativo, e pode ser consultado na página site The International Consortium of Investigative Journalists disponível em:
http://www.icij.org/project/luxembourg-leaks/lux-leaks-revelations-bring-swift-response-around-worlde também na página do site do jornal do The Guardian:
http://www.theguardian.com/business/2014/nov/05/-sp-luxembourg-tax-files-tax-avoidance-industrial-scale (Acessos em 05.04.2016).

[28] Disponível no site do The International Consortium of Investigative Journalists disponível em: http://www.icij.org/project/swiss-leaks e também no site do jornal do Le Monde: http://www.lemonde.fr/economie/article/2015/02/08/swissleaks-the-backstory-of-a-worldwide-investigation_4572334_3234.html Acessos em 13.11.2015 (Acessos em 05.05.2016).

[29] Neste sentido recomendo a leitura dos livros Vaticano S.p.A. (2009) e Sua Santitá. Le Carte Segrete Di Benedetto X de Gianluigi Nuzzi (2012) publicados pela editora Chiarelettera, bem como de Emiliano Fittipaldi Avarizia: Le Carte che e velano riccheza, scandali e segreti della chiesadi Francesco (2015) editora Giangiacomo Feltrinelli.

A teoria identifica o corrupto como um indivíduo racional cujo julgamento considera duas variáveis distintas: o ganho decorrente da atividade ilícita em contraponto a possibilidade de serem identificados e levados à justiça e suas consequências incapacitantes (tempo de prisão onde o criminoso não poderá delinquir ou de inelegibilidade onde o agente político não poderá concorrer a cargos) e dissuasórias (como, por exemplo, o perdimento de bens), indicadores do custo do cometimento do crime para o criminoso (Becker, 172-179 e Ehrlich, 1996: 43-48), perspectiva que considerada o resultado da escolha individual e racional determinada pela estrutura entre os custos e benefícios esperados com a atividade ilícita e o custo econômico da incapacitação e dissuasão, variável preponderantes de escolha onde não é considerado o custo moral de característica sociocultural, anteriormente abordado.

A corrupção é um ato de escolha individual, uma vez feita a opção, a ação passa a estar vinculada e intimamente dependente a interação dos outros indivíduos, os corruptos, corruptores e intermediários, os quais estabelecem compromissos alicerçados em decisões coletivas ao considerar os riscos de serem denunciados, capturados e a gravidade das sanções penais, civis e administrativas aplicadas em relação ao ganho esperado com os atos ilícitos praticados. Variáveis como oportunidade e incentivo que influenciam o cálculo do indivíduo em participar e o comportamento dos parceiros e dos intermediários, os riscos da mediação no acordo e a participação do agente público tanto em nível local quanto no plano global encontram-se relacionados à regulamentação e nos graus de intervenção do Estado nos domínios econômico e social, o tamanho das rendas que podem ser estabelecidas e o grau de poder discricionário no exercício da autoridade pública (Rose Ackerman 1978: 08-10).

As componentes da corrupção foram sistematizadas na equação proposta inicialmente por Robert Klitgaard (1988: 74-76),[30] e revistas por

---

[30] $C = M + D - A$ onde o grau de corrupção (C = Degree of Corruption) é proporcional ao número de posições da atividade de monopólio estatal desenvolvido tanto no setor público quanto no setor privado (M = Monopoly), somadas a discricionariedade do agente político de decidir como vão ser alocadas tais rendas (D = Discretion) e subtraída da prestação de contas (A = Accountability) manifesta na eficácia do Estado e social monitoramento do comportamento dos seus agentes (Klitgaard 1988: 74-76).

CRIMINALIDADE ORGANIZADA

Donatella Della Porta e Alberto Vannucci (2012: 13),[31] destacando a análise de Constantin Stephan (2012: 26-28)[32] ao incluir a moralidade como variável de controle, entretanto, para efeito do presente estudo, tal variável não será considerada uma vez que apresenta um caráter subjetivo vinculado a escolha intima racional, e não será considerada uma vez que se pretende desenvolver uma análise no plano institucional.

Desta forma é possível fixar a correlação determinante do nível de corrupção nos pares de variáveis de atuação (M + D) subtraídas dos de controle (T + A), assim equacionada:

$$C = (M + D) - (T + A)$$

Onde:

C – Nível de Corrupção;

M – Posições monopolistas do agente político como único formulador da decisão;

D – Poder discricionários do agente político na escolha das alocações dos recursos públicos;

T – Grau de transparência das instituições;

A – Possibilidade de controle e responsabilização dos funcionários públicos (prestação de contas).

Portanto, o grau de monopólio (M) do agente político é auferível na quantidade de recursos disponíveis em jogo e guarda relação com a frequência e duração das trocas realizadas entre corruptos (corruptor e corrompido), destacando que tal proposição comporta apenas os elementos políticos e econômicos, uma vez que variáveis sociais e culturais encontram-se

---

[31] **C = M + D + H − A** onde o grau de corrupção (C = Degree of Corruption) associada a presença de posições monopolistas no controle da renda (M = Monopoly) e no exercício de poderes discricionários dos agentes públicos na escolha (D = Discretion), somado a capacidade de conhecer de informações privilegiadas e confidenciais que podem influir na alocação da renda (H = Hidden) diminuída da prestação de contas (A = Accountability) (Della Porta e Alberto Vannucci 2012: 13).

[32] **C = M + D − T − M** onde o grau de corrupção (C = Degree of Corruption) associada a presença de posições monopolistas no controle da renda (M = Monopoly) e no exercício de poderes discricionários dos agentes públicos na escolha (D = Discretion), subtraído do grau de transparência das instituições (T = Transparency) e subtraído da moralidade (M = Morality) (Stepan, 2012: 26-28).

em uma fase anterior a prática de atos de corrupção, de caráter intimo subjetivo, que será objeto de análise em outro artigo.[33]

Assim a corrupção afetará um governo na exata proporção do grau de comprometimento das suas instituições públicas com a iniciativa privada, no uso do poder público para alcançar objetivos privados, e na forma como estas esferas articulam-se no exercício do poder, determinando como o estado será capturado.

3.3. Neoinstitucional (Redes Difusas)

Considera não apenas as variáveis exógenas de perspectiva socioculturais, políticas e econômicas, mas também sua dinâmica endógena na formulação de redes de intercâmbio, que concedem a textura organizacional necessária para a promoção de um lado de estruturas de governança aptas a fornecer os mecanismos de aplicação necessários a proporcionar estabilidade interna para transações ilegais em áreas específicas da atividade pública, reduzindo a incerteza dos relacionamentos entre parceiros, bem como de fomentar uma "adaptação cultural" para a corrupção conferindo-lhe um caráter mais lucrativo e menos censurável.

A evolução de incentivos econômicos e valores culturais tendem a neutralizar as barreiras morais através da criação de oportunidades mais lucrativas, enraizadas em procedimentos e processos de tomada de decisão formal, aptos a fornecer o escudo organizacional e mecanismos de proteção contra a intrusão externa por parte das autoridades. Os mecanismos da corrupção tendem a generalizar "*habilidades para a ilegalidade*" nas estruturas de governança e na criação de normas informais, cuja força é baseada em expectativas adaptativas e nos efeitos de coordenação. A sombra da corrupção passada projeta-se no presente através das atividades intencionais de atores envolvidos em redes de corrupção, com poder inclusive para influenciar e obstruir as investigações e os mecanismos de controle reforçando as expectativas de impunidade (Della Porta e Vannucci. 2012: 13-14).

A corrupção deixa de estar vinculada às preferências manifestas por indivíduos em consideração aos parâmetros sociais, culturais e morais ou,

---

[33] O tema é desevovido no artigo *As teorias comportamentais aplicadas ao estudo da corrupção no Brasil: O que leva o agente político a se corromper?* No prelo para publicação.

CRIMINALIDADE ORGANIZADA

mesmo nos incentivos econômicos, transcende para o âmbito de determinados grupos, ao influir sobre as interações e tendências de escolhas de outros indivíduos, e no seu efeito sobre o julgamento social das ações, uma vez que, em um ambiente onde a corrupção é mais disseminada, maior é o grau de impunidade e menor o risco de ser denunciada; as barreiras morais são minimizadas, os valores são invertidos, estigmatiza-se a honestidade, surge a corrupção sistêmica, o fenômeno deixa de ser esporádico, a busca por um parceiro de confiança, não mais, torna-se tarefa difícil, assim, a honestidade recíproca como comportamento dominante no fortalecimento da crença e no autopreenchimento de um sistema de valores sustentado por um comportamento transparente é abandonado (Audving, 1996: 18-19 e Della Porta e Vannucci. 2012: 13-14). A síntese de tal pensamento pode ser esquematizada no seguinte quadro:

		Quantidade de recursos em jogo	
		Pequena	Grande
Frequência e duração prevista nas trocas entre corruptos	Baixa	*Pequena corrupção*: baseada na confiança individual, mecanismos simples e regras genéricas de comportamento	*Corrupção Individual*: forte grau de confiança entre indivíduo assume a forma de corretagem
	Alta	*Corrupção Estrutural*: normas informais de reciprocidade e cooperação condicional	*Corrupção Sistêmica*: terceiros aplicam normas informais, divisão de tarefas dentro de redes difusas decorrupção com características organizacionais

Fonte: Della Porta e Vannucci. 2012: 13-14.

A corrupção sistêmica pressupõe uma relação de interdependência pessoal e correlação de equilíbrio nas trocas efetuadas entre atores da esfera pública e privada, e segue uma lógica de escolha tanto por parte do corrupto, quanto do corruptor nos níveis sociocultural, e político-econômica. Apresenta como características essenciais de ações:

3.3.1. **Pluralidade**: a corrupção é um fenômeno interpessoal e se estabelece tanto por iniciativa pública quanto privada, mas tem como foco determinado funcionário público detentor do poder de decisão na alocação dos recursos públicos (materiais e/ou imateriais) e na possibilidade de se influenciar tal decisão em favor de um indivíduo ou grupo, o entrave de tal acordo esbarra nas barreiras socioculturais estabelecidas após a análise racional dos riscos envolvidos na empreitada, nada impedindo que tais tratativas sejam elaboradas por interlocutores indicados, os quais podem representar inclusive grupo empresarial ou interesse econômico;

3.3.2. Reciprocidade: corruptor e o corrupto estabelecem um pacto destinado a disciplinar as trocas interpessoais que cada um espera com base no retorno que se deseja obter do outro, segue a lógica do *quid pro quo* onde recursos públicos são fornecidos em troca do apoio político (voto, financiamento de campanha e liderança política na obtenção de eleitores), ou benefício econômico (superfaturamento e propinas) e em troca o particular tem acesso a certos benefícios necessários para a manutenção do seu poder, trata-se de uma relação de amarras recíprocas fortalecidas pela própria legislação que incrimina de forma igual a ambos as condutas;[34]

3.3.3. Interação: o momento de cumprir com os acordos firmados encontra-se relacionado com um modelo de trocas recíprocas e não simultâneas, assim a contrapartida pode estar vinculada a um evento futuro. O diferimento na prestação é observável durante o período eleitoral onde os empresários beneficiados participam do financiamento das campanhas dos partidos que lhe são favoráveis, assim *"as repetidas interações ao longo do tempo permitem aos políticos observar a quais eleitores*

---

[34] A legislação brasileira está muito distante de estabelecer mecanismos eficazes de controle da corrupção sistêmica, por não existir definição nem tampouco um conceito legal, ainda estamos presos aos padrões legais que estabelecem duas dimensões distintas e antagônicas do ato de corrupção, quais sejam: **(1)** corrupção ativa: oferecer ou prometer vantagem indevida a funcionário público, para determiná-lo a praticar, omitir ou retardar ato de ofício (art.333) e **(2)** a corrupção passiva: solicitar ou receber, para si ou para outrem, direta ou indiretamente, ainda que fora da função, ou antes, de assumi-la, mas em razão dela, vantagem indevida, ou aceitar promessa de tal vantagem (art. 317 Ambos do Código Penal Brasileiro – Decreto-Lei n.º 2.848/1940) trata-se de dois tipos penais de característica diametralmente opostas ao incriminar ao mesmo tempo corruptor e corrompido, tal simultaneidade impõe aos investigados, muita das vezes, a necessidade de ser celebrada uma aliança para a impunidade. A Convenção das Nações Unidas Contra o Crime Organizado Transnacional – Convenção de Palermo, ratificada pelo Brasil por meio do Decreto n.º 5.015/2004, estabelece no art. 8º 1 "a" e "b" o mesmo dispositivo legal, sem resolver tal dicotomia.

devem manter as suas promessas e quais podem ser influenciados, e assim ajustar o tamanho da oferta necessária para influenciar novos eleitores" (Hicken, 2011: 293);

3.3.4. **Assimetria**: as relações estabelecidas entre o público e o privado, apesar de fundadas em uma relação onde os indivíduos ou grupos ocupam posições desiguais, uma vez que o servidor público detém a supremacia da decisão (controle discricionário dos recursos), entretanto pode ocorrer uma inversão do mecanismo, o privado procurar o público oferecendo suporte, ou até de um grupo econômico lançar determinado candidato que patrocine seus interesses, assim, o conceito da hierarquia perde seu significado, como ocorreu na organização criminosa, toma seu lugar o arranjo maleável baseado na mutua confiança e na necessidade recíproca, estabelecendo-se as redes difusas de atuação econômica.

Portanto o estudo da corrupção como fenômeno ao considerar sua totalidade deve socorrer-se do arcabouço teórico já construído para o estudo das organizações criminosas e da criminalidade organizada transnacional de forma integrada para a exata percepção do seu alcance e dimensão no mundo contemporâneo.[35]

A corrupção sistêmica pressupõe uma interdependência do público representado pela administração compreendida tanto por servidores públicos pertencentes a burocracia de carreira (concursados ou nomeação) e agentes políticos e sua máquina eleitoral, com o privado representado por empresários e carteis, sendo esta relação intermediada por mediadores capazes de estabelecer o contato entre as partes, diminuir os riscos e transferir os proveitos da operação, tendo o crime organizado especifica tarefa de garantir o cumprimento dos acordos bem como possibilitar a ocultação dos ganhos, na seguinte estrutura:

---

[35] Neste sentido: Teoria Interpretativa das Organizações Criminosas: Conceito e Tipologia. Capitulo II do livro Organizações Criminosas: Teoria e Hermenêutica da Lei n.º 12.850/2013 Ed. Nuria Fabris 2015.

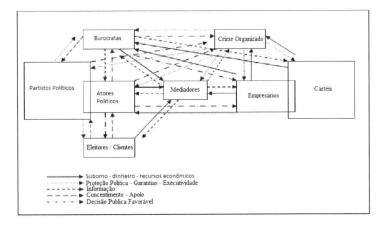

Fonte: Della Porta e Vannucci. 2012: 33

4. Corrupção: a formação do Estado *Cleptocrata*

A corrupção sistêmica é identificada no conjunto de ações coordenadas onde servidores públicos e agentes políticos, detentores do poder de decisão sobre políticas públicas e recursos públicos, estabelecem uma complexa rede de relacionamentos com os representantes do poder econômico e grupos de interesses, com a finalidade de alocar recursos para a satisfação dos interesses individuais e coletivos, manter o poder político e possibilitar o acesso a novos recursos públicos: captura-se o Estado, instaura-se a *Cleptocracia* (*klépto* = ladrão ou corrupto + *kratos* = governo).[36]

A dimensão da corrupção em seu aspecto sistêmico impede o uso de definições como clientelismo, *patronagem*, nepotismo, patrimonialismo (neopatrimonialismo), particularismo, mandonismo, coronelismo e assistencialismo, e suas outras formas, como o suborno, peculato, apropriação indébita, fraudes, desvio de verba pública, e extorsão, ou mesmo denominações populares de tais formas como '*caixinha*', '*molhar a mão, pixuleco*'[37],

---

[36] O conceito de cleptocracia foi inicialmente desenvolvido por Stanislav Andreski em 1968 no artigo *Kleptocracy: or Corruption as a System of Government* no livro *The African Predicament: A Study in the Pathology of Modernization*, Londres: Michael Josep, pp. 92-109.
[37] *Pixuleco* é a expressão utilizada por João Vaccari Neto, então tesoureiro do Partido dos Trabalhadores PT para se referir a dinheiro de propina conforme afirmado por Ricardo

CRIMINALIDADE ORGANIZADA

dentre outras, como sinônimos para a corrupção, uma vez que tende a restringir o seu real alcance conceitual e limita a sua exata compreensão, bem como tende a distorcer e minimizar o seu impacto tanto no plano nacional, quanto internacional.

Aristóteles, conforme destacado, identificou o fundamento da corrupção na ausência da virtude, equilíbrio e harmonia, perceptível na inobservância dos princípios da isonomia (ἰσονομία – igualdade perante a lei), isotimia (ἰσοφυμός – igualdade de acesso ao exercício das funções públicas) e isegoria (σηγορία – igualdade na manifestação oral no centro da agora durante a assembleia) (Aristóteles 1984: 2009-2023).

Ao desviar-se do ideal de bem comum, o governante rompe com o equilíbrio, traz de volta a instabilidade e a desgraça do tempo da guerra de todos contra todos, onde *a vida do homem se torna solitária, pobre, sórdida, embrutecida e curta* (Hobbes, 1651: 78).

A perspectiva aristotélica das formas desviantes e corrompidas pelos vícios, são retomadas por Nicolau Maquiavel (1469 – 1527), em seu livro *A Primeira Década de Tito Lívio* (1531), ao estabelecer os *Ciclos de Governo* que se inicia com a Anarquia, onde as pessoas para sua defesa escolhem o mais forte e, depois, o mais justo que instaura a Monarquia eletiva, a qual se converte em Monarquia hereditária centrada apenas no interesse individual do monarca que passa a personificar o Tirano; os ricos se rebelam e instauram uma Aristocracia voltada para o bem comum, entretanto tal modelo se deturpa, ao cuidar apenas do interesse de poucos; instaura-se a Oligarquia, o povo revoltado forma um governo popular dando origem à Democracia; quando os detentores do poder utilizam o governo na satisfação dos interesses pessoais surge a Demagogia, todos se revoltam e ressurge a Anarquia (Maquiavel, 1971: 78-81).

As formas de governos não são proposições puras, podem fundir-se em modelos misto, conforme proposto por Marco Túlio Cícero (106 a.C. – 43 a.C.) na obra *De Re Publica* (Livro I) ao identificar nas três formas de governo aristotélicas gêneros que, para manter toda a força e o vínculo formativo da sociedade, tornam-se não o mais perfeito, mas o mais apropriado e justo,

Pessoa Presidente da UTC Engenharia em delação premiada durante as investigações da Operação Lava Jato do Departamento de Polícia Federal sendo que a 17ª Fase desencadeada em 3 de Agosto de 2015 foi batizada de "Operação *Pixuleco*". Conforme noticiado pela Revista Veja no sítio: http://veja.abril.com.br/noticia/brasil/o-tesoureiro-do-pt-e-a-republica-do-pixuleco(Visitado em 20 de Abril de 2016).

ao ser estabelecido um equilíbrio (tempero) entre os três regimes em questão, sendo tal preceito retomado por São Tomás de Aquino (1225-1274) nas obras *De Regimen Princípiun* e, especificamente, na *Summa Theológica* (Ia. IIae., q.105, art 1), ao preconizar uma monarquia temperada com elementos da oligarquia e da participação popular, trata-se aqui de se identificar o regime mais adequado e conveniente a dada realidade social, como ocorre nas monarquias parlamentares participativas e constitucionais.

A proposição de Maquiavel estabelece-se na eterna disputa entre o interesse pessoal e o coletivo, ou seja, no bem individual em contraponto ao bem comum, ideia desenvolvida anteriormente por São Tomas de Aquino, na clássica distinção entre *bem comum* e *bem individual*, colocar o homem como parte integrante da sociedade e instrumento de promoção da bem comum, como expressão do seu próprio bem, e não como a soma dos diversos bens individuais, (*Summa Theológica*, Ia.- IIae., q.90, art 4), dando ao bem comum um caráter geral e coletivo e não o bem pertencente apenas a uma determinada maioria ou grupo.

O bem comum é um conceito chave na governança contemporânea, sendo o ponto central na teoria política de Jean-Jacques Rousseau (1712-1778) em sua obra *Discurso Sobre a Origem das Desigualdades*, ao estabelecer a distinção entre a percepção do pensamento primitivo do homem natural, centrado em si mesmo, para o homem civilizado que pensa em si e nos outros, tendo no bem comum o fundamento da vontade geral manifesta no interesse lastreado na piedade e na compaixão, distinta da vontade individual do interesse privado, entretanto, quando cada indivíduo ao considerar os demais e desejar também de igual modo a ser considerado, foi dado o primeiro passo para a desigualdade e "*fundou-se de um lado à vaidade e o desprezo e do outro a vergonha e a inveja, fermentos que acabaram por produzir combinações fatais à inocência e felicidade*" (Rousseau, 1997: 166).

Os ciclos de governo, na mesma medida, refletem o caráter individual na ação coletiva ao identificar a decadência das formas originárias fundadas na virtude, equilíbrio e harmonia, cedendo espaço a modelos desviantes e corrompidos pelo vício personificado no *tirano* egoísta que considera apenas a seus próprios desejos; na *oligarquia* onde determinado grupo impõe sua vontade sobre toda a coletividade; e, na *demagogia* onde a ação política é desenvolvida sobre o manto da lisonja fundada na adulação recompensada pelo favoritismo e baseada na falsa premissa do bem-estar geral, terreno fértil ao populismo em todas as suas expressões e fundamento da *cleptocracia*.

CRIMINALIDADE ORGANIZADA

O governante deve subordinar-se a um conjunto de regras específicas, o bom governo é aquele fundado em um Estado capaz de manter o império da lei, a transparência e a capacidade de resposta; possibilitar aos seus cidadãos a escolha de governantes com base no controle e na cobrança das ações de estado e nas políticas públicas; e é manifesta pelo voto, bem como em instrumentos mais robustos, como ações populares, pedidos de *recall* (no parlamentarismo) ou *impeachment* (no presidencialismo). [38]

A ação de governo materializa-se por meio de políticas públicas compreendidas como o *conjunto de ações do governo que irão produzir efeitos específicos* (L. E. Lynn, 1980), implica em responder: *Quem ganha? O quê? Por quê? e Que diferença faz?* (H. D. Laswell, 1958), ou seja, observar o governo e analisar suas ações (variável independente) e, quando necessário, propor mudanças no rumo ou curso dessas ações (variável dependente), assim ao formular as políticas públicas os governos traduzem seus propósitos e objetivos em plataformas eleitorais indicando o programa de ações governamental que produzirá a mudanças e resultados no mundo real (Souza 2006:26).

O modelo ideal de políticas públicas estabelece as seguintes modalidades: *políticas distributivas* destinam-se a alocar e realocar bens, serviços à fração especifica da sociedade com base na categoria das pessoas, localidade, região ou grupo social mediante recursos provenientes da coletividade; as *políticas redistributivas* distribuem bens ou serviços a segmentos particularizados da população pelo assistencialismo, e as *políticas regulatórias* estabelecem as condições por meio das quais devem ser desenvolvidas determinadas atividades pelo particularismo, e políticas estruturantes, destinadas a construção de obras básicas e essenciais ao Estado.

O governo corrupto por seu turno lança mãos dos instrumentos legais das políticas distributivas, redistributivas e regulatórias ao criar uma nova matriz de realocação dos recursos públicos visando ocultar o seu verdadeiro objetivo, a agenda política perde sua importância à ideologia política, torna-se uma componente esvaziada de seu conteúdo dando espaço a demagogia, os partidos passam a representar os interesses corporativos e a nova política pública é identificada nas ações de governo a seguir destacadas:

---

[38] No processo de impeachment a pessoa investida de autoridade, como e enquanto tal *"é aquela que pode malfazer ao Estado, como agente seu, está em condições subjetivas de sofrer a acusação parlamentar, cujo escopo é afastar do governo a autoridade que o exerceu mal, de forma negligente, caprichosa, abusiva, ilegal ou facciosa, de modo incompatível com a honra, a dignidade e o decoro do cargo"* (Brossard, 1992: 134).

4.1. Clientelismo:

Distribuição seletiva de benefícios, empréstimos, facilidades ou acessos a determinados recursos públicos franqueados a indivíduos ou grupos claramente definidos em troca de apoio político, capacitando indivíduos e instituições, que não são ideais ou adequadas, a desempenhar determinada função pública a qual não estão capacitadas (Hopkin, 2006: 2; Hicken, 2011: 290 e Rothestein e Varraich, 2014: 39-47).

O corruptor estabelece uma relação patrão (funcionário público com poder de deliberação sobre recursos públicos)[39]clientes (empreendedores ou empresas privadas) por meio de acordos ilegais onde é pactuada a realização de determinado empreendimento público (obra ou serviço) remunerado com o superfaturamento, desvio de recursos públicos ou com doações para campanhas, o que dificulta o controle da sociedade sobre a administração da coisa pública e cria um sistema de retroalimentação que inclusive aumenta a competição política e incentiva a má governança.[40]

A importância do clientelismo é observável, por exemplo, na forma como os recursos do Banco Nacional do Desenvolvimento Econômico e Social (BNDES) gerados pelo Tesouro Nacional por meio de manobras fiscais, a partir de 2009, foram distribuídos na maioria para o custeio do Programa de Sustentação de Investimento (PSI), com o objetivo de incentivar a política das empresas *Campeãs Nacionais*, especialmente do Grupo X pertencente ao empresário Eike Batista, bem como a BRF, Oi e JBS/Friboi, tendo prevalência sobre o assistencialismo dos programas assistenciais como Bolsa Família e Minha Casa, Minha Vida, também financiados pelo

---

[39] Como se inicia a relação clientelista e de pouca importância uma vez que são os servidores públicos e agentes políticos que detém a discricionariedade sobre a destinação dos bens públicos, e de como estes serão alocados, a corrupção só será possível com a aceitação deste, mesmo que a iniciativa tenha partido de um particular.

[40] Corrupção e clientelismo são noções distintas, o clientelismo é uma forma de organização social, enquanto a corrupção é um comportamento social, seria mais adequado pensar no clientelismo como uma das ferramentas da corrupção, rompendo-se com sua visão histórica de ser uma ferramenta para a ascensão social ou melhora na condição de vida. O suborno de uma autoridade pública para fazer ou deixar de fazer algo, apesar de estabelecer um vínculo entre as partes não pode ser considerado como uma relação patrono / cliente, uma vez que não se mantém, e a vantagem ilícita paga não serve para a manutenção do poder do patrono, que o detém em razão do cargo.

CRIMINALIDADE ORGANIZADA

BNDES, em proporção muito menor, o que acabou por gerar o passivo que as pedaladas fiscais tentaram ocultar[41].

4.2. *Patronagem*:

Instrumento de controle das relações eminentemente políticas onde os funcionários públicos e partidos políticos distribuem empregos e cargos públicos em troca do apoio eleitoral e lealdade política, com as seguintes características: *(a)* os cargos oferecidos em geral são comissionados e independem de concurso ou qualquer outra forma de ingresso; *(b)* representam cargos com posições monopolistas de controle na alocação dos recursos públicos; *(c)* amplo poder discricionários dos agentes públicos na escolha da distribuição de tais recursos; *(d)* servem para o controle do partido sobre a instituição (patrulha ideológica e coesão intrapartidária) e *(f)* finalidade de atrair novos eleitores por meio de lideranças políticas locais (Arriola 2009: 1344-1341 e Rothestein e Varraich, 2014: 39-47).

A *patronagem* é um fenômeno antigo, sua forma originária deriva do nepotismo e apresenta uma dualidade: *(1)* por um lado como ferramenta destinada à maximização das decisões ao redor de uma elite homogênea escolhida pelos detentores do poder, tendente a construir um cenário político estável com instituições sólidas no longo prazo; *(2)* por outro lado, trata-se de uma fonte de instabilidade devido às distorções provocadas nas instituições políticas uma vez que a escolha eleitoral toma por base a distribuição dos recursos públicos entre determinados grupos de privilegiados em detrimento de outros grupos não privilegiados (Arriola 2009: 1344-1341).

O poder se estabelece em um sistema onde os governantes se aproximam dos colaboradores com o objetivo de: *(a)* diminuir o risco de ser colocado para fora do poder por um meio de impedimento e *(b)* garantir menor dependência e lealdade uma vez que distribui o poder entre vários escolhidos (Rothestein e Varraich, 2014: 50-52), o que pode ser sintetizado da seguinte forma: o partido político alimenta-se em um ciclo contínuo

---

[41] Fone: Tribunal de Contas da União TCU Processos TC 021.643/2014-8 e Apensos: TC 014.781/2015-8, TC 018.051/2015-4, TC 015.891/2014-3, TC 029.938/2014-7.
Disponível em http://portal2.tcu.gov.br/portal/pls/portal/docs (Visitado em 20 de Abril de 2016).

ao dispor de cargos públicos e determinar o acesso das vagas do serviço público a maior número de indicados amaior número de votos amais força política determinante de um maior número de cargos públicos a disposição para serem distribuídos.

Um importante índice da *patronagem* é a disponibilidade e provimento em cargos em comissão que no caso brasileiro sofreu considerável aumento a uma vez que, no final da década de noventa até 2003, gravitavam ao redor de 17 mil cargos, e a partir de então sofre considerável elevação média de 30% passando, no período 2011/2014, para 22 mil, conforme se observa no gráfico abaixo, sendo que no ano de 2014 o quantitativo de pessoas sem vínculo com a administração pública era maior nos cargos com maior poder e remuneração representativos do DAS 6, conforme:

Fonte: Boletim Estatístico de Pessoal e informação Governamental Volume 19 n.º 219 de Junho 2014 Ministério do Planejamento Orçamento e Gestão pp.177

Fonte: Boletim Estatístico de Pessoal e informação Governamental Volume 19 n.º 219 de Junho 2014 Ministério do Planejamento Orçamento e Gestão pp.182

4.3. Particularismo:

É a forma de escolha que obriga a retribuição por parte do escolhido da benesse recebida criando um dever de contribuir para a manutenção do sistema político, trata-se de uma forma do governante manter e ampliar o seu poder político por intermédio das movimentações, promoções e distribuição de privilégios dentro dos quadros da administração pública voltadas aos servidores comprometidos com a orientação do partido ou do gestor público.

Trata-se de uma ferramenta de corrupção que também é orientada para a sociedade civil na distribuição de concessões e licenças de uso ou disposição dos bens públicos, a falta de imparcialidade contamina a justiça e cria uma meritocracia invertida na escolha pública, também conhecida como favoritismo.

4.4. Assistencialismo:

Instrumento de matriz populista consiste no uso das políticas públicas de caráter redistributivo de forma parcial de destinação aos grupos capazes de garantir o suporte político necessário para a manutenção do poder, são medidas destinadas a dar suporte a grupos geralmente dispostos à margem da sociedade que aparentemente teriam muito pouco a oferecer como moeda de troca no jogo político, entretanto nesta configuração, fornecem um importante apoio na captação de votos por meio das suas lideranças políticas com a criação de rincões eleitorais.

O assistencialismo é em última análise uma importante ferramenta para a compra do eleitorado, uma vez que estabelece uma correlação direta entre políticas assistencialistas e a dispersão eleitoral do voto, assim observável na concessão da Bolsa Família:

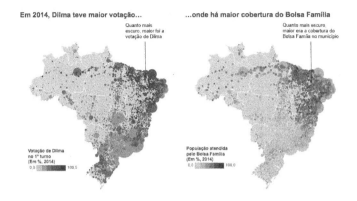

Fonte: Folha de São Paulo Eleições 2014[42]

É possível observar que o Estado corrompido lança mão dos instrumentos legítimos da política pública em uma lógica deturpada onde os mais ricos recebem as benesses do clientelismo, aos mais pobres o resgate do assistencialismo, e aos amigos o afago do particularismo, e finalmente para os reticentes a esperança da *patronagem*, restando aos demais apenas a apatia e o desinteresse político,[43] neste ponto e com esta confluência de fatores se instaura a *cleptocracia*.

A divulgação de atos de corrupção, CPIs e perda de mandatos são expedientes admitidos no regime democrático onde a imprensa e as fontes alternativas de informação têm importante papel no fortalecimento da democracia (Dahl, 1997: 25-27), entretanto devemos encontrar aqui o fiel da balança uma vez que a construção da ideia genérica de ser todo político corrupto pode prejudicar a democracia [...] *na medida em que as pessoas,*

---

[42] Matéria da Folha de São Paulo de 06 de Outubro de 2014 intitulada O peso do Bolsa Família na votação de Dilma. Disponível em: http://www1.folha.uol.com.br/infograficos/2014/10/117416-o-peso-do-bolsa-familia-na-votacao-de-dilma.shtml (Visitado em 20 de Abril de 2016).

[43] Nas Eleições 2016 para ocupantes dos cargos de prefeitos e vereadores, no Primeiro Turno a abstenção foi no Rio de Janeiro (24,28%), Porto Alegre (22,51% e em São Paulo de 21,84%, destacando que se somarmos as abstenções com os votos brancos e nulos teremos em São Paulo o total de 3.096.304 o que é superior aos votos de João Doria que obteve 3.085.187 votos correspondentes a 53,29% dos votos válidos. Assim aas eleições pós-impeachment na média nacional subiu para 17,58% nas eleições municipais e crescendo em relação as anteriores 2004 (14,19%), 2008 (14,50%) 2012 (16,41%) Fonte: Tribunal Superior Eleitoral http://www.tse.jus.br/eleicoes/eleicoes-2016 (Visitado em: 26.04.2016).

CRIMINALIDADE ORGANIZADA

instruídas ou não, acabam por se decepcionar e acreditar que um eventual fechamento do Congresso não prejudicaria o país (Paschoal, 2002: 72 – 73).

O público torna-se privado e funda-se a matriz *neopatriomonialista*, muito distinta do patrimonialista estudado e definido por Max Weber em sua obra *Economia e Sociedade: Fundamentos da Sociologia Compreensiva* (1910/1912), como um instrumento presente em maior ou menor quantidade em duas das três espécies de dominação, quais sejam, a legal, tradicional e carismática,[44] destacando-se a seguinte proposição:

> Naturalmente tem o senhor o direito de tirar-lhe arbitrariamente a propriedade, e também o costume considera originalmente óbvio o direito dele de dispor sobre as pessoas e os bens que deixa após a morte. A este caso especial da estrutura de dominação patriarcal: o poder doméstico descentralizado mediante a cessão de terras e eventualmente de utensílios a filhos ou outros dependentes da comunidade doméstica, queremos chamar de dominação patrimonial. Todos os elementos de continuidade e de limitação da arbitrariedade do senhor que se vão desenvolvendo dentro das relações patrimoniais surgem em virtude da influência de início puramente dada da prática. A esta vincula-se então o poder "santificador" da tradição. (Weber, 1999: 1011).

O patrimonialismo encontra-se relacionado com um modelo de dominação tradicional patriarcal observável nas antigas monarquias fundadas no *pariato*, sistema de organização e distribuição de títulos aristocráticos de exercício do poder e nobreza com nítida divisão da sociedade em classes baseada na posse da terra e fundada na rígida hierarquia, onde monarca ou o aristocrata detentores do poder dispunham também das propriedades dos bens e algumas vezes das pessoas, podendo destinar tais recursos conforme sua vontade, em razão do caráter privado e particular dos mesmos, sendo um sistema político baseado no conceito de o patrimônio estatal

---

[44] Para Max Weber existem três modalidades do exercício de poder pela dominação: Dominação Legal corresponde ao modelo do Estado Liberal, uma vez que a legitimidade é obtida através de um modelo legal, a Dominação Tradicional que corresponde ao Modelo Estado Autoritário onde os governados são sujeitos e a autoridade é obedecida a título pessoal, orienta-se segundo as crenças nas regras e poderes antigos, tradicionais e imutáveis e a Dominação Carismática que corresponde ao Modelo de Estado Totalitário, e implica na entrega da vontade dos homens à pessoa do chefe, que acredita ter sido chamado para cumprir uma missão, o Estado tira a sua legitimidade da confiança que o líder inspira em seus subordinados.

estava condicionada a fruição exclusiva do governante, sendo este o antigo regime autocrático presente na maioria dos países europeus até antes da Revolução Francesa 1789.

A superação do sistema patrimonial levou à criação das democracias liberais fundadas na vontade da lei, ou seja, na matriz da *Dominação Legal* weberiana, entretanto, a deterioração do regime democrático produziu campo fértil ao surgimento dos Estados *Neopatrimonialistas*, definido por Christopher Clapham como sendo a forma de organização em que as relações de caráter patrimonial permeiam o sistema político e administrativo que apesar de formalmente construído em uma matriz racional-legal, o sistema de poder (alocação dos recursos públicos) é utilizado na obtenção de ganhos pessoais com o rompimento da estrita divisão das esferas públicas e privadas com a formalização de uma coalizão de interesses objetivando enriquecimento próprio (Clapham, 1997: 72 e 140-144).

O *neopatrimonialismo* pressupõe que o poder político seja a fonte legitimadora do controle e decisão sobre a alocação dos recursos públicos para a satisfação do interesse individual, sendo o poder disputado por grupos, de modo que, o poder seja atingido pelo grupo que se destacar sobre seus pares.

A análise permite lançar mão da *Teoria das Elites Políticas* para identificar a minoria detentora do poder, em contraposição a maioria que dele se encontra privada, a elite é definida neste contexto, de forma analítica como grupo de pessoas que apresenta o mais elevado destaque no seu ramo de atividade, sendo o estrato superior da população em contraponto a um estrato inferior (Pareto, 1935: 1423-1424), o círculo restrito de pessoas com o poder de tomar e impor suas decisões aos demais (Mosca, 1896), a elite é classificada conforme o acesso e controle dos recursos disponíveis, como o político – elite política, de riqueza – elite econômica, de conhecimento – elite cultural e de respeitabilidade – elite social (Lasswell, Lenrner e Rothwell, 1952:6-7).

O acesso ao poder político é conquistando com o reconhecimento dos demais, no sistema democrático, tal reconhecimento se faz por meio do voto, sendo esta a fonte legitimadora do exercício do poder, entretanto, o voto transmuta-se em um recurso de disputa entre estes grupos definidos como elites, por integrarem a sociedade de mercado e disporem dos recursos necessários para disputar a liderança, o voto popular é considerado como um recurso a ser conquistada por quem deseje exercer o

CRIMINALIDADE ORGANIZADA

poder, criando um sistema com pouco espaço para a efetiva participação democrática inviabilizando, a possibilidade de ser atingida uma vontade fundada no bem comum que se dilui nesta disputa meramente mercadológica (Schumpeter, 2003: 269-273).

As elites não políticas exercem um papel fundamental no processo de escolha do sistema eleitoral uma vez que detêm a função de serem formadoras da opinião favorável ao grupo que representa, na verdade formula uma opinião localizável no meio do caminho entre a opinião popular – lastreada no senso comum, na experiência cotidiana, a qual apresenta suas falhas e na opinião pública fundada na análise crítica – e reflexiva das informações – coletadas sobre uma gama de assuntos, e especificamente da atuação política -, assim cabe aos formadores de opinião atuam em favor da elite política ao difundir um ideal de consenso destinado a convencer aos demais (não elite) da importância do seu grupo no processo político como aquela que melhor vai atender aos anseios gerais de todo.

Por seu turno, as elites econômicas apresentam um forte peso político participando por intermédio das pessoas jurídicas, em um cenário onde quanto maior a capacidade econômica da empresa doadora maior será o seu poder de influência sobre os resultados das eleições por meio do financiamento das campanhas, estabelecendo que a competitividade dos candidatos na disputa eleitoral é diretamente proporcional aos gastos feitos nas campanhas (Samuels, 2002: 845-846), seria como convidar duas pessoas a participarem de uma corrida onde um dos componentes utiliza uma bicicleta e o outro um carro esporte (Ewing, 1992: 17)

Ao considerar elementos da democracia como lideres qualificados, burocracias especializadas, cidadãos reciprocamente tolerantes e pluralismo partidário, todos submetidos a um rígido sistema jurídico constitucional, tais elementos falham se as elites não políticas (econômicas e culturais) se unirem as elites políticas criando um método político que define a forma de controle das decisões políticas pela escolha dos eleitores em um sistema onde a seleção de líderes é efetuada pelo conjunto dos cidadãos desinformados, desinteressados, alienados e apáticos, o voto individual manifesta muita das vezes a escolha não refletida, uma vez que o povo não e nada mais que produtos dos governos, o eleitor em última análise adere à proposta das agendas centradas em temas gerais e abrangentes, com a aparência virtuosa e capacidade de ocultar o seu verdadeiro objetivo de controle dos recursos em proveito próprio.

As reformas políticas ocorridas a partir de meados do século XX e início do Século XXI apresentam duas matrizes distintas e sucessivas, inicia-se com o neoliberalismo dos anos de 1980 e 1990, orientados ao modelo de análise econômico-fiscal fundada na superação das crises promovidas pelo choque do preço do petróleo iniciado na década de 70, sucedida em parte por uma nova matriz fundada no princípio da intervenção mínima, com a fusão do Estado ao setor privado, inserida na ideologia da Terceira Via,[45] de cunho social-democrata englobando parte do liberalismo social, centrado nos instrumentos distributivistas, busca reconciliar os posicionamentos da economia associados tanto no pensamento político da direita quanto da esquerda adotando uma política econômica de alternativa entre o neoliberalismo e o comunismo. (Bobbio e Cameron, 1997: 8-10)

A social democracia teve como principal desafio a necessidade de superação dos paradigmas ideológicos da teoria sociológica de Marx e Engels fundada na luta de classes e no constante choque entre opressores e oprimidos, ao identificar a burguesia como representante do regime econômico capitalista e no proletariado a classe oprimida em busca da redenção, e cria um problema aparentemente intransponível, de compatibilização do discurso com a chegada do proletariado representado pelos partidos liberais, neoliberais e trabalhistas no poder uma vez que transforma o proletariado transmutando-o em elite política.

A disputa política pelo voto impõe tanto aos partidos de esquerda quanto aos de direita o abandono dos pontos mais polêmicos nas suas agendas políticas em favor de uma agenda de coalizão e consenso. A retórica revolucionária há muito foi abandonada. Em seu lugar surge um novo vocabulário constituído por expressões como "nova gestão", "modernização", "reinvenção", ou qualquer outra denominação legitimadora da desconstrução dos valores tradicionais do Estado Democrático fundados nos parâmetros da lei

---

[45] A expressão Terceira Via foi inicialmente utilizada para explicar a variedade de ideologias políticas das últimas décadas, um dos seus principais expoentes Anthony Giddens, estabeleceu a Terceira Via como nova forma de expressão do socialismo inserida no movimento da social-democracia (Giddens, 1998: 71-72) o movimento contou com adeptos importantes como Tony Blair, Primeiro Ministro da Inglaterra, Bill Clinton Presidente dos Estados Unidos, servindo de superação do modelo neoliberal defendido por Margareth Thatcher, e serviu de inspiração para lideres como Lionel Jospin, Gerhard Schöroder, Massimo D'Alema, António Guterres e Ricardo Lagos e no Brasil com o Presidente Fernando Henrique Cardoso.

CRIMINALIDADE ORGANIZADA

e no controle, mecanismos para rotulado como mecanismos do capitalismo imperialista de controle social, assim:

> A principal diferença entre socialismo e capitalismo está na relação de produção, na eliminação da classe capitalista e na participação de todos os trabalhadores na gestão da atividade produtiva. Esta transformação só se completará após um período necessariamente prolongado, no qual os trabalhadores elevarão seu nível de conhecimentos gerais e específicos a ponto de superar os atuais administradores profissionais, cujas tarefas passarão a assumir. Não é provável que seja um período de estudos, mas de lutas dos trabalhadores organizados no seio das empresas, primeiro pelo direito à representação, depois pelo de cogestão. O aprendizado se dará na medida em que estas lutas forem coroadas de êxito. (Singer, 1989: 20)

A Nova Gestão Pública, entretanto, diminuiu a capacidade das instituições de Estado e da sociedade de exercerem o efetivo controle sobre as políticas desenvolvidas em seus governos, assim, Guy Peters (2008) aponta os seguintes problemas de governança afetos aos novos gestores:

1. **Políticos e Direção**: a ênfase em deslocar atividades para longe do centro do governo reduziu a capacidade das autoridades eleitas em exercerem o controle sobre as políticas públicas, diversas atividades políticas são delegadas e os gestores dispõem de poucas formas de estabelecer o curso dos seus próprios governos;
2. **Coordenação**: criação de diversas organizações com as mesmas ou com atribuições e competências semelhantes o que tende a exacerbar os problemas de coordenação e coerência do setor público e contribui para as dificuldades no exercício do controle político;
3. **Complexidade**: maior número de organizações envolvidas no ato de governar e a diversidade de maneiras pelas quais estão legalmente ligadas às partes mais convencionais do setor público também aumentam a complexidade do ato de governar;
4. **Captura**: ao separar as organizações públicas das conexões diretas com as autoridades políticas, tendem a tornar as organizações mais vulneráveis a serem capturadas pelos interesses privados;
5. **Controle**: as reformas no setor público criaram maiores problemas na prestação de contas (*accountability*) quando há uma série

de relações alternativas entre os políticos eleitos e a prestação de serviços, e inúmeros prestadores de serviço agindo de forma autônoma, torna-se difícil identificar a responsabilidade pelas ações. (Peters, 2008: 291-293).

Os problemas apontados refletem o enfraquecimento dos mecanismos de controle do Estado e abriram caminho para um planejamento estratégico de mudança fundado justamente no enfraquecimento dos mecanismos de prestação de contas aliados a instrumentos de clientelismo, *patronagem*, particularismo e assistencialismo voltados à manutenção do poder e ainda conforme a crítica apresentada, apresentar mecanismos que possibilitem aos gestores mal intencionados de se eximir de suas responsabilidades diluindo-as na justificativa da impossibilidade do pleno exercício do controle, dando azo aos desvios e a corrupção.[46]

5. Patrimonialismo e *Neopatrimonialismo*, os dois Brasis:

As teses sobre a corrupção, especificamente no Brasil, tendem a apresentar um viés justificador fundado em critérios emocionais, formando um arcabouço teórico com forte impacto no imaginário coletivo, mas de conteúdos próximos, assim destaco:

(a) individualismo exacerbado: presente na cultura do jeitinho e na necessidade de sempre se levar vantagem em tudo manifesto na cultura popular pela Lei de Gerson;[47]

(b) herança do sistema colonialista monárquico onde a percepção dos limites entre o público e o privado não são claramente estabelecidos

---

[46] É inadmissível conceber que um Presidente da República alegue desconhecer as atividades do Ministro da Casa Civil uma vez que pelo disposto na Lei n.º 8.490/1992 de 19 de Novembro, uma vez que este age sobre sua ordem conforme Art. 2° *"A Casa Civil da Presidência da República, com a finalidade de assistir direta e imediatamente ao Presidente da República no desempenho de suas atribuições, especialmente na coordenação da ação governamental e no relacionamento com o Congresso Nacional, tem a seguinte estrutura básica."*

[47] A Lei de Gerson refere-se a peça comercial de Caio Domingues & Associados para o cigarro Vila Rica onde o atacante da seleção brasileira da Copa do Mundo 1070 Gerson de oliveira Nunes conclama as pessoas a levarem vantagem, não com atos de corrupção, mas sim porque o produto, o cigarro é mais barato, sendo tal conceito mal compreendido. Disponível em: http://super.abril.com.br/saude/viva-a-lei-de-gerson/(Visitado em 20 de Abril de 2016).

CRIMINALIDADE ORGANIZADA

(*Os Donos do Poder* – Raymundo Faoro), e no ideário do homem cordial incapaz de distinguir entre os limites do público e do privado (*Raízes do Brasil* – Sérgio Buarque de Holanda) tendo como principal exemplo a Carta de Pero Vaz de Caminha, primeiro documento oficial brasileiro onde é feito um pedido ao imperador uma benesse a seu genro Jorge Osório;

(c) o exercício do direito é visto como um favor de necessária retribuição e fundado na assertiva *"criar dificuldades para vender facilidades"* e reforçado nos sistemas cartoriais e burocráticos;

(d) a ideia de que o direito penal é a solução paras os problemas sociais, conforme a celebre frase do Presidente Washington Luís em 1920: *"A questão social é uma questão de polícia"*.

A corrupção, entretanto, é um fenômeno complexo e pode ser compreendida tanto universalmente quanto no modelo brasileiro a partir das seguintes correlações que se estabelecem: *(i)* inicialmente uma relação de interdependência pessoal e correlação de equilíbrio nas trocas efetuadas entre atores da esfera pública e privada; *(ii)* segue uma lógica sociocultural de análise do elevado custo moral das práticas da corrupção imposta pela sociedade ao desviante; *(iii)* obedece a um conjunto de análises político-econômicas de correlação entre os incentivos econômicos e as oportunidades no desenvolvimento de atividades corruptas; *(iv)* ambienta-se onde as autoridades públicas são consideradas como atores de estímulo ou desestímulo em tais práticas; *(v)* funda-se nas leis de mercado; dessa forma as características individuais de análise tanto do corrupto quanto do corruptor determinam a formação de estruturas em redes difusas obedecendo a quatro características essenciais de ação: *(a)* pluralidade de atores; *(b)* reciprocidade; *(c)* interação de relações assimétricas de poder destinadas a objetivos comuns, *(d)* característica estruturante na formação das correlações interpessoais.

Os estudos da corrupção podem partir da análise da incapacidade do cidadão de assumir compromissos e adotar ações razoavelmente desinteressadas, voltadas ao bem-estar comum e centradas em proposições de caráter ético, político, econômico e social, justificada pelo desaparecimento da lealdade como componente da natureza humana devido a sistemática influência da desigualdade de acesso a recursos como riqueza, poder e *status*, de um lado, e por outro lado na exposição dos problemas da classe política por outro que tendem a apresentar padrões de conflito na concorrência política.

A característica central desses padrões é o surgimento de ações governamentais polarizadas na política das facções, motor do enfraquecimento da eficácia das estruturas sociais, o que favorece a corrupção sistemática em todos os aspectos da vida política, conforme estudos de J. Patrick Dobel (1979), que identifica as seguintes proposições:

1. Certos padrões de lealdade moral e virtude cívica são necessários para manter uma ordem política justa, igual e estável, sendo a privatização da moral, a ausência da lealdade e virtude cívica, atributos cardinais do Estado corrupto;

2. Ampla desigualdade na distribuição da riqueza, poder e *status*, causada pela capacidade humana para o egoísmo e o orgulho, são as matrizes da corrupção sistemática do Estado, onde os detentores do poder sacrificam sua lealdade cívica básica para ganhar e manter as suas posições e a desigualdade estabelecida sobrepõe-se ao bem-estar dos cidadãos;

3. A mudança na qualidade moral da vida do cidadão, juntamente com a desigualdade, gera facções voltadas à riqueza e ao poder, que, por sua própria dinâmica, usurpam funções governamentais e políticas vitais, altera-se a percepção e o caráter moral das pessoas, prejudica-se a lealdade para com a comunidade, incentiva o egoísmo radical e a lealdade limitada às facções;

4. O conflito entre as facções e a desigualdade corrompe toda a cidadania, abusos e indiferenças tornam-se cada vez mais o substrato dominante de todas as relações, o discurso político esvazia-se e os cargos públicos tornam-se ferramentas de controle e distribuição do poder. As relações políticas com a sociedade movem-se em um ciclo inquieto de tentativas abortadas na "restauração" e "reforma", na crescente alienação, violência e anarquia institucional;

5. O desvirtuamento social e a corrupção do processo político culminam na impossibilidade, desinteresse ou fracasso dos cidadãos para apoiar as estruturas primárias da sociedade voluntariamente (Dobel 1978: 959-960).

CRIMINALIDADE ORGANIZADA

As facções referidas por Dobel representam algumas elites que adotam o comportamento estruturado e focado na transformação do público em particular, na apropriação e usurpação dos recursos públicos através de empresas que superfaturam obras e serviços, bem como, de instituições que promovem a lavagem dos capitais ilícitos oriundos do desvio de verbas públicas e do dinheiro pago no sistema de corrupção, de modo que, a parte não visível da corrupção encontra-se estruturada através de empresas de fachada, que legitimam as atividades ilícitas e seguem a lógica das organizações criminosas.

O ponto de transição do modelo de estado patrimonial para o estado moderno impessoal – que vê e trata os seus cidadãos de forma igualitária, com base nos direitos fundamentais e não baseado em relações pessoais ou posição social que ocupam – é muito mais conturbada do que a transição do regime autocrático para o regime democrático. Instituições autocráticas usualmente utilizam como base o modelo de burocracia forte, proposto por Max Weber, retratado pelo Estado Prussiano de modo encontrar lastro na meritocracia militar de sólida base institucional facilmente adaptável ao modelo democrático (Fukuyama 2014: 66-94).

A burocracia[48] no sentido proposto por Max Weber estabelece *"a direção administrativa burocrática"* como modelo de dominação legal, sendo a mais pura forma de organização onde a burocrática é constituída por um poder dominante segundo regras funcionais e racionais com as seguintes características: *(1)* pessoalmente livres, não obedecendo senão aos deveres objetivos da função; *(2)* colocados numa hierarquia da função solidamente estabelecida; *(3)* dotados de competências da função solidamente estabelecidas; *(4)* em virtude de um contrato, portanto; *(5)*em princípio, com

---

[48] No sentido corrente, o burocrata é aquele que trabalha nos escritórios (*"bureaux"*) e, mais particularmente, nos serviços estatais, o sufixo *"cracia"* evoca o poder, e convida-nos a utilizar o sufixo *"lano"*, mais neutro, para falar dos trabalhadores que povoam os escritórios. Assim a palavra *"burolano"* serve para designar aquele que trabalha nos escritórios, assim o conjunto de pessoas que povoam os escritórios fala de *"burolénia"*, e burocracia seria então a expressão reservada para ser aplicada de forma mais teórica estando ligada à noção de organização e de poder. Apresenta três realidades distintas: (1) tipo de organização definida por um sistema preciso e hierarquizado de funções e não de indivíduos, cujos direitos e deveres são fixados de maneira impessoal, oficial e em Princípio Racional; (2) o funcionamento das organizações é marcado por um apego excessivo à letra dos regulamentos e por uma rotina que resiste à transformação destes; (3) o poder exercido pelos dirigentes das grandes organizações e, sobretudo das organizações voluntárias (Sauvy, 1956: 128).

CLEPTOCRACIA: CORRUPÇÃO SISTÊMICA E CRIMINALIDADE ORGANIZADA

fundamento numa seleção aberta segundo a qualificação profissional: no caso mais racional são nomeados (não eleitos) segundo uma qualificação profissional revelada pelo exame e atestada pelo diploma; *(6)* pagos com vencimentos fixados em espécies, sendo que tais vencimentos estão, acima de tudo, graduados segundo a posição hierárquica ao mesmo tempo que as responsabilidades assumidas; *(7)* aos quais abre uma carreira, dependendo a sua promoção dos respectivos superiores; *(8)* trabalham sem a apropriação dos seus empregos; *(9)* e estão submetidos a uma disciplina estrita e homogênea da sua função e a um controle e a importância do conhecimento para o poder burocrático como uma forma de *dominação através do conhecimento.* (Weber 2008: 35-49).

O pensamento weberiano gravita ao redor do exercício do domínio legítimo e o não legítimo, e dentro do primeiro grupo, encontramos três formas, o *domínio carismático* reconhecido pela qualidade individual do seu chefe e baseado em virtudes individuais do seu carisma, o *domínio tradicional* constituído pela crença nas regras e nos poderes antigos e imutáveis e, finalmente, no âmbito do *domínio legal-burocrático* onde as regras apresentam um caráter abstrato, como as leis, de modo que a sua aplicabilidade se legítima através do aparelho burocrático impessoal. (Weber, 2008: 205: 172).

O sistema patrimonial tradicional não apresenta separação entre o público e o privado, assim a corrupção em si não seria perceptível, uma vez que o poder é exercido de maneira pessoal pelo governante, o qual detém uma legitimidade tradicional ou imemorial de efetiva propriedade sobre tudo, não haveria, portanto, nenhum desfalque em razão da renda pessoal do governante ser a mesmo que a receita de governo, não há nepotismo uma vez que inexistem critérios para a nomeação, o governante governa e escolhe com base na sua própria vontade (Eisenstadt 1973: 46).

Assim a Carta de Pero Vaz Caminha não seria um ato de corrupção compreendida como um pedido direto ao monarca que detém o poder geral de nomear para cargos os seus súditos, portanto não é apta a justificar eventos e desvios futuros.

Os valores do humanismo cívico renascentista das cidades-estados europeias, e o surgimento do capitalismo, modifica o regime da propriedade do modelo patrimonialista com a instituição do regime da propriedade como direito privado contrapondo-se a propriedade pública reafirmando os valores republicanos fundados no mercado e na concorrência que passam a ditar as regras entre o legal e o ilegal, o lícito do ilícito e da distinção

CRIMINALIDADE ORGANIZADA

entre público e privado, apesar do modelo capitalista sofrer severas críticas, assim:

> A economia das ilegalidades se reestruturou com o desenvolvimento da sociedade capitalista e a ilegalidade dos bens foi separada da ilegalidade dos direitos. Divisão que corresponde a uma oposição de classes, pois, de um lado, a ilegalidade mais acessível às classes populares será a dos bens — transferência violenta das propriedades; de outro a burguesia, então, se reservará a ilegalidade dos direitos: a possibilidade de desviar seus próprios regulamentos e suas próprias leis; de fazer funcionar todo um imenso setor da circulação econômica por um jogo que se desenrola nas margens da legislação — margens previstas por seus silêncios, ou liberadas por uma tolerância de fato. E essa grande redistribuição das ilegalidades se traduzirá até por uma especialização dos circuitos judiciários; para as ilegalidades de bens — para o roubo — os tribunais ordinários e os castigos; para as ilegalidades de direitos — fraudes, evasões fiscais, operações comerciais irregulares — jurisdições especiais com transações, acomodações, multas atenuadas, etc.. (Foucault, 1999: 107-108).

O problema dessa forma repousa no fato de o processo de instalação do capitalismo no Brasil haver propiciado o aparecimento de muitas instituições em um curto período de tempo, sendo possível com base na historiografia brasileira identificar quatro padrões de institucionalização ou *gramáticas estruturantes* das relações entre a sociedade e as instituições políticas em práticas como: *(1)* clientelismo; *(2)* corporativismo; *(3)* insulamento burocrático e *(4)* universalismo de procedimentos, destacando-se o clientelismo cujo vínculo básico é a interdependência sócio institucional, onde a ingerência do privado na política e do político no institucional cria um sistema de *"controle do fluxo de recursos materiais e de intermediação de interesses, no qual não há número fixo ou organizado de unidades constitutivas"* (Nunes, 2003: 40-41), as relações interpessoais são baseadas nas trocas generalizadas sem qualquer respaldo jurídico e muita das vezes ao arrepio da lei e a análise crítica optou por um posicionamento contrário as proposições weberianas de burocracia como componente eficiente da máquina de Estado para um enfoque crítico de Foucault.

O modelo brasileiro tende a adotar uma racionalidade perversa de manutenção e perpetuação do poder, ao manter, por um lado um ciclo onde os bens públicos representam os recursos de troca disponíveis para tornar a corrupção sistêmica em razão da tendência de um maior número de acordos serem efetuados pelas elites político-econômicas, por outro mantém a dinâmica de captura do estado destinada a estabelecer círculos de poder vinculados ao interesse privado e particular específicos, impondo a utilização dos instrumentos de corrupção anteriormente apontados, como o clientelismo, *patronagem*, particularismo, assistencialismo na disputa pelo poder político, assim:

> No Brasil, pode dizer-se que só excepcionalmente tivemos um sistema administrativo e um corpo de funcionários puramente dedicados a interesses objetivos e fundados nesses interesses. Ao contrário, é possível acompanhar, ao longo de nossa história, o predomínio constante das vontades particulares que encontram seu ambiente próprio em círculos fechados e pouco acessíveis a uma ordenação impessoal. Dentre esses círculos, foi sem dúvida o da família aquele que se exprimiu com mais força e desenvoltura em nossa sociedade. E um dos efeitos decisivos da supremacia incontestável, absorvente, do núcleo familiar — a esfera, por excelência dos chamados "contatos primários", dos laços de sangue e de coração — em que as relações que se criam na vida doméstica sempre forneceram o modelo obrigatório de qualquer composição social entre-nos. Isso ocorre mesmo onde as instituições democráticas, fundadas em princípios neutros e abstratos, pretendem assentar a sociedade em normas *antiparticularistas*. [...]
>
> Para o funcionário 'patrimonial', a própria gestão política apresenta-se como assunto de seu interesse particular; as funções, os empregos e os benefícios que deles aufere relacionam-se a direitos pessoais do funcionário e não a interesses objetivos, como sucede no verdadeiro Estado burocrático, em que prevalecem a especialização das funções e o esforço para se assegurarem garantias jurídicas aos cidadãos." (Buarque de Holanda; 1995: 146-147)

O eixo-vetor da corrupção repousa na forma como as trocas entre o público e privado se estabelecem, a reciprocidade entre corruptor e corrompido cria uma autorregulamentação própria destinada a disciplinar as trocas interpessoais fundadas no retorno que cada ator espera obter do outro dentro da lógica do *quid pro quo*, onde recursos públicos são fornecidos em troca do apoio político (voto, financiamento de campanha e liderança política na obtenção de eleitores), o político proporciona ao particular certos benefícios em troca do suporte econômico e político necessário para a manutenção do seu poder.

A ideologia política cede passo a uma homogeneização das agendas e do discurso ao atender da mesma forma os interesses de partidos políticos com ideologias distintas, neste cenário surge, como historicamente observado durante a década de 80, o *centrão* cujo postulado célebre encontra-se sistematizado na máxima: *É dando que se recebe.*[49]

O caráter histórico do jogo de poder no Estado brasileiro tende a ser identificado por meio de enfoques aparentemente antagônicos, mas que gravitam ao redor das mesmas premissas ao considerar: *(1)* Instrumento da classe economicamente preponderante, sendo a dominação política reflexo da dominação econômica, inexistindo uma elite política com interesse distinto da elite econômica (Prado Júnior, 2006:124-128); *(2)* Instrumento das relações de clientelismo, onde as elites rurais controlam as eleições indicando um afastamento destas com as elites políticas (Mattos, 1987:171).

As complexas relações sociais estabelecidas no período do Brasil-Colônia expressas no modelo de dominação da metrópole foram preponderantes na criação das matrizes de controle das atividades jurisdicionais e alicerçou, posteriormente, o modelo coronelista da ingerência do privado sobre o público com o *apoderamento* das instituições policiais, judicial e eleitorais, como instrumentos da perpetuação no poder dos grandes proprietários de terra, os coronéis e toda a sua entourage, reforçando os modelos do governismo dos chefes locais em alianças para "fazer a justiça" aos amigos e "aplicar a lei" aos adversários legitimado por um sistema eleitoral fraudulento (Leal, 2012: 203-204).

O modelo coronelista é um fenômeno social surgido na década de 1930, e designa uma prática específica do meio rural e das pequenas cidades do interior do Brasil, o termo guarda relação histórica com os postos de comando da Guarda Nacional,[50] que reproduzia em seu modelo hierárquico

---

[49] No Congresso Nacional durante a Assembleia Constituinte o Partido do Movimento Democrático Brasileiro (PMDB) criou o *Centrão*, grupo suprapartidário sem ideologia política específica, que liderado pelo então Deputado Federal Roberto Cardoso Alves, fez uma reinterpretação da máxima de São Francisco de Assis: "É dando que se recebe", para explicar o apoio de deputados ao governo José Sarney (85-90), em especial ao mandato de cinco anos. (Folha de São Paulo, Caderno Brasil – Segunda-Feira 29 de Janeiro de 1996)

[50] Corporação paramilitar formada civil, hierarquizada e descentralizada, criada em 18 de agosto de 1831 sob os auspícios de Diego Antônio Feijó (1784-1843), no início do período regencial, sendo composta por homens livres como braço do poder civil insatisfeitos com os portugueses integrantes das forças armadas profissionais do país, sua incumbência variava da manutenção da ordem local, o combate a rebeliões em outras províncias contra o poder central

as diferenças sociais da época, uma vez que o alto título de coronel cabia sempre a pessoas localmente influentes, de confiança dos governos provinciais e central, entretanto o título continuou sendo utilizado mesmo após seu termino em 1922 por todo e qualquer chefe político ou potentado, sendo uma forma de adaptação entre o poder privado e um regime político de extensa base representativa, caracterizado por uma relação de compromisso entre ambos, tendo como consequências o falseamento do voto e a desorganização dos serviços públicos locais (Leal, 2012: 04-06 e 20), sendo uma forma específica de poder político brasileiro que floresceu durante a Primeira República (1899-1930), e cujas raízes remontavam ao Império; já então os municípios eram feudos políticos que se transmitiam por herança não configurada legalmente, mas que existia de maneira informal (Queiros, 1976: 163).

O sistema político eleitoral da Primeira República (1989-1930) apenas servia como instrumento de confirmação dos arranjos previamente estabelecidos, o número de votos era de significação no reconhecimento, desde que houvesse interesse político em conservar ou afastar um representante, cabendo ao poder local apenas garantir pela força a legitimidade das urnas o que era feito com dois mecanismos de falsificação (a) o bico de pena: onde as mesas eleitorais com a função cumulativa de junta apuradora: inventava nomes, ressuscitava os mortos e fazia os ausentes comparecerem, e na feitura das atas os poderosos mesários com sua pena realizavam verdadeiros milagres, e (b) degola ou depuração: obra das câmaras legislativas no reconhecimento de poderes cassava os diplomas e não empossava os eleitos (Leal, 2012: 213-214).

Não obstante, o processo de urbanização e industrialização ocorrido no início da Segunda República (1945-1964) afasta a matriz coronelista, o processo eleitoral e a disputa pelo voto ganha importância, a disputa torna-se

---

e a própria participação em guerras externas. O coronelismo é uma das formas adotadas pelo mandonismo local no Brasil, a partir da proclamação da República, com algumas variações regionais: coronelismo (nordeste e grande parte do Brasil), caudilhismo (Rio Grande do Sul), *chefismo* (vale do São Francisco), tendo sido fonte de afirmação do poder privado, caracterizado por uma elite controladora do poder político, social e econômico – encarnada no proprietário rural, ocasionalmente no burocrata, comerciante ou profissional liberal do interior do Brasil – e baseado no domínio do círculo familiar e público como instituição política e eleitoral. O coronelismo vive seu apogeu na chamada Primeira República brasileira (1889-1930) tendo perdido a importância com o crescimento do exército profissional e das milícias profissionais estaduais, foi extinta em 1922 (Barbosa e Drumond, 1986: 274-276)

CRIMINALIDADE ORGANIZADA

mais acirrada com um custo maior pelo voto, e maior necessidade de recursos para concorrer em uma campanha, e assim não tarda para aparecer o primeiro escândalo relacionado ao financiamento de campanha, em 1962, o Instituto Brasileiro de Ação Democrática (IBAD)[51] financiou políticos da direita com recursos provenientes do estrangeiro, o que era proibido pela legislação nacional da época[52](Dreifuss, 1981: 82- 83 e Carvalho, 2002: 135-136).

Cumpre destacar que durante o Regime Militar (1964-1985), em razão de ter sido limitado o exercício do voto com eleições indiretas e o bipartidarismo, a questão ficou dormente, tendo ressurgido com a abertura política (1985) e não tardou para surgir um grande escândalo no financiamento da campanha eleitoral do Presidente Fernando Collor de Melo, em 1989, a Comissão Parlamentar de Inquérito (CPI) da Câmara dos Deputados identificou que o então tesoureiro de campanha Paulo Cesar Farias articulou com empreiteiras doações de campanhas e subornos em troca de futuros contratos com o governo, sendo que a legislação eleitoral não proibia doações de pessoas jurídicas[53].

---

[51] A Lei n.º 1.164/1950 de 24 de julho, o primeiro Código Eleitoral do Brasil estabelecia de forma taxativa em seu Art. 144. – É vedado aos partidos políticos: I – receber, direta ou indiretamente, contribuição ou auxílio pecuniário ou estimável em dinheiro de procedência estrangeira.

[52] As organizações como o Instituto de Pesquisas e Estudos Sociais IPES e o Instituto Brasileiro de Ação Democrática IBAD, foram financiados pelo capital internacional e tiveram importante atuação no fortalecimento de políticos da linha conservadora e contrários ao populismo culminando para Dreifuss na conquista do Estado e na ação militar de 1964 decorrentes dessa mudança (Delgado, 2010: 136).

[53] A Constituição Federal de 1988 vedou o recebimento de recursos financeiros de entidades ou governos estrangeiros (art. 17, II CF/1988), deixando a regulamentação do financiamento de campanhas para a legislação ordinária, sendo disciplinada pelo Código Eleitoral (Lei n.º nº 4.737/1965), Lei dos Partidos Políticos (Lei n.º nº 9.096/1995) e Lei das Eleições (Lei n.º 9.504/1997), e esta última dispõe que as despesas de campanhas eleitorais são de responsabilidade dos partidos ou de seus candidatos (art. 17), responsabilidade financeira solidária. A Reforma Eleitoral de 2006 (Lei n.º 11.300/2006), neste particular, reduziu os montantes gastos nas campanhas e maior transparência fixou os limites de gastos a serem estabelecidos por lei e a Reforma Eleitoral 2015 (Lei nº 13.165/2015) promoveu novas modificações para as eleições de 2016 e introduziu a redução no tempo de campanha eleitoral, proibido o financiamento eleitoral por pessoas jurídicas (Lei n.º 9.504/1997 – Art. 20) só podendo haver financiamento por doações de pessoas físicas e recursos do Fundo Partidário. O STF julgou procedente em parte o pedido formulado na Ação Direta de inconstitucionalidade (ADIn) 4650 para declarar a inconstitucionalidade dos dispositivos legais que autorizavam as contribuições de pessoas jurídicas às campanhas eleitorais e, consequentemente, a decisão aplica-se às eleições de 2016.

A experiência coronelista, direta ou transmitida, do eleitorado urbano brasileiro propiciou a criação de formas de fidelidade e adesão políticas ainda permeadas pela lógica do voto-mercadoria, os líderes políticos tipicamente urbanos fundam sua carreira na máquina eleitoral e na capacidade de atender demandas de benefícios visíveis e imediatos (empregos, obras públicas, melhoria de serviços públicos, acesso facilitado à assistência e à previdência sociais etc.) em troca da garantia do voto, dando condições para a continuidade da política de clientela lado a lado com uma política ideológica, entretanto é possível identificar uma importante diferença entre o clientelismo do coronel rural e o do chefe político urbano: este não é necessariamente um monopolizador de recursos e meios de existência da população e do eleitorado (principalmente nas cidades grandes e médias), para os quais há opções, mais ou menos viáveis de estabelecer a troca do voto fundada em com considerações ideológicas. (Barbosa e Drumond, 1986: 276)

> Sendo a corrupção a elevação dos interesses provados ao interesse público, percebe-se que é fundamental uma teoria política da corrupção uma discussão mais abrangente da moralidade pública. Só é possível definir a corrupção na política se buscarmos uma visão dos aspectos consensuais que organizam à pratica política como um todo. A perspectiva, hoje hegemônica, no entanto, cria uma miopia teoria a respeito da corrupção, visto que compreende apenas a lógica dos interesses mercantis (Filgueiras, 2008: 20-21).

Os "donos do poder" criaram um novo modelo *neopatrimonialista*, que nasce e se desenvolve com o propósito de manter impenetrável e impermeável o círculo de comando, o núcleo dirigente que atua em nome próprio, servindo-se e apoderando-se dos instrumentos políticos e do aparelhamento estatal (Werner, 2015b: 31). Nesse sentido destaca-se o pensamento de Raymundo Faoro ao comentar a formação do patronato político brasileiro:

> Este curso histórico leva à admissão de um sistema de forças políticas, que sociólogos e historiadores relutam em reconhecer, atemorizados pelo paradoxo, em nome de premissas teóricas de várias índoles. Sobre a sociedade, acima das classes, o aparelhamento político — uma camada social, comunitária embora nem sempre articulada, amorfa muitas vezes — impera, rege e governa, em nome próprio, num círculo impermeável de comando. Esta camada muda

e se renova, mas não representa a nação, senão que, forçada pela lei do tempo, substitui moços por velhos, aptos por inaptos, num processo que cunha e nobilita os recém-vindos, imprimindo-lhes os seus valores. (Faoro, 2001: 871)

A corrupção atinge com força os processos licitatórios para a execução de obras ou prestação de serviços especialmente quando os valores contratuais são de grande monta e os interesses estão exacerbados, tudo, em um ambiente onde as empreiteiras fazem um ajuste prévio de rodízio para adjudicação das obras ou acertam camuflar parcerias extracontratuais, sendo uma das formas mais comuns de corrupção o financiamento dos partidos políticos classificado como a República das Empreiteiras (Peter Eigen, 1995 apud Sousa, Garcia e Carvalho, 1998: 143).

Durante a campanha presidencial de 2014, a legislação eleitoral não proibia o financiamento de campanha realizado por empresas, estabelecendo-se a quintessência da República das Empreiteiras, destaca-se que dentre os maiores doadores encontram-se as empresas investigadas na *Operação Lava Jato* as construtoras: *(A)* Andrade Gutierrez – R$ 83.183.572,13; *(B)* OAS – R$ 68.726.630,00; *(C)* Queiroz Galvão – R$ 55.834.921,00; *(D)* UTC Engenharia – R$ 52.831.521,08; *(E)* Norberto Odebrecht – R$ 48.278.100,00 e *(F)* Galvão Engenharia – R$ 15.882.300,00 destacando o grau de dispersão ideológica, todas contribuíram para praticamente todos os principais partidos na exata proporção da tendência eleitoral e possibilidade de serem eleitos, assim:

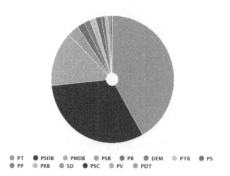
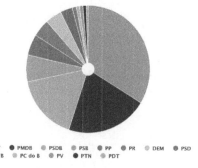

(A) Construtora Andrade Gutierres S/A   *(B)* Construtora OAS S/A

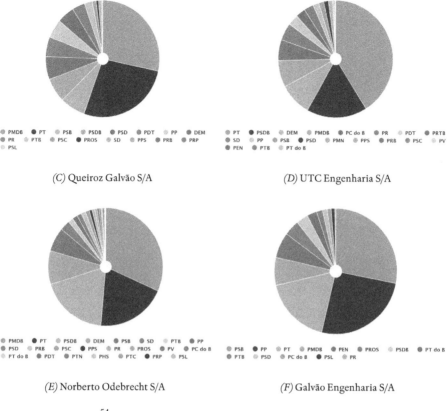

(C) Queiroz Galvão S/A   (D) UTC Engenharia S/A

(E) Norberto Odebrecht S/A   (F) Galvão Engenharia S/A

Fonte: Meucongresso[54]

Entretanto, o perfil de tendência política, ou seja, os motivos da doação, como simpatia a agenda política do partido, vinculação ideológica, ou identificação pessoal, desaparece, como pode ser constatado, seria como entrar em um cassino e apostar em todos os números da roleta, ou em todos os números da *Mega-Sena*, destacando que os partidos que lideravam a disputa eleitoral obtiveram doações proporcionais a posição indicada nos índices de tendência de votos, o mesmo fenômeno é perceptível com as demais empresas ligadas ao mercado financeiro, telefonia e agronegócio,

[54] O gráfico indica da maior doação para a menor correspondendo ao partido da linha de cima para baixo e da esquerda para a direita, as informações podem ser obtidas na página eletrônica Meu Congresso Nacional http://meucongressonacional.com/eleicoes2014/empresa incluindo também diversas informações sobre as investigações da Operação Lava Jato conduzida pelo Departamento de Polícia Federal. (consultado em 26.04.2016)

com destaque para a JBS S/A, uma verdadeira campeã nacional de doações com o montante de R$ 361.741.374,50 Reais:

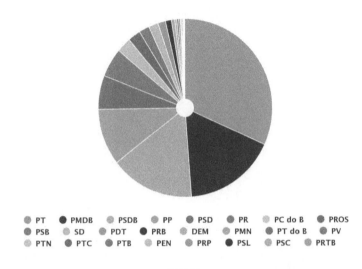

Fonte: Meucongresso[55]

A herança histórica nacional e as tradições do *voto de cabresto* e do *curral eleitoral* ganharam sofisticação durante toda a história da republica e conferiu força à corrupção, permeando-a na trama do tecido social ao estabelecer complexas relações de poder dentro das instituições do Estado nacional a análise do Brasil a partir das dicotomias representativas das variações em torno do tema clássico sistema de análise de *"dois Brasis"*,[56]

---

[55] O gráfico indica da maior doação para a menor correspondendo ao partido da linha de cima para baixo e da esquerda para a direita, as informações podem ser obtidas na página eletrônica Meu Congresso Nacional http://meucongressonacional.com/eleicoes2014/empresa incluindo também diversas informações sobre as investigações da Operação Lava Jato conduzida pelo Departamento de Polícia Federal. (consultado em 26.04.2016.

[56] Autores como Nestor Duarte, Oliveira Viana e Victor Nunes Leal enfatizaram a importância do poder privado como uma barreira à construção de uma ordem pública, por seu turno Oliveira Viana, Francisco Campos, Raimundo Faoro e Simon Schwartzman investigaram o uso do poder publico na criação de uma ordem estatal, e finalmente os estudos de Maria Isaura Pereira de Queiros a Golbery do Couto e Silva, enfatizaram a importância de sucessivos momentos de centralização e descentralização, de sístole e diástole, na formação da sociedade e do Estado brasileiro, recordando a expressão Belíndia de Edmar Bacha, sendo uma ideia

notadamente, na identificação dos contrapontos de desenvolvimento *versus* subdesenvolvimento, Brasil urbano *versus* Brasil rural, industrialização *versus* oligarquia rural, poder público *versus* ordem privada, centralização *versus* poder, em termos das tensões constantes entre dois polos, que se alternam em ciclos intermináveis ou entre dois polos que permanecem em contradições mutuas. Tais dicotomias mostraram-se úteis, entretanto o sistema institucional evoluiu para uma forma que transcende a noção dos "dois Brasis", trata-se de uma crítica ao dualismo neomarxista focada no modo de produção com enfoque meramente econômico, entretanto as relações de classes devem ser observadas não apenas sob a esfera econômica, mas também de forma a identificar como os sistemas políticos agregam ou desagregam as relações de classes (Nunes, 2003: 16-17), o sistema político atual não é mais tão político o que vale são as relações estabelecidas e, por conseguinte, as redes criadas para a corrupção.

A corrupção apenas será superada com a criação de condições de insulamento das instituições de Estado baseadas na legalidade, impessoalidade e meritocracia, uma vez que a atuação estatal se encontra orientada por normas legais embasadas na ética profissional e no respeito aos direitos e garantias, considerando todos de forma equânime e justa, sem distinções ou apriorismos, sendo esta a marcas dos sistemas políticos democráticos que deve proteger suas instituições das ingerências externas com a superação de práticas patrimonialistas, em um ambiente onde não exista espaço para o detentor do poder, objetivando lotear seu governo e a coisa pública.[57]

O insulamento burocrático tornou-se medida central na reforma administrativa brasileira iniciada durante o regime militar, mantendo-se com a abertura política e ganhando destaque durante o processo das privatizações através da criação dos agentes normativos e das agências reguladoras das atividades econômicas de Estado (Werner, 2015b: 37).[25]

---

que exerce permanente fascínio, em suas variadas formas, sobre a vida intelectual brasileira. (NUNES 2003:16).

[57] O gestor do poder no regime *cleptocrata*, por ser o dono do poder tem a prerrogativa de determinar a seus subordinados, por intermédio de bilhetinhos ou recados informais, como o encaminhado a portaria principal do seu palácio que: *"O Sr. "X" deverá ter prioridade de atendimento na portaria Principal do Palácio do Planalto, devendo ser encaminhado ao local de destino, após prévio contato telefônico, em qualquer tempo e qualquer circunstância"* O fato ocorreu conforme noticiado e encontra-se disponível em: http://veja.abril.com.br/blog/augusto-nunes/tag/carlos-brickmann/ Acesso em 20.04.2016.

CRIMINALIDADE ORGANIZADA

A autonomia e insulamento institucional são recomendados no plano internacional conforme disposto na Convenção das Nações Unidas Contra o Crime Organizado Transnacional – Convenção de Palermo (Decreto n.º 5.015/2004 art. 9º, 1 e 2), e na Convenção das Nações Unidas Contra a Corrupção – Convenção de Mérida (Decreto n.º 5.687/2006 art. 6, 11 e 36), que estabeleceram o dever dos Estados Parte em adotar medidas eficazes de ordem legislativa e administrativa visando promover a integridade, prevenir, detectar e punir a corrupção dos agentes públicos bem como adote medidas no sentido de se assegurar que as suas autoridades que atuam em matéria de prevenção, detecção e repressão da corrupção de agentes públicos, possa agir de maneira eficaz inclusive conferindo a essas autoridades independência suficiente para impedir qualquer influência indevida sobre a sua atuação (Werner, 2015b: 16).

A manutenção do perfeito ponto de equilíbrio entre a capacidade de resposta institucional face às demandas impostas as instituições de Estado no âmbito administrativo pela Controladoria Geral e Tribunais de Contas da União, Estados e Municípios e a capacidade de resposta jurisdicional realizada pelo Poder Judiciário, Ministério Público, Departamento de Polícia Federal,[58]esse último especificadamente, no desenvolvimento de suas atividades de Polícia Judiciária da União, voltadas ao combate aos crimes graves cometidos em detrimento dos bens, serviços e interesses da União e, especificamente, a corrupção e desvio de verbas públicas, apresentam a peculiaridade de ter, por muita das vezes, autores e coautores como ocupantes de cargos na alta cúpula dos poderes da nação, entre os investigados representantes do círculo mais fechado das elites políticas e econômicas (Werner, 2015b: 51-53).

6. Democracia: Controle e Superação da Cleptocracia

A *cleptocracia* pode ser superada com a adoção de um conjunto de instrumentos no controle especifico das ações de governo prestação de contas e

---

[58] A crise política, econômica e ética vivenciada pelo Brasil não pode afetar a autonomia das Instituições, sendo imprescindível, neste contexto, o fortalecimento da Polícia Federal como uma instituição eficiente, imparcial e transparente, capaz de cumprir suas missões com a tranquilidade necessária devendo estar protegida pela autonomia – administrativa, funcional e orçamentária – pontos essenciais a serem garantidos para boa qualidade integral da Instituição (Werner, 2015b: 51-53).

respostas (*accountability e responsiveness*), bem como na constante supervisão da garantia do sufrágio universal com a realização de eleições livres e periódicas, incluindo a capacidade do governo ser legitimamente responsivo às preferências de seus cidadãos de forma plena nas capacidades de: *(1)* formular preferências; *(2)* poder expressar suas preferências aos cidadãos e ao governo e *(3)* ter suas preferências consideradas nas políticas públicas de governo (Dahl, 1997: 25-27).

Entretanto, o processo eleitoral, por si só, não apresenta o condão de garantir a democracia, nem assegurar sua qualidade, apenas demonstra que a escolha dos representantes foi efetuada sob o crivo da soberania popular.

A democracia como um sistema político não deveria estar apenas relacionada com o grau de desenvolvimento econômico, onde quanto mais próspera for à nação, maiores serão as possibilidades da construção de um regime democrático sólido, e em uma sociedade dividida entre uma grande massa pobre e uma pequena elite favorecida o resultado será a oligarquia (domínio ditatorial do pequeno estrato superior) ou a tirania (ditadura de base popular), o ideal seria uma população participante e ativa na vida política e apta a desenvolver a autodisciplina necessária para evitar sucumbir aos apelos dos demagogos irresponsáveis. (Lipset, 1959: 69-105)

O avanço do nível democrático estabelece-se de acordo com o grau de percepção dos cidadãos sobre a liberdade, igualdade política, controle popular sobre as políticas públicas e como as decisões políticas são tomadas no sentido de determinar o funcionamento legítimo e legal de instituições estáveis, averiguáveis pela capacidade de satisfação das expectativas dos cidadãos de governança (qualidade em termos de resultados); através do pleno exercício da ampla liberdade e igualdade política (qualidade em termos de conteúdo); e de exercer o poder soberano para avaliar se o governo oferece a liberdade e a igualdade de acordo com o Estado de Direito; e, por seu turno, as instituições governamentais também têm outro responsável perante a lei e a constituição (qualidade em termos de procedimento) (Diamond e Morlino, 2005: xi – xii).

A democracia é fundada em cinco instituições heterogêneas e perfeitamente equilibradas, assim:

6.1. Estado: definido no modelo Weberiano como a comunidade humana inserida em um determinado território, caracterizada pelo

CRIMINALIDADE ORGANIZADA

monopólio do uso legítimo da força física[59], sendo este uso desempenhado por meio das instituições legalmente constituídas e detentoras de atribuições legais para fazer ou não uso da força física, destinada a vencer toda a conduta contrária à lei, exercendo-a apenas e exclusivamente *através das instituições de Estado designadas para tal finalidade* (Weber, 2008: 56-57), trata-se do ponto central que distingue o Estado de outras instituições, uso do poder do Estado para fazer cumprir as leis e proteger a comunidade contra ameaças internas e externas e também promover os serviços fundamentais para o seu pleno desenvolvimento como saúde educacional e infraestrutura.

6.2. Primado do Direito (*Rule of Law*): a lei deve ter eficácia, abrangência e aplicabilidade não apenas para as pessoas comuns, mas também, de forma indistinta sobre todos, inclusive sobre aqueles que detêm e aplicam o poder do Estado, sendo esta a viga mestra do Estado de Direito onde a regulamentação e a restrição do poder são feitas buscando seu correto exercício, a ordem coercitiva estatal deve ser organizada de tal modo a possibilitar que uma minoria transforme-se em maioria a qualquer momento, face ao relativismo político (Kelsen, 1993: 107).

6.3. Prestação de Contas (*Accountability*) conceito da Ciência Política que expressa a ideia de controle e configura-se na obrigação dos integrantes dos órgãos públicos e representantes políticos prestarem contas às instâncias controladoras bem como a população das suas atividades (Melo, 2007: 11-29), a transparência impõe uma responsabilidade democrática de informar as decisões e ações, passadas e futuras, e consequente responsabilização por eventual desvio de conduta, sendo uma resposta substantiva apresentada não apenas para os detentores do poder, mas também para todos os seus representantes (Schedler, 1999: 13-28) Atualmente o tema guarda conexão com o direito de acesso à informação, o que denota a inclusão da noção de que a comunicação entre o Estado e seus cidadãos deve ocorrer de forma clara e acessível, de

---

[59] O Estado exerce o *uso legítimo da força* e não da *violência*, uma vez que a violência pressupõe uma ação contrária a ordem moral, jurídica ou política, portanto, afirmar que o poder político estatal exerce o monopólio legítimo da violência é afirmar que, a violência é o meio específico e exclusivo, para o exercício do poder político, sendo este contrário a lei; portanto uma ação de Estado legitima deve desenvolver-se dentro dos estritos balizamentos legais e não pode nunca ser desempenhada como uma pretensão de exercício ilimitado da vontade dos governantes (Wermer, 2015b: 25).

modo a permitir que o cidadão possa conferir os dados e utilizá-los para análises e propostas de melhoramento do sistema, possibilitando assim a formação de um sistema constante de participação e retroalimentação (*input e output*) servindo inclusive de crítica ao modelo proposto por Schumpeter (Habermas, 1996:330-334)

6.4. Capacidade de Resposta (*Responsiveness*) refere-se à habilidade especifica de atendimento as demandas formuladas e as propostas estabelecidas na agenda política, não apenas por meio de respostas retóricas feitas por meio dos programas políticos, mas também na forma efetiva e eficaz em definir as prioridades orçamentárias, é a resposta democrática no tocante a forma como políticos priorizam as diferentes agendas e o grau de correspondência destas com as preferências públicas (Persson, Gerard e Guido, 1997: 11631165).

6.5. Possibilidade de Escolha – Eleições periódicas, livres e justas, em um sistema eleitoral onde todos tenham o direito de acesso, em condições de igualdade, às funções públicas através de eleições honestas a realizar periodicamente por sufrágio universal e igual, com voto secreto ou segundo um processo equivalente que salvaguarde a liberdade de voto.[60]

Os pressupostos da *responsiveness*, e *accountability* alinhados as condições de participação e competitividade política são fundamentais ao bom funcionamento do Estado de Direito, uma vez que apenas as eleições, embora indispensáveis, não possuem o condão de garantir a democratização, nem asseguram a qualidade da democracia, apenas são capazes de indicar que a escolha de representantes está sendo elaborada em conformidade com à soberania popular (Ranieri, 2013: 313).

As eleições, entretanto, apresentam-se como uma variável de controle importante da democracia conforme evidenciado nos trabalhos

---

[60] Declaração Universal de Direitos Humanos das Nações Unidas – Artigo 21° 1. Toda a pessoa tem o direito de tomar parte na direção dos negócios públicos do seu país quer diretamente, quer por intermédio de representantes livremente escolhidos. 2. Toda a pessoa tem direito de acesso, em condições de igualdade, às funções públicas do seu país. 3. A vontade do povo é o fundamento da autoridade dos poderes públicos: e deve exprimir-se através de eleições honestas a realizar periodicamente por sufrágio universal e igual, com voto secreto ou segundo processo equivalente que salvaguarde a liberdade de voto. A mesma regra se repete nos artigos 25 e 26 do Pacto Internacional dos Direitos Civis e Políticos

CRIMINALIDADE ORGANIZADA

desenvolvidos pelo Instituto Internacional para Democracia e Assistência Eleitoral (IDEA)[61], que monitora os processos políticos ao redor do mundo e apresenta um banco de dados sobre financiamento dos partidos políticos e das campanhas eleitorais, indicadores seguros que a ausência de regulamentação nas doações exerce uma influência negativa na política e prejudica a integridade das eleições e, por conseguinte, a democracia conduz as pessoas a perderem a fé nos políticos e nos processos eleitorais (IDEA, 2013: 01-06).

As instituições hegemônicas apresentadas devem estar em equilíbrio constante, assim, um Estado com falhas no primado do Direito (*Rule of Law*) ou na prestação de contas (*Accountability*) será um Estado totalitário, como a China, atualmente, ou a União Soviética, no passado (1922-1991), ou se apenas estiverem presentes instituições de restrição e de uso da força, estaremos diante da Síria ou Líbia contemporâneas, e no caso da Nigéria, que tem uma aparência de Estado, onde encontramos uma semelhança ao primado da lei e prestação de contas, mas com altos níveis de corrupção, nada podendo fazer em relação ao crime transnacional ou aos atos terroristas do Boko Haran[62], que dominam parte do território nigeriano (Fukuyama, 2014: 66-94).

A aparência de democracia na Ucrânia, onde o Presidente Victor Yanukovich, em razão das acusações de corrupção e fraudes nas eleições foi removido do poder em 2004, pela Revolução Laranja, entretanto, retornou à presidência pelo voto popular em 2010, e após novas acusações de corrupção e protestos na Praça da Independência, iniciados em 2013, foi

---

[61] International Institute for Democracy and Electoral Assistance IDEA é uma organização intergovernamental com sede na Suécia destinada ao monitoramento e estudo dos processos eleitorais, com página na internet: http://www.idea.int/ e também a International Foundation for Election Systems IFES sediada nos Estados Unidos, o Department of Political Affairs, Electoral Assistance Division da Nações Unidas, a Unit for the Promotion of Democracy, Electoral Technical Assistance da Organizações dos Estados Americanos – OEA e Organization for Security and Co-operation in Europe, Office for Democratic Institutions and Human Rights – ISCE-ODIHR.

[62] Boko Haran é uma organização fundamentalista islâmica que adota o terrorismo e engloba pessoas dedicadas aos ensinamentos do profeta e para propagação da guerra santa Jihad, cujo objetivo é impor a Charia (Direito Islâmico) no norte da Nigéria, Chade e Camarões. The Wall Street Journalhttp://www.wsj.com/articles/boko-haram-extends-control-over-northeast-nigerian-city-1410534697. Visitado em 20.04.2016.

forçado a renunciar e exilando-se na Rússia em fevereiro 2015 (Fukuyama, 2014: 66-94).

Esses exemplos elucidam conceitos já estabelecidos sobre as novas democracias estarem sofrendo com a corrupção, pois foram construídas sobre uma base de Estado enfraquecido e sofrem as consequências das várias formas de má-governança, falta de segurança, baixo desempenho econômico e incapacidade estrutural de oferecer serviços como a educação, a saúde, e bem-estar básico (Warrent 2006: 383-384).

A corrupção encontra terreno fértil em Estados que apresentam pouca ou nenhuma transparência e não conseguem impor a necessária responsabilidade democrática aos detentores do poder, os quais não se veem obrigados a informar os motivos e fundamentos das decisões tomadas nem tampouco das ações executadas, dificultando qualquer responsabilização pelo desvio de conduta, nasce a corrupção sistêmica, só combatida pela atuação livre e autônoma dos órgãos de controle estatais, tanto administrativos (Tribunais de Contas e Controladorias Gerais) quanto jurisdicionais (Polícias Judiciárias, Ministérios Públicos, Poder Judiciário) os quais efetuam efetivo controle das ações de governo de forma substantiva não apenas sobre os detentores do poder, mas também sobre todos os seus representantes e partes atuantes, e possuem o importante papel de informar a população de forma transparente possibilitando a formação de uma opinião pública sólida e qualificada sobre a exata ação de governo, e fomentando o controle popular de tais ações, impossibilitando o apoderamento do Estado e consolidação da cleptocracia.

7. Conclusão

O modelo de análise estrutural da teoria das organizações criminosas é uma ferramenta necessária para melhor compreender o fenômeno da corrupção na atualidade, considerando, principalmente, a sua estruturação por meio das redes difusas de atuação econômica, uma vez que a corrupção se tornou sistêmica.

A análise sociocultural e político-econômica identifica a forma como se articula um jogo onde corrupto e corruptor estabelecem uma relação plural e recíproca de interações assimétricas em busca de poder e ganhos ilícitos com a captura do Estado por meio das ferramentas do clientelismo, *patronagem*, particularismo e assistencialismo; por conseguinte, o

CRIMINALIDADE ORGANIZADA

público é subjugado pela vontade privada, a democracia é deturpada e cede espaço ao neopatrimonialismo como motor do 'Estado Cleptocrata', assim, o novo paradigma conceitual proposto sobre a corrupção tem como característica visualizá-la como um fenômeno autônomo, multidimensional e universal.

No Brasil, a corrupção sistêmica é uma variável com forte impacto no exercício do poder como um caminho para obtenção de ganhos pessoais, a disputa pelo voto é vista como uma competição de caráter econômico, que somente será superada com a criação de condições de insulamento das instituições de Estado.

Nesse contexto, a solução das práticas patrimonialistas depende da adoção de medidas baseadas na legalidade, impessoalidade, meritocracia, intensificação na lisura, celeridade e qualidade do controle de cada política pública e na respectiva prestação de contas, uma vez que, a atuação estatal deve ter como fundamento a ética profissional e o respeito aos direitos e garantias fundamentais, considerando todos de forma equânime e justa, sem distinções ou apriorismos: este é o caminho para superação da corrupção e a construção de uma democracia sólida.

O avanço do nível democrático depende de investimento educacional e cultural no grau de percepção real dos cidadãos sobre liberdade, igualdade política, controle popular sobre as políticas públicas, compreensão do funcionamento das instituições estáveis, baseadas nos instrumentos da transparência, responsabilidade e capacidade de resposta, de forma a modificarem a matriz sociocultural; bem como criar um ambiente propício onde os detentores do poder não só sejam escolhidos em eleições periódicas, livres e justas de forma hegemônicas, mas, também, sejam efetivamente controlados durante todo o mandato, de modo a permitir a construção de um modelo de estado impessoal fundado na meritocracia, onde o administrador público veja e trate os seus cidadãos de forma responsável, de forma a intervir na variável político-econômica e assim afastar a corrupção sistêmica.

Referências:

ABADINSKY, Howard. (2007). Organized Crime.6ª ed. Chicago: Wadsworth.

ALARCHI, Pino. (1988). Mafia business: the mafia ethic and the spirit of capitalism. Oxford: Oxford University Press.

ALBANESE, Jay S. (2007). Organized Crime in our Times. 5ª ed. LexisNexis.

ALBINI, Joseph (1971). The American Mafia: Genesis of a Legend, New York.

ARISTOTLE (1984) The Complete Works of Aristotle. Ed.PrincetonUniversity Press – Oxford.

ARENDT, Hannah. (1997) ¿Qué es Política? Barcelona: Paidós.

_____. (2004) Responsibility and judgment. New York: Shocken.

BARBOSA, Adriano Mendes. (2015) Da Organização Criminosa. In: Organizações Criminosas Teoria e Hermenêutica da Lei n.º 12.850/2013. Ed. Nuria Fabris.

BAKE JR, John S. (2004) The Sociological Origins of "White-Collar Crime" Legal Memorandum The Heritage Foundation Washington Dc.

BEARE, Margareth E. (2005) Critical Reflectionson Transnational Organized Crime, Money Loudering, and Corruption. Ed. Margareth E. Beare.

BECKER, G. (1968) Crime and Punishment: an economic approach. In: Journal of Political Economy, 76, pp.169-217.

BOBBIO, Norberto e CAMERON, Allan. (1997) Left and right: the significance of a political distinction. University of Chicago Press.

BOHN, Simone. (2007) Justifying corrupt exchanges: rational-choice Corruptors. In: (Dys-) Functionalities of Corruption. Comparative Perspective and Methodological Pluralism. Ed. Sringer

BROSSARD, Paulo. (1992) O Impeachment. 3ª. ed. São Paulo: Saraiva.

BUCHN, Bruce e HILL, Lisa. (2014) An Intellectual History of Political Corruption. Nova York: Palgrave Macmillan.

CARVALHO, José Murilo de. (2002) Cidadania no Brasil. O longo Caminho. 3ª ed. Rio de Janeiro: Civilização Brasileira.

CARVALHO, José Fraga T, GARCIA, Clovis L. e SOUSA, José Pedro G. (1998) Dicionário de Política. São Paulo: T. A. Queiroz.

CLAPHAM, Christopher. (2004) The Third World Politics. Ed. Taylor & Francis e-Library.

CRESSEY, Donald R. (1969), Theft of the Nation: The Structure and Operations of Organized Crime in America, New York: Harper.

DAHL, Robert A. (1997) Poliarquia: Participação e Oposição. Ed. EDUSP.

DELGADO, Lucília de Almeida Neves. (2010) O governo João Goulart e o golpe de 1964: memória, historia, historiografia. Tempo, Niterói, n. 28, pp.123-143.

DIAMOND, L. e MORLINO, L. (2005) Introduction. In: Assessing the Quality of Democracy. DIAMOND, L. e L. MORLINO (editores) New York: The John Hopkins University Press.

DREIFUSS, René Armand. (1981) 1964 – A conquista do Estado. Ação política, poder e golpe de classe. Petropolis (RJ): Vozes.

CRIMINALIDADE ORGANIZADA

DUYNE, Petrus C. Van (2001) "Caligula" Go Transparent? In: Forum on Crime and Society Volume 1Number 2 December 2001 United Nations Centre for Crime Prevention.

EISENSTADT, Samuel N. (1973): Traditional Patrimonialism and Modern Neopatrominialism. London, Beverly Hills/CA: Sage Publications.

EWING, Keith D. (1992) Money, Politics and Law: A Study of Electoral Campaign Finance Reform. Canada: Oxford University Press.

FAORO, Raymundo. (2001) Os Donos do Poder. Formação do Patronato Político Brasileiro 3ª ed. Globo.

FILGUEIRAS, Fernando. (2008) Corrupção, Democracia e Legitimidade. Belo Horizonte: UFMG.

FOUCAULT, Michel. (1987) Vigiar e Punir: nascimento da prisão. Ed. Vozes

FUKUYAMA, Francis. (2014) Political Order and Political Decay: Form the industrial revolution to the globalization of democracy. Nova Iorque: Ferrar Straus and Gerous.

GAMBETTA, Diego. (1993). The Sicilian Mafia: the business of private protection. Harvard: Harvard University Press.

GARDINER, John. (2007) Defining Corruption In: Political Corruption Concepts & Contexts 3º ed. HEIDENHEIMER Arnold J. e JOHMSTTO Michael (organizadores) Ed. New Brunswick: Transaction Publishers: pp. 25-40.

GIDDENS, Anthony. (1998) Beyond Left and Right: The Future of Radical Politics. Cambridge: Polity Press.

HABERMAS, Jüngen. (1996) Between Facts and Norms: Contributions to a Discourse Theory of Law and Democracy. EUA: MIT Press.

HICKEN, Allen. (2011) Clientelism. Annual Review of Political Science nº 14(1): 289-310.

HOPKIN, Jonathan. (2006) Conceptualizing Political Clientelism: Political exchange and Democratic Theory. Paper prepared for APSA annual meeting, Philadelphia, 31 August – 3 September 2006. Panel 46-18 'Concept Analysis: Unpacking Clientelism, Governance and Neoliberalism. Reino Unido: London School of Economics and Political Science

HOUGH, Dan (2013) Corruption, Anti-Corruption & Governance. New York: Palgrave Macmillan.

HUNTINGTON, Samuel P. (1968) Political Order in Changing Societies. New Haven: Yale University Press.

KAWATA, J. (2006). Mafia, Corrupted Violence and Incivism. In Comparing Political Corruption and Clientelism. Inglaterra: Ashgate, pp. 133–156.

KESEN, Hans. (1993) A Democracia. São Paulo: Martins Fontes.

LEAL, Victor Nunes (2012) Coronelismo, Enxada e Voto: O município e o regime representativo no Brasil. São Paulo: Companhia das Letras.

LEFF, Nathaniel H. (1964) Economic Development Through Bureaucratic Corruption. The American Behavioral Scientist, p. 8-14, 1964.

LIPSET, Seymour M. (1959) Some Social Requisites of Democracy: Economic Development and Political Legitimacy. American Political Science Review, 53: 69-105

LUNDE, Paul. (2004) Organized Crime: An inside Guide to the World's Most Successful Industry. DK London.

MAQUIAVELLI, Niccolò. (1971) Machiavelli: Tutte Le Opere Firenze: Sassoni.

MATTOS, Ilmar Rohloff (1987) O Tempo Saquarema. São Paulo: Hucitec.

MELO, Marcus André. (2007). O viés majoritário na política comparada: responsabilização, desenho institucional e qualidade democrática. Revista Brasileira de Ciências Sociais, 22(63), 11-29.

NAYLOR, R. T. (2004). Predators, Parasites, or Free-Market Pioneers: Reflection on the nature and analysis of profit-driven crime. In Critical Reflections on Transnational organized Crime, Money Laundering, and Corruption Organizadora: Margaret E. Beare. Editora UTP Toronto pp. 35-54.

NUNES, Edson. (2003) Gramática Política do Brasil: clientelismo e insulamento burocrático. Rio de Janeiro: Jorge Zahar Editor.

NYE, J. S. (2007) Corruption and Political Development: A Coast-Benefit Analysis In: Political Corruption Concepts & Contexts 3º ed. HEIDENHEIMER Arnold J. e JOHMSTTO Michael (organizadores) Ed. New Brunswick: Transaction Publishers: pp. 281-299.

PARETO, Vilfredo (1935) The Mind and Society – Vol. III. London: Jonathn Cape.

PASCHOAL, Janaína Conceição. (2002) *Segurança pública: poder e dever de todos.* In: ILANUD. (Org.). Das políticas de segurança pública às políticas públicas de segurança. 1 ed. São Paulo/SP: ILANUD, 2002, v. 1, p. 63-75.

_____. (2014) A lei que pode aumentar a corrupção. A Folha de São Paulo, São Paulo, p. 3 – 3, 04 fev. 2014

PETERS, Guy B. (2008) Os Dois futuros do ato de governar: processos de descentralização e recentralização no ato de governar. Revista do Serviço Público, Brasília, v. 59, n. 3, p. 289-307, jul./set. 2008.

PERSSON, Torsten. GERARD, Roland. E GUIDO, Tabellini. (1997) Separation of Powers and Political Accountability. Em Quarterly Journal of Economics 112: 1163-1202.

PRADO JÚNIOR, Caio. (2008) História Econômica do Brasil. São Paulo: Brasiliense.

QUEIROS, Maria I. Pereira de. (1976) O mandonismo local na vida política brasileira e outros ensaios. São Paulo: Alfa-Omega.

RANIERI, Nina B. S. (2013) Teoria do Estado: do Estado de Direito ao Estado Democrático de Direito. São Paulo: Manole.

ROBINSON, Jeffrey. (2001). A Globalização do crime. Rio de Janeiro: Ediouro.

Rotberg, Robert (2009) Leadership Alters Corrupt Behavior. In Corruption, Global Security and World Order. Baltimore: Booking institution Press.

ROTHESTEIN, Bo e VARRAICH, Aiysha. (2014) Corruption and the Opposite to Corruption. A map of conceptual landscape. Suécia: Quality of Government Institute – Universidade de Gothemburgo

ROUSSEAU, Jean-Jacques. (1997) The Discoursesand Other Early Political Writings. Inglaterra: Cambridge University Press.

SAMUELS, David. (2002) Pork barreling is not credit claiming or advertising: campaign finance and the sources of the personal vote in Brazil. The Journal of Politics, 64 (3): 845-863

SAUVY, Alfred (1956) La bureaucratie. Paris: P.U.F.

SCHEDLER, Andreas. In: Andreas Schedler, Larry Diamond, Marc F. Plattner. The Self-Restraining State: Power and Accountability in New Democracies. London: Lynne Rienner Publishers, 1999. pp. 13-28 p.

SCHUMPETER, Joseph A. (2003) Capitalismo, Socialismo e Democracia. New York: Routledge.

SILVA, Benedito; NETTO, Antonio G. M.; VEIGA, José J. BABOSA, Lívia Neves de Holanda; ROLIM, Maria Inês; MAGALHÃES, Maria Lúcia L. V.; BRANDÃO, Regina M. M. (1986) Dicionário de Ciências Sociais. Rio de Janeiro: Editora Fundação Getúlio Vargas.

SINGER, Paul (1989) O Planejamento na Transição In: PT: Um projeto para o Brasil Ed. Brasiliense.

SMITH, B.A. (2008) 'Edmund Burke, the Warren Hastings Trial, and the Moral Dimension of Corruption', Polity40 (1), 70–94.

SOUZA, Celina (2006) Estado da Arte da Pesquisa em Políticas Públicas. Sociologias, Porto Alegre, Ano 8, n.º 16, julho/dezembro 2006, p. 20-45.

STEPHAN, Constantin (2012), Industrial Health, Safety and Environmental Management, MV Wissenschaft, Muenster, 3rd edition 2012, pp. 26-28.

SUTHERLAND, Edwin H. (1961) White Collar Crime. Ed. Hold, Rinehart e Winston – NovaYork EUA.

TAYLOR, Ian. (2002) Liberal Market and the Republic of Europe; Contextualizing the Growth of Transnational Organized Crime. In Transnational organized Crime &International Security. Business as usual. BREDAL, Mats e SERRANO, Monica (organizadores). Ed. Reinner, Londres: pp. 119-153.

UNITED NATIONS. (2002) United Nations Global Program Against Transnational Organized Crime: Results of a pilot survey of forty selected organized criminal groups in sixteen countries. United Nations: Office on Drugs and Crime.

_____. (2004) Legislative Guides for The Implementations of The United Nations Convention Against Transnational Organized Crime and The Protocols Thereto.

WEBER, Max. (1978) Economy and Society: an outline of interpretive sociology. 2 vols. Berkeley: University of California Press.

_____. (2008) Max Weber's Complete Writings. Ed. Oxford Digital

WERNER, Guilherme Cunha. (2015a) Teoria Interpretativa das Organizações Criminosas: Conceito e Tipologia. In: Organizações Criminosas Teoria e Hermenêutica da Lei n.º 12.850/2013. Porto Alegre: Nuria Fabris.

_____. (2015b) Isenção Política na Polícia Federal: a autonomia em suas dimensões administrativa, funcional e orçamentária. In: Revista Brasileira de Ciências Policiais. Brasília, v.6, n.º 2 Jul/Dez 2015 pp.11-58.

ZIEGLER, Jean. (2003). Os senhores do crime. Rio de Janeiro: Record.

2. O impacto no Brasil dos mercados ilícitos globais e do crime transnacional[1]

Leandro Piquet Carneiro
Instituto de Relações Internacionais – USP

Fabio R. Bechara
Ministério Público do Estado de São Paulo

1. Introdução: as grandes transformações nos mercados ilícitos de bens e serviços globais

Há um diagnostico compartilhado pelas principais agências internacionais de monitoramento do crime organizado de que o impacto desse problema tem aumentado em função da crescente diversidade dos métodos ilícitos empregados e da flexibilidade, também crescente, de suas estruturas organizacionais. Organizações criminosas e terroristas têm se beneficiado do fluxo crescente de mercadorias, pessoas e capital na economia mundial, aumentando dessa forma suas áreas de influencia e seu poder frente aos

---

[1] O item sobre biopirataria foi baseado no levantamento e trabalhos de base realizado por Cássia Melo, Débora Cardoso, Nara Castillo e Raíssa Saré, alunas do curso de Graduação do IRI-USP e Daniela Ades da ECA-USP e Mauro Cunha da FFLCH-USP. No item sobre o mercado de armas utilizamos o levantamento utilizado pelos alunos Alberto Macias, Ansgar Bienert, Marc de Valmont, Paola Segovia e Viviana Aguilera, int.ercambistas IRI-USP. O item sobre tráfico de pessoas contou com a colaboração de Barbara Lamberti Benedicto, Douglas Maurício Kono da Silva e Vinícius Martins Dalbelo, do IRI-USP.

CRIMINALIDADE ORGANIZADA

governos nacionais (Naím 2006, Naím 2013). O crescimento projetado para a próxima década de expansão do comércio mundial exigirá de países como o Brasil uma preparação adequada não só para enfrentar o "estoque de violência" existente, como também o desenvolvimento de novas habilidades para fazer frente aos problemas que o crescimento e a integração econômica com o resto do mundo provavelmente trarão. De forma cada vez mais clara é possível visualizar as dificuldades estratégicas enfrentadas pelos governos nacionais diante do poder crescente de agentes não estatais em um cenário global caracterizado pela pulverização do poder (Nye 2011).

Até recentemente, o significativo aumento do número de crimes e a corrupção no sistema de justiça criminal no Brasil eram vistos pelos principais analistas e operadores como problemas eminentemente locais que deveriam ser respondidos pela ação das instituições policiais e da justiça dos Estados. A noção de que o crime organizado constitui-se como um agente diferenciado e a dimensão transnacional do crime não eram facilmente aceitos pela comunidade de especialistas no Brasil.

A aproximação do tema exige, no entanto, alguma cautela no uso do conceito de "crime organizado", o qual é comumente empregado, até mesmo na literatura especializada, como se denotasse um fenômeno claro e coerente, mas de fato trata-se de um constructo temporalmente mutável, difuso e até mesmo contraditório (Lampe 2003). Ao percorrermos a literatura sobre o tema encontramos exemplos de aplicação do conceito de crime organizado derivados de diferentes modelos criminológicos e que refletem pontos de vistas muitas vezes conflitivos, o que denota a dificuldade de se dispor de uma definição universalmente aceita do fenômeno (Naylor 2004). Uma das formas de se contornar a dificuldade posta pela falta de um conceito compartilhado sobre o fenômeno do crime organizado tem sido considerar a *atividade ilícita* (o empreendimento e o mercado no qual os grupos criminosos atuam) e não diretamente a *estrutura da organização* como ponto de partida para a análise. Outro caminho que começa a ser percorrido por um número crescente de autores envolve o estudo das *redes criminais* e o conceito de *"vínculos criminalmente exploráveis"* (criminally exploitable ties) (Lampe 2003). A vantagem desse conceito é que ele pode ser empregado para analisar tanto agentes que são fixos na sua conduta criminosa (criminosos de carreira e organizações criminosas de vários tipos) quanto agentes que são híbridos (atuam em atividades legais e ilegais de forma simultânea ou transitam de uma para outra em diferentes momentos).

Outra questão importante na literatura diz respeito à forma como se dá a mudança de escala das organizações criminosas do nível local e nacional para o transnacional. Aqui também existem visões conflitivas sobre esse processo. Três modelos distintos podem ser utilizados para explicar as mudanças na escala de operação.

O primeiro modelo pode ser descrito como o modelo evolucionário do crime organizado (Lupsha 1996, BEATO, ZILLI 2012, Pimentel 2000), no qual as organizações criminosas evoluem do nível mais simples (gangs e quadrilhas locais) onde basicamente há uma relação de conflito permanente entre grupos criminosos e desses com a polícia. No segundo estágio de evolução algumas organizações se mostram mais adaptadas ao ambiente social e criminal no qual atuam e se estabelecem territorialmente (ou em algum segmento de atividade ilícita) como uma força dominante e em seguida passam a "envolver-se em modalidades criminosas mais complexas" (Beato, Zilli 2012 p 91) como também passam a desenvolver relações parasitárias com as organizações do Estado e da sociedade civil (Pimentel 2000, p56). No último estágio de evolução não apenas as conexões criminais normalmente se expandem além das fronteiras nacionais como a relação com o Estado sofre mudanças profundas no sentido de se tornarem simbióticas, como, por exemplo, ocorre no caso da máfia de origem italiana no serviço de lixo de Nova York, o jogo do Bicho no Rio de Janeiro, ou o Cartel de Cali no Vale do Cauca na Colômbia.

O segundo modelo explora a relação entre crime e política de forma distinta do modelo evolucionário (Bailey, Godson 2000): os grupos políticos representados no Estado exploram diretamente as atividades ilícitas e "taxam", extorquem e estabelecem relações de conluio com grandes organizações criminosas, como acontece atualmente no México e na Rússia (Pimentel 2000, p 56). Há, portanto, uma relação endógena entre o crime organizado e a elite política que explora a atividade ilícita com o objetivo de obter moedas fortes, financiar campanhas e alavancar fundos para investimentos privados em atividades lícitas. A passagem da escala local de operação para a escala transnacional ocorre nesse caso como consequência de uma associação entre as elites políticas de estados fracos ou falidos, por um lado, e organizações criminosas, por outro, que são economicamente exploradas, ao mesmo tempo em que são apoiadas nas suas operações ilícitas.

Por fim, o terceiro modelo procura explicar a emergência do crime transnacional como decorrente de um processo de formação de redes entre

CRIMINALIDADE ORGANIZADA

organizações criminosas locais (Lampe 2003) incentivadas por processos econômicos e tecnológicos como o aumento do comércio e das viagens internacionais e o crescimento e barateamento dos sistemas de comunicação via internet, telefones celulares e e-mails. Organizações e redes não são independentes, na medida em que organizações evoluem a partir das redes nas quais estão inseridas. Isso significa dizer que organizações criminosas locais não precisam necessariamente modificar suas estruturas funcionais internas e "evoluir" para formas mais complexas de organização, mas podem contribuir, a partir da conexão e compartilhamento de recursos e operações, para a produção de um ambiente criminal mais complexo e agressivo contra as organizações do Estado e a sociedade.

Esses três modelos pretendem explicar como o crime se modifica organizacionalmente e supera as fronteiras nacionais. Outro problema distinto diz respeito à evolução dos mercados de bens e serviços ilícitos. É evidente que firmas (as organizações criminosas) e mercados são entes inter-relacionados, mas no caso das atividades ilícitas em particular há mais possibilidade de observação do comportamento do mercado do que do comportamento e da estrutura organizacional das firmas. Nas seções do artigo procuramos avaliar essas duas dimensões do problema: 1. a evolução global de distintos mercados de bens e serviços ilícitos e seu impacto no Brasil; 2. investigar a estrutura organizacional de um dos principais grupos criminosos do país, o Primeiro Comando da Capital de São Paulo, com base em evidencias disponíveis em processos judiciais.

Quatro questões básicas orientaram a investigação que realizamos sobre as ameaças que as organizações criminosas representam no país(Kelly, Maghan et al. 2005): (a) quais são as forças dinâmicas que atuam regionalmente e nacionalmente para a promoção das atividades de tráficos ilícitos? (b) como os grupos criminosos se beneficiam das mudanças políticas e econômicas que funcionam como catalisadores para o crime? (c) quais são os impactos da atividade criminosa e da corrupção a ela associada, na estabilidade política e econômica nacional e regional? (d) quais são as principais atividades criminosas e o escopo das operações das mais importantes organizações de tráfico nas diferentes regiões do mundo e nos países?

O objetivo do capítulo, orientado por essas perguntas, será propor um mapa para a análise da ameaça representada pelo crime organizado e pela expansão de seu poder na região das Américas e no Brasil em particular. Organizamos dados e informações disponíveis com o objetivo de identificar a magnitude desses mercados e para avaliar as necessidades de respostas dos sistemas de justiça criminal à ameaça do crime organizado, principalmente na sua forma transnacional.

Experiências internacionais demonstram que é muito importante tentar entender o poder de organizações criminosas nos seus estágios iniciais de expansão, antes que o custo social das intervenções aumente exponencialmente. Há um forte componente de recomendação de políticas públicas na análise que apresentamos a seguir, uma vez que a necessidade de integração entre forças estaduais, incluindo polícias e outros braços do poder público é uma variável crítica nas ações contra o crime organizado. Os constantes conflitos de competência e jurisdição e a falta de compartilhamento de informações são problemas que precisam ser diretamente enfrentados pelas agências públicas diante da atuação dos grupos criminais organizados.

2. Mercados Ilícitos e Crime Organizado

A partir da breve revisão apresentada no item anterior é possível apontar dois caminhos possíveis a orientar o esforço de mapeamento e diagnóstico da atuação de grupos criminosos organizados ou organizações criminosas no Brasil.

O primeiro deles coloca foco na organização criminosa em si; suas características elementares, estrutura organizacional, divisão de tarefas, hierarquia, dentre outros aspectos organizacionais e funcionais característicos. Este foi o caminho seguido nas primeiras iniciativas contra a máfia, principalmente nos EUA e segue como uma vertente importante da literatura que se dedica a classificar e analisar o padrão organizacional dos grupos criminosos (ALBANESE 2011)[2].

---

[2] Albanese apontada cinco espécies de grupos criminosos organizados (a) Hierarquia rígida: chefe individual com uma forte disciplina interna com muitas divisões; (b) Hierarquia descentralizada: estruturas regionais, cada qual com a sua própria hierarquia e nível de autonomia; (c) Conglomerado hierarquizado: uma associação de grupos criminosos organizados; (d) Grupo criminoso central: estrutura horizontal de indivíduos que se autodescrevem como trabalhando para uma mesma organização; (e) Rede criminosa organizada: engajamento individual em atividades criminosas na modificação de alianças, não necessariamente afiliados com algum grupo criminoso, mas agindo de acordo com as suas respectivas habilidades para realizar atividades ilícitas..

CRIMINALIDADE ORGANIZADA

O segundo caminho, por sua vez, dirige seu foco para as atividades ilícitas e suas externalidades. No primeiro caminho identifica-se a organização e chega-se às atividades ilícitas às quais a organização se dedica. No segundo caminho, que será seguido como linha principal do presente artigo, identifica-se a atividade ilícita e a partir daí chega-se à organização ou organizações que realizam essa atividade ou que dela se aproveitam de alguma forma.

A presença difusa do crime organizado no Brasil manifesta-se pelo reconhecimento de atividades ilícitas como tráfico de armas e drogas, roubo a bancos e de cargas, biopirataria, contrabando de produtos falsificados e tráfico de pessoas, e não se limitam às fronteiras nacionais. Há também extensas ramificações do crime organizado no comércio legal, no setor de serviços, incluindo os serviços financeiros, na burocracia estatal, nas polícias e na política. Diante desse cenário, fica evidente a necessidade de se buscar novas formas de análise do fenômeno e também da adoção de novos modelos de organização, operação e articulação das forças de segurança, principalmente na integração entre os sistemas de inteligência e informação das polícias, dos órgãos de controle interno, do Ministério Público, dentre outros, com vistas a permitir a gestão estratégica do problema.

No plano normativo e na política penal foram observados avanços importantes nas últimas duas décadas, principalmente a partir da realização da Convenção das Nações Unidas contra o Crime Organizado Transnacional (Resolução 55/25 de 15 de Novembro de 2000), a qual foi ratificada pelo Brasil por meio do Decreto n. 5.015/2004. A Convenção definiu grupo criminoso organizado como o grupo estruturado de três ou mais pessoas, existente há algum tempo e atuando deliberadamente com o propósito de cometer uma ou mais infrações graves ou enunciadas na Convenção, com a intenção de obter, direta ou indiretamente, um benefício econômico ou outro benefício material. Entenda-se por infrações graves nos termos da Convenção todo ato que constitua infração punível com uma pena de privação de liberdade, cujo máximo não seja inferior a quatro anos ou com pena superior. O Brasil desenvolveu legislação específica diretamente influenciada pela Convenção de Palermo. A Lei n. 12.850/2013 definiu organização criminosa a associação de 4 (quatro) ou mais pessoas estruturalmente ordenada e caracterizada pela divisão de tarefas, ainda que informalmente, com objetivo de obter, direta ou indiretamente, vantagem de qualquer natureza, mediante a prática de infrações penais

84

cujas penas máximas sejam superiores a 4 (quatro) anos, ou que sejam de caráter transnacional.

3. A narrativa sobre a presença do crime organizado no Brasil

Não faltam exemplos, mesmo em países com baixos níveis de criminalidade como os da União Europeia, de que organizações criminosas são hoje capazes de atuar de forma minimante coordenada em diferentes jurisdições e em diferentes setores criminais. O portfolio de negócios ilícitos das organizações criminosas na Europa inclui até mesmo operações com crédito de carbono. O relatório da EUROPOL de 2011 sobre a ameaça do crime organizado no continente (EUROPOL 2011) e destaca a participação dos grupos criminais organizados brasileiros na Europa, indicando que o país encontra-se entre os quatro países com as maiores taxas de recusa de vistos de entrada em função da atuação de organizações criminosas brasileiras na facilitação da imigração ilegal para a Europa e no envio de cocaína via península Ibérica.

É possível afirmar com base na análise de ocorrências policiais e processos judiciais que há extensa participação de grupos organizados nos principais mercados de produtos e serviços ilícitos do país. Se considerarmos apenas o estado de São Paulo, onde concentramos nosso levantamento, há evidências de que atuam no estado, além do Primeiro Comando da Capital, as facções criminais cariocas, que participam da cadeia de suprimento de armas e drogas em articulação com o PCC. Há ainda grupos especializados em roubo de veículos, que têm fortes conexões com outros países do Mercosul onde ocorrem os desmontes de veículos roubados, sendo que parte das peças retorna para São Paulo para revenda, ou ocorre o licenciamento do veículo roubado com documentos falsos. Os seguidos roubos de caixas eletrônicos dos bancos indicam a presença de grupos que operam com explosivos e armas mais sofisticadas e os vendem ou alugam para outros criminosos, inclusive fora do estado. Crimes mais sofisticados que exigem planejamento e operações caras, como o roubo de joias e residências de alto padrão, constituem ainda outro filão do crime organizado no Estado, assim como os crimes eletrônicos especializados no 'roubo de identidade' que alimentam o mercado de venda de bases de dados. No topo da pirâmide das atividades ilícitas organizadas encontram-se os lavadores de dinheiro profissionais, que se valem de complexas redes de relacionamento com

CRIMINALIDADE ORGANIZADA

negócios formais, principalmente postos de combustível e pequenos comércios para lavar recursos oriundos de atividades ilícitas.

Grandes depósitos de armas e drogas foram detectados na Região metropolitana de São Paulo em 2013, nos municípios de Juquitiba e São Bernardo do Campo. Parte importante dos carregamentos de pasta base de cocaína e de armas com origem nos países andinos e da maconha vinda do Paraguai são transportados e ficam estocados em São Paulo, mesmo que o destino final seja o Rio de Janeiro ou outros estados do país. A existência de depósitos seguros permite negociar preço com distribuidores locais sem o risco de perda da mercadoria, buscar alternativas de distribuição, 'batizar' (fazer misturas com produtos semelhantes, como adicionar talco ou fermento na cocaína) para enfim distribuir rapidamente o produto valendo-se da ampla conexão rodoviária do Estado com o restante do país.

Levando-se em conta a forma como se organiza a cadeia logística da produção e distribuição da cocaína, o transporte de pasta base parece ser a forma mais vantajosa de se transportar grandes quantidades de drogas (sempre que houver extensa conexão rodoviária e terrestre como é o caso de São Paulo), uma vez que a produção de pasta base nas regiões de plantio da coca tem baixo custo e requer poucos insumos. Já o refino de cocaína é mais custoso e requer maior quantidade de insumos, o que pode ser obtido de forma mais fácil em São Paulo. A pureza da droga apreendida em São Paulo indica que as estruturas de refino estão se deslocando para o Estado e principalmente para sua região metropolitana.

Com efeito, ainda, São Paulo tem se convertido em um polo de atração de imigrantes de países vizinhos, da África e Ásia. A dinâmica demográfica facilita a presença de grupos organizados que se dedicam a promover a entrada no país de imigrantes ilegais. Esses grupos, a exemplo do que ocorre na Europa, são relativamente pequenos e isolados e apresentam fortes conexões étnicas com seus 'clientes'. Imigrantes ilegais são geralmente recrutados por facilitadores do mesmo grupo étnico que ao longo da rota de imigração se articulam a outros grupos locais que fornecem serviços como abrigo e facilitação para o acesso ao próximo estágio da rota. Os grupos que operam no mercado de imigração ilegal desenvolvem outras atividades ilícitas associadas, como, a exploração sexual, trabalho escravo, contrabando de produtos.

O fluxo migratório internacional destinado a São Paulo, embora seja extremamente positivo do ponto de vista econômico e cultural, pressiona negativamente a segurança pública. A operação 'Wei Jin' realizada pela Polícia Federal, por exemplo, mostrou a conexão entre as operações de contrabando de produtos contrafeitos da China para São Paulo realizadas por Li Kwok Kwen e a imigração ilegal da China para o Brasil.

Devido à condição de imigrantes ilegais, muitas famílias de bolivianos e chineses residentes em São Paulo não possuem conta corrente em bancos, e por isso têm sido vitimas constantes de criminosos que buscam dinheiro em suas casas, o que tem gerado a formação de grupos de autodefesa, gangues, que a exemplo do que aconteceu nos EUA perdem rapidamente sua característica de grupo de autodefesa e passam a operar também em atividades ilícitas que vitimam a própria comunidade a qual estão ligadas, como a exploração sexual e o tráfico internacional de pessoas.

Há casos ainda mais nítidos que indicam o impacto do tráfico internacional de pessoas no Brasil, como o ocorrido em 2012, no município de Araçatuba em São Paulo. Um grupo de nacionais de Bangladesh com destino a Brasília foi abordado pela polícia rodoviária e constatou-se que os Bengalis eram vítimas do tráfico de pessoas e rumavam para Brasília de onde esperavam obter uma nova conexão com destino ao México e à fronteira norte daquele país. Em Brasília a Polícia Federal fechou, em consequência dessa ação em São Paulo, um entreposto de trabalho escravo e de tráfico de pessoas especializado no tráfico de pessoas de Bangladesh.

Outro exemplo contemporâneo que simboliza a evolução de um grupo criminoso organizado no Brasil é o Primeiro Comando da Capital, cuja atuação local no momento da sua constituição viu-se ampliada numa dimensão tanto nacional como transnacional como adiante se poderá constatar. O Primeiro Comando da Capital qualifica-se como grupo criminoso organizado, nos termos da definição contida na Convenção das Nações Unidas, assim como organização criminosa, nos termos da Lei n.12.850/2013.

A partir de 2006, com a centralização da liderança do PCC na Penitenciária II de Presidente Venceslau, a facção ganhou os contornos de verdadeira organização criminosa, com ramificações em todos os Estados da Federação e também em outros países da América do Sul. Com base em documentos de contabilidade da facção apreendidos no curso da investigação, bem como através de relatos de presos e também do monitoramento judicialmente autorizado das conversas telefônicas de integrantes, estima-se que a facção tenha atualmente, no Estado de São Paulo, aproximadamente 6.000 (seis mil) integrantes cumprindo pena nas diversas unidades

CRIMINALIDADE ORGANIZADA

prisionais do Estado e cerca de 1800 (mil e oitocentos) integrantes em liberdade, os quais, inclusive, ao contrário daqueles que estão presos, têm obrigação de pagar mensalmente a quantia de R$ 650,00 (seiscentos e cinquenta reais) aos cofres do PCC, a título de "caixinha ou cebola".

Das 152 (cento e cinquenta e duas) unidades prisionais do Estado de São Paulo, 137 (cento e trinta e sete) unidades possuem perfil de "convívio normal" e abrigam presos integrantes do PCC, além de "companheiros" e "simpatizantes", perfazendo um total de 169.085 (cento e sessenta e nove mil e oitenta e cinco) presos. Apenas 15 (quinze) unidades prisionais possuem perfil de "seguro" a abrigam 20.994 (vinte mil, novecentos e noventa e quatro mil) presos que não são integrantes do PCC, na sua maioria inimigos daqueles e integrantes de facções rivais (TCC – Terceiro Comando da Capital, ADA – Amigo dos Amigos, SS – Seita Satânica, CRBC – Comando Revolucionário Brasileiro da Criminalidade, CDL – Comissão Democrática da Liberdade, etc.), além de presos condenados por crimes de natureza sexual (pedófilos e estupradores) e aqueles que não podem conviver com integrantes do PCC por outros motivos, como dívidas, rixas etc.

Não bastasse a extraordinária expansão do PCC no Estado de São Paulo, ocorrida nos últimos anos, verificamos também que a organização já se espalhou por praticamente todos os Estados da Federação e também se tornou transnacional, com a fixação e batismo de integrantes em outros países da América do Sul que produzem maconha e como, por exemplo, o Paraguai e a Bolívia. O fenômeno que tornou o PCC em uma organização criminosa transnacional ocorreu em função de uma decisão de espalhar os líderes do PCC em presídios de diversos Estados brasileiros, a fim de constantes rebeliões e também diluir o poder da liderança. Porém, a decisão mostrou-se equivocada, pois os líderes batizaram diversos integrantes em outros Estados e disseminaram o PCC em todo o território nacional. Sobre a expansão interestadual e internacional do PCC, o "novo" Estatuto do PCC, de julho de 2011, estabelece no seu artigo 12: ***Comando não tem limite territorial, todos os integrantes que forem batizados são componentes do primeiro comando da capital e, independente da cidade, Estado ou País, todos devem seguir nossa disciplina, hierarquia e estatuto".***

4. A magnitude dos mercados ilícitos globais

Devido à natureza clandestina da indústria da droga e de outros bens e serviços ilícitos como o tráfico de armas e o tráfico de pessoas, sua complexidade e a dificuldade de se estabelecerem suposições confiáveis sobre as bases operacionais desses mercados, as estimativas disponíveis sobre a magnitude da indústria de bens e serviços ilícitos diferem muitas vezes de forma acentuada. Não obstante, as estimativas disponíveis podem oferecer algumas informações úteis sobre tamanho do mercado global e regional de drogas (o principal mercado ilícito na região) e o valor que é agregado a cada etapa da produção, distribuição e consumo das drogas e de outros bens e serviços ilícitos.

O Escritório das Nações Unidas contra Drogas e Crimes publicou em 2011 a pesquisa "Estimating Ilicit Financial Flows Resulting from Drug Trafficking and Other Transnational Organized Crimes"(United Nations Office on Drugs and Crime 2011), em que examina a magnitude dos fundos ilegais gerados pelas atividades ilícitas, a partir de parâmetros técnicos estabelecidos pelo Fundo Monetário Internacional, no sentido de que os produtos ou receitas provenientes de crimes somam aproximadamente 3,6% do Produto Interno Bruto global, ou seja, 2,1 trilhões de dólares americanos (valores de 2009).

Esse procedimento tem várias falhas metodológicas, principalmente em função do fato de que o preço das drogas no varejo é muitas vezes uma média de uma distribuição com grande variância (Reuter e Greenfield, 2001; Arkes, 2008; Pacula, 2007). O preço de qualquer droga varia enormemente entre países e também entre cidades e regiões de um mesmo país[3]. No que diz respeito ao mercado regional de cocaína, a principal *comoditie* ilícita exportada pelos países da América do Sul, a estimativa oferecida no estudo de Reuter e Greenfield (2001) combina as pesquisas de prevalência com as taxas de consumo per-capita, e o valor de varejo da droga e estima os gastos com cocaína nos EUA e na Europa na forma de um intervalo com o valor mínimo de 35 bilhões e máximo de U$115 bilhões.

---

[3] Por exemplo, Reuters e Greenfield (2001) relatam estimativas sobre o preço da cocaína na Espanha. Entre 1988 e 1993 o preço teria caído de U$ 84 para U$44 enquanto que na França no mesmo período teria ocorrido um movimento contrário com um aumento de $72 para $107. Variações internas nos EUA mostram também diferenças muito acentuadas. O preço da cocaína em Pittsburgh em 1992 era de U$80 contra U$54 em Miami.

CRIMINALIDADE ORGANIZADA

Kilmer e Pacula (2009) apresentam uma estimativa mais conservadora para a receita gerada pelo comércio internacional de cocaína entre U$ 7 e U$ 8 bilhões de dólares (p70).

A validade dessas estimativas globais do mercado de bens e serviços ilícitos e a metodologia empregada são objeto de intensa disputa entre os especialistas (Naylor 2004, Kilmer, Pacula 2009). As estimativas globais do mercado de *cannabis*, por exemplo, apresentadas por Kilmer e Pacula (2009) com base em dados de demanda, indica um consumo global da droga que é apenas a metade das estimativas apresentadas pelo UNODC. As estimativas sobre o mercado regional da *cannabis* são ainda mais precárias devido ao fato de que o cultivo dessa droga encontrar-se bastante disseminado no mundo. O World Drug Report de 2007(p95) indica que entre 82 e 116[4] países no mundo relataram a presença de cultivo ilícito da droga, sendo que na região das Américas, Canadá, EUA, México, Paraguai, Colômbia e Brasil, entre outros, produzem grande quantidade da droga, aproximadamente 24% da produção mundial ocorre na América do Sul e 31% na América do Norte (WDR, 2008, p 97). O relatório mais atual de 2014 confirma essa característica disseminada do cultivo da cannabis e a forte presença da droga na região das Américas. O Brasil, segundo o WDR 2014, é o sétimo país do mundo com maior número na erradicação de plantas de cannabis, com 616 mil pés erradicados em 2012 (WDR 2014, Tabela 6, p 41)[5].

Mesmo diante das dúvidas sobre a qualidade das estimativas oferecidas pelo UNODC, há algumas vantagens na utilização desses dados em estudo sobre tendências e principalmente na comparação entre países. Em primeiro lugar, os levantamentos oferecidos pela UNODC apresentam

---

[4] A estimativa do número de países é feita com base em um questionário em que os estados membros informam sobre a existência de cultivo no próprio país e nos países do entorno. O número de países produtores aumenta em 41% quando é levado em conta a informação proveniente dos países vizinhos.

[5] A dificuldade de se estimar o preço médio da cannabis disponível nos principais mercados consumidores do mundo, deve-se ao fato de que esta droga pode ser cultivada tanto em ambientes fechados (como acontece principalmente nos EUA, Canadá e Europa) quanto ao ar livre e pode apresentar também grandes diferenças em termos de seu teor de THC (Szendei, 1999). No "Relatório Anual 2008: a evolução do fenómeno da droga na Europa" do Observatório Europeu da Droga e da Tóxico-Dependência há dados que mostram que o teor de THC registado nas amostras de hashish (resina de cannabis) variou entre 2,3% e 18,4 % e na cannabis herbácea entre menos de 1% e 13% (p 43).

metodologia padronizada para a mensuração (de validade discutível, mas razoavelmente confiáveis) de aspectos como o cultivo e a produção de drogas, entre outros, o que permite estabelecer comparações longitudinais (como as que faremos a seguir) sobre a evolução longitudinal de diversas atividades ilícitas. Em segundo lugar, as estimativas do UNODC têm abrangência global, ao contrário dos estudos acadêmicos que geralmente apresentam estimativas pontuais baseadas em protocolos metodológicos que dificilmente são aplicados em mais de um momento no tempo e em mais de um país ou região.

Feitas as devidas ressalvas quanto à qualidade dos dados disponíveis, o estudo de 2011 do UNODC estima que o fluxo do tráfico de drogas e de outras atividades do crime organizado produziu uma receita equivalente a U$ 650 bilhões por ano na primeira década do novo milênio, ou equivalente a 1.5% do PIB global. Os fundos disponíveis para lavagem por meio do sistema financeiro seriam equivalentes a aproximadamente 1% do PIB global (U$580 bilhões em 2009).

A maior parte das receitas financeiras do crime organizado transnacional vem das drogas ilícitas, que representam algo em torno de 20% (17%-25%) do proveito de todos os crimes, aproximadamente metade dos proveitos do crime organizado transnacional e entre 0.6% a 0.9% do PIB global. Por outro lado, o produto da droga disponível para lavagem de dinheiro através do sistema financeiro seria equivalente a 0.4% e 0.6% do PIB global. Como proporção do PIB nacional, o produto de todos os crimes tende a ser maior nos países em desenvolvimento, porém, lavados em outros países mais frequentemente.

Os lucros obtidos com a venda da cocaína foram estimados em 84 bilhões de dólares para o ano de 2009, sendo que aproximadamente um bilhão foram custos de produção, a maior parte para os fazendeiros na região andina. A maior parte dos lucros foi gerada na América do Norte e na Europa Central e Oeste.

Os cálculos, derivados dessas estimativas do tamanho do mercado, do número de traficante e da estrutura do mercado, sugerem que aproximadamente 92% da receita proveniente da comercialização da cocaína no mundo estiveram aptas para a lavagem em 2009. A pesquisa revela ainda que de um total de 84 bilhões de dólares de lucro e 56 bilhões disponíveis para lavagem, aproximadamente 26 bilhões de dólares deixaram as jurisdições onde os lucros foram obtidos.

CRIMINALIDADE ORGANIZADA

O fluxo financeiro gerado por outras atividades ilícitas além da droga podem assim ser sistematizados: o contrabando de migrantes e o tráfico de pessoas movimento aproximadamente 32 bilhões de dólares por ano; o contrabando de medicamentos falsificados somaram aproximadamente 75 bilhões de dólares americanos em 2010.

O impacto das atividades ilícitas é particularmente grave na região das Américas onde há um processo avançado de captura das instituições de justiça criminal pelo crime organizado. Até a década de 1990 o problema estava circunscrito a um grupo de países relativamente pequeno na região (Colômbia, Brasil e El Salvador) e na década atual é possível reconhecer a presença intensa do crime organizado também no México, Venezuela, Guatemala, Honduras, Peru em atividades que vão do cultivo de coca e maconha à intermediação financeira. No Brasil, a transição para a democracia na década de 80 ocorreu simultaneamente ao aumento rápido das taxas de criminalidade violenta. Por alguma razão que ainda não se entende muito bem, no processo de democratização o país passou a ser um dos mais violentos do mundo. O país estava em 2002 (data do último estudo da Organização Mundial de Saúde sobre homicídio) entre os 5% mais violentos do mundo, com uma taxa de homicídios que é quase três vezes a taxa média mundial de 9,2 naquele ano (World Health Organization 2002).

Mesmo diante das críticas e restrições sobre a metodologia utilizada nas estimativas oferecidas pelo UNDOC, consideramos útil, para os propósitos desse artigo, utilizar as estimativas disponíveis sobre a magnitude dos mercados ilícitos, devido, além das razões já oferecidas, ao fato de que estas estimativas têm sido crescentemente utilizadas na definição de estratégias governamentais diante do problema do crime organizado. É claro que estimativas exageradas podem levar à alocação ineficiente de recursos, mas são adequadas para se avaliar a motivação dos governos na definição de políticas ou no mínimo para analisar a sensibilidade das lideranças políticas diante do problema. Nesse sentido, se tomarmos o valor presente nas estimativas publicadas pelo UNDOC (2011), o montante movimentado pelo tráfico de drogas e por outras atividades do crime organizado seria aproximadamente de U$ 650 bilhões por ano na primeira década do novo milênio, ou o equivalente a 1,5% do PIB global.

Esses dados indicam que os governos e as sociedades, principalmente dos países em desenvolvimento, enfrentam desafios muito concretos diante do aumento do poder dos agentes que atuam nos principais mercados

O IMPACTO NO BRASIL DOS MERCADOS ILÍCITOS GLOBAIS E DO CRIME TRANSNACIONAL

ilícitos globais. Vejamos o que ocorre nos principais mercados ilícitos na região das Américas.

O mercado das drogas ilícitas

O Escritório das Nações Unidas para as Drogas e o Delito (UNODC) produz relatórios anuais com indicadores de cultivo de coca, cannabis e papoula e o montante de cocaína e ópio/ heroína que podem ser potencialmente produzidos a partir da área de cultivo estimada. Essas são as principais drogas produzidas e consumidas na América do Sul. Como vimos, há diferentes procedimentos metodológicos adotados para se estimar a produção de drogas ilícitas no mundo, desde o monitoramento remoto das colheitas via satélite, até o uso de questionários em que as autoridades nacionais informam as dimensões das áreas cultivadas. Esta é base da metodologia adotada pelo UNODC e que foi utilizada para dimensionar o cultivo e a produção de drogas ilícitas que apresentamos a seguir.

O ultimo relatório anual produzido pelo escritório da ONU (United Nations Office on Drugs and Crime 2014) relata a estabilização da área total cultivada de coca nos três países produtores. O Gráfico 1 mostra que embora a área total de cultivo encontre-se estável, considerando-se os três países em conjunto, a participação do Peru na área cultivada total aumentou de 22% em 2001, para 41% em 2011. Dessa forma o Peru igualou a participação da Colômbia no cultivo de coca na década atual. Outro processo importante é a redução de 40% na área cultivada na Colômbia entre o primeiro quadriênio da série (2001-09) e o último quadriênio (2009-12) (Tabela 1). Quando levamos em conta os dados da década de 1990, a área cultivada com coca na Colômbia era estimada em 40 mil hectares, em 1995 passou a 50 mil e em 1999 cresceu quatro vezes com relação ao início da década e atingiu 160 mil hectares (WDR, 2007; Thoumi, 2002, p 105). Apesar da Colômbia ainda ser um grande cultivador de coca, foi na década atual que pela primeira vez foram constatadas diminuições sucessivas nas áreas de cultivo. Quando comparamos a média dos quatro primeiros anos da série disponível (2001-04) com a média dos últimos quatro anos observa-se uma diminuição de 40% na área cultivada do país.

Segundo estimativas da agência americana a produção potencial de cocaína no conjunto dos países apresenta uma queda entre o início e meados da década, enquanto o UNODC identifica um crescimento quase monotônico nos cinco anos considerados. A divergência está concentrada na estimativa sobre a Colômbia, uma vez que há concordância na avaliação de que houve um aumento da produção potencial no Peru e Bolívia.

Gráfico 1

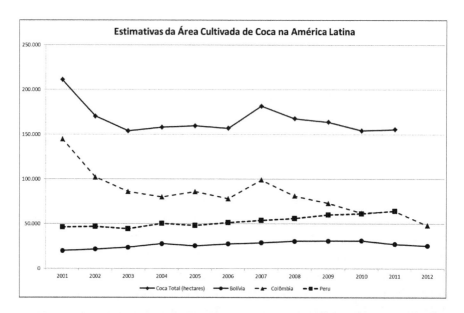

O cultivo de papoula e a produção de heroína/ópio estão concentrados no México e na Colômbia onde foi detectada pela primeira vez no final da década de 80. As estimativas da área cultivada e da produção potencial devem ser lidas com cautela uma vez que a papoula tem um ciclo de cultivo curto, o que torna mais difícil calcular a área plantada e a sua produção potencial (Thoumi, 2002, p 107). Em termos globais, a produção de opiáceos na América Latina é relativamente pequena, mas o alto valor dessas drogas faz com que esse seja um mercado de grande importância financeira para as organizações criminosas principalmente da Colômbia e do México.

Tabela 1

Estimativas da Área Cultivada e Produção de Drogas na América Latina

	2001	2002	2003	2004	2005	2006	2007	2008	2009	2010	2011	2012	Variação Média Anual	Variação 1o. Quadriênio/ Último Quadriênio
Área cultivada total por tipo de cultivo (em hectares)														
Total por tipo de cultivo														
Coca Total (hectares)														
UNODC	210.900	170.300	153.800	158.000	159.600	156.900	181.600	167.600	163.800	154.200	155.600	--	-2.6%	-7%
Papoula														
UNODC	8.700	6.853	8.826	7.450	5.250	6.023	7.614	15.394	19.856	14.241	12.338	--	0.6%	94%
Total por país														
Bolívia														
UNODC (coca)	19.900	21.600	23.600	27.700	25.400	27.500	28.900	30.500	30.900	31.000	27.200	25.300	2.6%	23%
Colômbia														
UNODC (coca)	144.800	102.000	86.000	80.000	86.000	78.000	99.000	81.000	73.000	62.000	64.000	48.000	-8.4%	-40%
UNODC (papoula)	4.300	4.153	4.026	3.950	1.950	1.023	714	394	356	241	338	313	-17.3%	-92%
Peru														
UNODC (coca)	46.200	46.700	44.200	50.300	48.200	51.400	53.700	56.100	59.900	61.200	64.400	--	3.5%	29%
México														
UNODC (papoula)	4.400	2.700	4.800	3.500	3.300	5.000	6.900	15.000	19.500	14.000	12.000	--	20.1%	293%
Potencial de Produção de cocaína pura, heroína e ópio (toneladas métricas)														
Total por tipo de droga														
Cocaína														
UNODC	827	800	859	1.008	980	984	994	845	--	--	--	--	0.7%	9%
Ópio-Heroína														
UNODC	171	110	151	122	95	121	164	335	434	308	258	--	11.2%	141%
Total por País														
Bolívia														
UNODC (cocaína)	60	60	79	98	80	94	104	113	--	--	--	--	10.6%	32%
Colômbia														
UNODC (cocaína)	617	580	550	640	640	610	600	430	410	350	345	309	-5.5%	-41%
UNODC (Ópio/heroína)	80	52	50	49	24	13	14	10	9	8	8	8	-16.3%	-86%
México														
UNODC (Ópio/heroína)	91	58	101	73	71	108	150	325	425	300	250	--	26.2%	302%
Peru														
UNODC (cocaína)	150	160	230	270	260	280	290	302	--	--	--	--	12.1%	40%

Fontes:
U.S. Department of Justice - National Drug Intelligence Center National Drug Threat Assessment 2009 e 2008
United Nations Office on Drugs and Crime - World Drug Report 2008, 2009, 2012.

As ações mais agressivas de erradicação de cultivo desenvolvidas pelo governo colombiano têm sido aparentemente bem sucedidas na contenção do plantio de papoula: houve uma redução de uma média de aproximadamente 4000 hectares cultivados no início da década para 313 hectares em 2012 (Tabela 1). Os dados do México, por sua vez, indicam um aumento médio anual de 20% no período 2001-11. Na comparação da média do primeiro quadriênio com o último quadriênio disponível constata-se um aumento de 293% da área cultivada de papoula. Tanto o WDR de 2007 quanto o National Drug Threat Assessment, do Governo Norte-Americano, avaliam que a produção mexicana de ópio/ heroína é direcionada principalmente para o mercado norte-americano. A proximidade entre os países, a extensa fronteira e o forte fluxo de mercadorias tornam a tarefa de controle

CRIMINALIDADE ORGANIZADA

do tráfico de heroína pelas organizações criminosas do México uma das atividades antinarcótico mais complexas na região.

A contribuição da América Latina para o mercado mundial de ópio/ heroína tem se mantido relativamente constante e pequena. Colômbia e México são os principais países produtores da região (há uma pequena produção na Guatemala segundo o National Drug Intelligence Center) e somados são responsáveis por apenas 2,5% da área cultivada de papoula e por 1,7% da produção potencial de ópio/heroína no mundo[6](percentual médio dos últimos três anos segundo o WDR 2008). No início da década de 90 (média dos anos de 1991, 1992 e 1993) essas proporções eram respectivamente 2,9% e 2,3%. No entanto, devido ao elevado valor do ópio/ heroína, essa produção é capaz de gerar recursos significativos. O mercado dessas drogas movimentava no início da década atual aproximadamente U$27 bilhões / ano (Reuters e Greenfield, 2001), o que significa um movimentou na América Latina de algo como U$ 730 milhões/ano.

Estimativas sobre o movimento financeiro do mercado de drogas, como vimos, são apresentadas na forma de amplos intervalos que servem, evidentemente, como um parâmetro para orientar a alocação de recursos públicos nas atividades de repressão e controle do mercado de drogas, mas são claramente insuficientes para se determinar, por exemplo, as oscilações de curto e médio prazo da indústria, o que torna particularmente difícil avaliar o retorno das políticas de controle.

Essa seção buscou responder a uma pergunta fundamental para a avaliação das tendências da segurança pública no Brasil levando-se em conta particularmente a ameaça representada pelo crime organizado nos próximos 15 anos? Um dos aspectos que destacamos como crítico na avaliação desse cenário diz respeito à dinâmica da oferta de cocaína e de pasta base produzidas nos países vizinhos (Colômbia, Peru e Bolívia). Sob o regime de proibição hora existente, a produção, o tráfico e a distribuição da droga estão associados à ocorrência de crimes violentos, principalmente como forma de se resolver os conflitos associados à precariedade dos direitos de propriedade. A reposta sobre se a oferta dessa droga constituirá uma grave ameaça no futuro, não é conclusiva em função das divergências observadas entre as fontes e devido à fragilidade das estimativas disponíveis. Não

---

[6] O Afeganistão concentrou 92% da produção global de ópio/papoula no mundo em 2007 segundo o WDR de 2008 (p 11).

obstante, os dados disponíveis nos "World Drug Reports" publicados na década atual permitem formular uma hipótese que tem importância direta para a construção dos cenários sobre a atuação do crime organizado no país: o cultivo de coca e a produção de cocaína nos países vizinhos estão estáveis e a tendência da década anterior foi revertida. Esse movimento ocorre principalmente em função do esforço do governo colombiano de erradicação do cultivo e de repressão policial-militar às organizações criminosas que atuam no país em associação com os grupos guerrilheiros. As políticas pró-cultivo do atual governo da Bolívia, no entanto, e o menor esforço observado no Peru com relação à década anterior produziram resultados em sentido contrário (Gráfico 1 e Tabela 1).

A análise da demanda por drogas deve levar em conta o fato de que essas são substâncias capazes de gerar dependência química e/ou psicológica e isso afeta significativamente o comportamento dos consumidores dessas substâncias e também a forma como se organiza, em decorrência dessa característica, os seus diversos mercados (para diferentes tipos de drogas).

Nesse ponto precisamos recorrer às pesquisas de prevalência do uso de drogas com o objetivo de aferir com mais precisão as dinâmicas da demanda. O objetivo aqui é principalmente dimensionar de forma comparada o mercado consumidor dessas substâncias e descrever o quão disseminado encontra-se o seu consumo na região. As taxas de prevalência reunidas na Tabela 2, devido às variações na metodologia, na população coberta pelas amostras e das diferenças nos grupos de idade considerados não são estritamente comparáveis, e oferecem apenas uma representação aproximada do problema. Uma vez que não se pretende fazer nenhuma inferência sobre os padrões de uso entre os grupos etários ou sociais mais afetados, entre outras análises que exigiriam maior rigor nos aspectos técnicos dos levantamentos considerados, mas apenas oferecer parâmetros gerais para a discussão sobre as políticas de controle das drogas, é possível relaxar as objeções metodológicas que poderiam ser feitas à comparação realizada.

A Tabela 2 reúne dois conjuntos de dados sobre o consumo de drogas. Na primeira parte são apresentados os resultados da pesquisa "Primer estudio comparativo sobre uso de drogas en población escolar secundaria" realizada com estudantes da Argentina, Bolívia, Brasil, Colômbia, Chile, Equador, Paraguai, Peru e Uruguai que cursavam em 2005 a 8ª, 10º e o 12º ano de ensino básico e médio, ou o equivalente em cada país, o que corresponde a um grupo de referência com idade entre 14 e 17 anos aproximadamente. O levantamento foi uma iniciativa do Escritório das Nações Unidas sobre Drogas e Crime (UNODC) e a Comissão Interamericana para o Controle do Abuso de Drogas (CICAD/OEA) (United Nations Office on Drugs and Crime 2006). As taxas indicam o consumo nos últimos 12 meses de cinco tipos de drogas: cannabis, pasta-base de cocaína, cocaína, anfetamínicas (ecstasy e outros estimulantes) e inalantes. No caso do Brasil, a prevalência de consumo de pasta-base de cocaína foi mensurada juntamente com o consumo de cocaína e a taxa de prevalência de anfetamínicos inclui vários tipos de drogas (ver nota da Tabela 2) e não apenas ecstasy como nos demais países. As taxas de prevalência para a Europa e para os EUA são provenientes, respectivamente, do relatório "A Evolução do Fenômeno da Droga na Europa", produzido pelo Observatório Europeu da Droga e da Toxicodependência (2008) e do "National Survey on Drug Use and Health" de 2005, realizado pela agência norte-americana Substance Abuse an Mental Health Services Administration.

Na parte referente à população em geral, as informações sobre Argentina, Bolívia, Chile, Equador, Peru e Uruguai são provenientes do "Primer Estudio Comparativo Sobre Consumo de Drogas y Factores Associados en Población De 15 a 64" complementados com dados oriundos do "II Levantamento Domiciliar sobre o Uso de Drogas Psicotrópicas no Brasil" realizado nas 108 maiores cidades brasileiras pelo CEBRID e pelo "Estudio Nacional De Salud Mental en Colombia" de 2003, realizado pelo Ministério de la Proteccion Social. Os dados da Europa e EUA foram obtidos no relatório "A Evolução do Fenômeno da Droga na Europa", produzido pelo Observatório Europeu da Droga e da Toxicodependência (2008) e no "National Survey on Drug Use and Health" de 2005, realizado pela agência norte-americana Substance Abuse an Mental Health Services Administration.

As pesquisas de prevalência reunidas na mostram o quanto o consumo de drogas ilícitas encontra-se disseminado nos países da região. Entre as quais, a cannabis é a mais consumida em todos os países, seja entre estudantes, seja na população em geral. A única exceção é o Brasil, onde a prevalência de inalantes entre estudantes é três vezes a prevalência de cannabis.

Em termos comparativos, a taxa de prevalência de cannabis no último ano nos EUA, na população em geral e entre estudantes, é em média duas vezes (2,3) a taxa observada nos países latino-americanos (razão média de todas as substâncias nos dois grupos). A taxa de prevalência entre estudantes europeus é ainda maior e chega a ser quatro vezes (3,9) a taxa dos estudantes latino-americanos

No entanto, há alguns sinais bastante preocupantes com relação ao consumo de cocaína. Países como Argentina, Brasil, Chile e Colômbia têm taxas similares de prevalência de consumo de cocaína entre estudantes ao que é observado na Europa e EUA. Há ainda alguns tipos de drogas que são específicos da região como a variante da pasta-base de cocaína conhecida como merla (Medina-Mora e Mariño, 1991, p 93), ou ainda os inalantes, que embora consumidos em outros países têm uma prevalência muito elevada entre estudantes brasileiros. No levantamento realizado pelo CEBRID em 2004 sobre o consumo de drogas com estudantes da rede pública do ensino fundamental e médio nas capitais do Brasil (Galduróz, et alli, 2004); estima-se que 15,3% dos estudantes inalaram algum tipo de solvente no último ano. Esse percentual é duas vezes e meia o percentual que declarou ter consumido maconha no último ano e quase oito vezes o percentual que declara ter consumido cocaína no mesmo período. Com relação aos estudantes americanos, há uma diferença de duas vezes a favor dos estudantes brasileiros no uso de inalantes. As taxas de prevalência dessas drogas na população também são mais altas no Brasil do que no Chile e nos EUA (países para os quais há dados disponíveis).

CRIMINALIDADE ORGANIZADA

Tabela 2

Prevalência do Uso de Drogas no Último Ano por Tipo de Droga entre Estudantes do 2o. Grau e na População de Países e Regiões Selecionadas

País	Cannabis	Pasta Básica	Cocaína	Ecstasy/ Estimulantes	Inalantes
Estudantes 2° grau [1]					
Argentina	6.7	1.6	2.5	--	2.6
Bolívia	2.3	0.8	0.9	0.5	1.2
Brasil (2006) [2, 5]	5.1	--	1.7	3.2	15.3
Brasil (2010)	3.7	--	1.8	--	5.2
Colômbia	7.1	1.3	1.7	3.0	3.5
Chile	12.7	2.1	2.4	1.6	2.5
Ecuador	3.6	0.8	1.2	1.1	2.3
Paraguai	2.7	0.5	0.6	0.4	1.5
Perú	2.6	0.8	1.0	0.6	1.8
Uruguai	8.5	0.6	1.4	--	1.5
Média Am. Latina	5.5	1.1	1.5	1.2	3.7
Média Européia [4, 5]	22.1	--	2.0	--	--
EUA [6]	19.4	--	2.9	2.2	7.8
População [3]					
Argentina	7.2	0.5	2.7	--	--
Bolívia	4.3	0.1	0.7	--	--
Brasil (2006)	2.6	--	0.7	0.7	1.2
Brasil (2012) [7]	2.6	--	1.7	1.3	0.5
Colômbia	1.9	--	0.8	--	--
Chile	7.5	0.6	1.3	0.1	0.1
Equador	0.7	0.1	0.1	--	--
Paraguai	--	--	--	--	--
Perú	0.7	0.4	0.3	--	--
Uruguai	6.0	0.4	1.7	--	--
Média Am. Latina	3.9	0.4	1.0	0.4	--
Média Européia	6.8	--	1.2	0.8	--
EUA [8]	10.4	0.6	2.3	0.8	0.9

Fontes:

Instituto Nacional de Ciência e Tecnologia para Políticas Públicas de Álcool e Drogas (2012)

Centro Brasileiro de Informação sobre Drogas Psicotrópicas (2006)

Comisión Interamericana para el Control del Abuso de Drogas (2008)

Consejo Nacional para el Control de Estupefacientes (CONACE), Ministerio del Interior, Gobierno de Chile (2006)

Ministério de la Proteccion Social, Colômbia (2005)

National Survey on Drug Use and Health, NSDUH, USA (2005).

Observatório Europeu da Droga e da Toxicodependência (2008)

United Nations Office on Drugs and Crime e Comisión Interamericana para el Control del Abuso de Drogas (2006)

Notas:

1) Alunos matriculados em escolas de segundo grau ou equivalente do país.

2) A prevalência de cocaína entre estudantes de segundo grau no Brasil inclui o uso no último ano de pasta base de cocaína.

3) No estudo comparativo realizado pela Comisión Interamericana para el Control del Abuso de Drogas de 2006 (Argentina, Bolívia, Chile, Equador, Uruguai) a população alvo tem entre 15 e 64 anos, no caso do Brasil o estudo realizado pelo CEBRID a população alvo tem entre 12 e 65 anos.

4) No estudo do Observatório Europeu da Droga e da Tóxico Dependência de 2008 o levantamento da prevalência na população escolar inclui apenas a faixa etária de 15 a 16 anos e a taxa de prevalência incluída na tabela diz respeito ao uso na vida. Uma vez que a primeira experiência ocorre nessa faixa etária, a comparação com a prevalência no ano pode ser feita sem maiores problemas.

5) No caso do Brasil o levantameno inclui ecstasy e outros estimulantes.

6) Alunos do 8o e 10o grau.

7) População Geral (urbana erural) de todo o território nacional, com idade igual ou superior a 14 anos.

8) População com 12 anos ou mais.

Os dados de prevalência considerados indicam que há diferenças importantes entre o padrão de consumo de drogas e ilícitas nos países da América Latina *vis-à-vis* à Europa e EUA, principalmente quanto ao consumo de opiáceos. Na maioria dos países europeus, essas drogas são responsáveis por 50% a 80% dos tratamentos relacionados ao consumo de drogas e ocorrem entre 7 a 8 mil mortes por ano de overdose, o que significa que a morte por consumo excessivo desse tipo de drogas é uma das principais causas de mortalidade entre jovens naquele continente. Na América Latina o consumo de heroína/ópio é ainda muito baixo e a produção local destina-se principalmente ao mercado norte-americano.

No entanto, o consumo de cocaína apresenta um padrão mais parecido com o Europeu e os dados longitudinais mostram que o problema tem se agravado. A taxa de prevalência de cocaína na Colômbia no início da década de 90, por exemplo, era de 0,3% para a população em geral (consumo no ano, taxa relatada por Medina-Mora e Mariño, 1991, p 82) e em meados da década atual está em 1,7%, uma diferença que deve ser lida com muita cautela porque essas pesquisas não são diretamente comparáveis. Mas antes de descartarmos esses resultados como insignificantes, devemos levar em conta a informação de estudos mais diretamente comparáveis como o realizado pelo CEBRID com estudantes brasileiros em 1987, 1989, 1993, 1997, 2004 e 2010 (neste caso com metodologias diretamente comparáveis) que mostram que o uso na vida de cocaína em 10 capitais brasileiras apresenta uma tendência de alta em seis das capitais pesquisadas.

A constatação de que existem diferenças entre os consumidores da América Latina, Europa e EUA tem sido utilizada na sustentação da tese

CRIMINALIDADE ORGANIZADA

de que o consumo na América Latina tem um componente diferenciado. A prevalência nos países latino-americanos seria menor uma vez que o consumo seria motivado por hábitos herdados de gerações anteriores – no caso dos países andinos – devidamente circunscritos a determinadas tradições culturais (povos indígenas e tradições religiosas de origem africana, entre outras). Esse caráter tradicional exigiria, portanto, uma aproximação diferenciada ao problema, em que não bastaria repetir as políticas aplicadas ao contexto Europeu e Norte-Americano. Embora exista um aspecto bastante positivo nesse tipo de ponderação, a de resguardar os direitos dos grupos minoritários e evitar a construção de estigmas, a utilidade do conceito de 'consumo tradicional' como um dos eixos da política antidrogas em países complexos e predominantemente urbanos como Colômbia, Chile, Brasil, México, Argentina, Peru, todos com mais de 70% da população em áreas urbanas, é questionável. Veja, por exemplo, como são convergentes os padrões de consumo na parte mais rica do continente, Chile, Uruguai, e Argentina, com os padrões da Europa/EUA. Portanto, o que parece limitar o consumo de drogas mais caras na região é muito mais o nível de renda desses países do que a existência de uma 'cultura ritualizada' de consumo.

Um componente fundamental de qualquer política integrada de resposta ao crime organizado deve levar em conta a estrutura da demanda no mercado das drogas. As políticas de redução da demanda têm um impacto direto no ambiente de negócios do crime organizado, na medida em que podem desorganizar as cadeias produtivas existentes ou rapidamente gerar novos nichos.

Além das drogas: mercados ilícitos emergentes

Biopirataria e exploração ilegal de recursos naturais

Os avanços da biotecnologia e a facilidade de se registrar marcas e patentes em âmbito internacional têm facilitado, nos últimos anos, o contrabando de recursos biológicos para fins comerciais ou científicos, atividade denominada biopirataria. O exemplo do que ocorre no mercado das drogas, os dados sobre biopirataria têm baixa confiabilidade; entretanto, os levantamentos disponíveis revelam prejuízos econômicos significativos. Apenas a extração ilegal de madeira, segundo estimativas de estudo do Banco Mundial sugeriam que esta atividade criminosa gerava aproximadamente receitas entre US$10 e US$15 bilhões por ano em todo o mundo(Goncalves, Panjer et al. 2012). Dados de estudos mais recentes, de 2014, apontam para valores ainda maiores, nos quais apenas a indústria madeira ilegal movimenta US$ 100 bilhões por ano e que a extração ilegal representa 30% da atividade de comércio de madeira no mundo (Global Initiative against Transnational Organized Crime 2014).

Outra fonte importante de geração de receitas ilícitas é a biopirataria. Estima-se que 12 países no mundo concentram 70% de todas as espécies de vertebrados, insetos e plantas conhecidas. Desses países, 5 estão na América Latina, sendo o Brasil líder do ranking, com cerca de 150 mil espécies já pesquisadas e catalogadas, ou 13% de todas as espécies de flora e fauna que existem no mundo. Porém, ainda falta identificar até 90% deste potencial, tornando o país alvo profícuo para a atividade de diversos grupos organizados nessa atividade. O modus operandi tradicional nesse setor envolve a apropriação indevida de espécies que ainda não são conhecidas e que, portanto, demoram a ser reivindicadas por pesquisadores e empresas que atuam no país.

Tráfico de armas

Há uma conexão entre os mercados ilícitos de armas e drogas que precisa ser detalhada analiticamente e que tem grande impacto na forma como a distribuição da droga e o tráfico de armas ocorrem nas áreas urbanas. Como a insegurança jurídica é a principal característica de qualquer atividade ilegal, as organizações que atuam nesses mercados precisam alocar recursos para propinas de autoridades públicas, comprar armas para defesa, contratação de 'seguranças', entre outros custos que compõem o 'custo da ilegalidade'. A alocação de recursos pelas organizações criminosas é determinada, em larga medida, pela necessidade de se combater as organizações rivais que podem expropriar seus negócios sempre que tiverem capacidade para tal. A relação entre armas e violência, no entanto, não é clara (Donohue, Levitt 1998). Por um lado, a predisposição para o combate diminui quanto mais armados estiverem os grupos rivais, o que potencialmente contribuiria para reduzir o custo social da violência. Dessa forma, na medida em que o custo de se perder uma luta aumenta com a adoção de armas mais potentes, a propensão ao conflito diminui. Por outro

CRIMINALIDADE ORGANIZADA

lado, o uso de armas de fogo introduz imprevisibilidade no conflito entre os grupos, fato que beneficia, sobretudo, os contendores mais fracos. A presença desse fator equalizador, a arma de fogo, produz um aumento na disposição para o conflito entre os combatentes mais fracos, o que pode levar, em consequência, à níveis mais altos de violência. Nesse cenário as armas de fogo podem desempenhar um papel decisivo no aumento da propensão ao conflito e consequentemente na produção de uma 'corrida armamentista' entre grupos criminosos rivais.

Tabela 3

Exportadores e Importadores de Armas Leves na Região das Américas (2014)

Exportador / Importador	Valores em USD (valores arredondados em milhões)	Principais importadores/ exportadores (cinco maiores em ordem decrescente)**
Exportador		
USA	U$ 917	Canadá, Austrália, Afeganistão, Israel, Tailândia
Brazil	U$ 289	USA, Alemanha, Estônia, Singapura, Colômbia
Canadá	U$ 88	USA, Reino Unido, Dinamarca, Arábia Saudita, Noruega
México	U$ 31	USA, Honduras, Rep Dominicana, Alemanha
Argentina	U$ 14	USA, Paraguai, Peru, Bolívia, Guatemala
Importador		
USA	U$ 1350	Itália, Alemanha, Brasil, Áustria, Rússia
Canadá	U$ 232	USA, Alemanha, Suécia, Japão, Itália
Colômbia	U$ 81	USA, Brasil, Israel, Itália, Coréia do Sul
México	U$ 53	USA, Itália, Coréia do Sul, Espanha, Finlândia
Brasil	U$ 23	USA, Rússia, Chile, Áustria, Republica Checa,
Argentina	U$ 22	Brasil, USA, Itália, Áustria, Espanha
Chile	U$ 20	Noruega, USA, Brasil, Reino Unido, Espanha
Peru	U$ 14	Brasil, USA, Espanha, Áustria, Republica Checa
Honduras	U$ 13	Israel, México, Turquia, Itália, USA
Venezuela	U$ 10	Itália, Emirados Árabes Unidos, Turquia, USA, Brasil

Fonte: Small Arms Survey (2014)

Os mercados ilícitos de armas e drogas têm, no entanto, uma diferença importante: armas são produzidas legalmente para então serem transferidas para o mercado ilegal em algum ponto do processo de comercialização. O valor do global do comércio autorizado de armas de fogo foi estimado em pelo UNODC em aproximadamente U$ 1,58 bilhões dólares em 2006, e as transações não registradas somariam outros U$ 100 milhões ou mais.

A Tabela 3 mostra o peso que o Brasil tem no comércio legal de armas entre os países da Região das Américas. O país é o segundo exportador e o quinto importador de armas leves na Região das Américas e globalmente está entre os 10 maiores produtores mundiais de armas leves (Small Arms Survey 2006). A indústria brasileira fornece em primeiro lugar para os EUA e importa também principalmente armas norte-americanas. O grande desafio das políticas para o setor não é propriamente o de regular o acesso legal às armas (um tema que no Brasil não tem a importância que apesenta em países como os EUA devido à baixa prevalência de armas de fogo nos domicílios brasileiros), mas a capacidade de controle das transferências ilegais de armas. A zona cinzenta entre o segmento legal e comércio ilícito é o grande problema por aqui. Um levantamento realizado pela ONG Viva Rio indica justamente que 60% das armas apreendidas no país são de origem norte-americana, o principal exportador (legal) de armas leves para o país.

O mercado mundial de armas ilícitas tem passado por transformações importantes que impactam, sobretudo, países como o Brasil. Os Estados Unidos e a Rússia já não dominam o mercado mundial de armas levas (como ocorria durante o período da Guerra Fria), mas foram substituídos países da África, Ásia, e América Latina que desenvolveram suas próprias indústrias de armas e tornaram-se exportadores globais importantes. Esses países fornecem armas tanto para transações legais quanto ilegais. Embora a maior parte dos negócios ocorra legalmente, o fato é que a participação desses novos países produtores no mercado de armas alterou substancialmente as cadeias logísticas dessa indústria e facilitou o processo de transferência para o segmento ilegal. O tráfico de armas leves é uma atividade ilícita global em expansão (Cragin, Hofman 2003) com mais de 600 fabricantes, um aumento de três vezes com relação à década de 1980. Esse é um mercado diretamente afetado pelas novas tecnologias disponíveis nas áreas de transporte, comunicação e produção, que permitem que as armas de pequeno porte sejam negociadas de forma muito mais fluida. O resultado desse processo, segundo Cragin e Hofman (2003) na análise que fazem do tráfico de armas na Colômbia, é que o comércio legal de armas de pequeno porte tornou-se mais complexo e mais permeável à atividade de comerciantes que também vendem ilegalmente armas de fogo.

O Brasil desempenha um papel relevante na rota de abastecimento de armas para o tráfico de armas na Colômbia, tanto na extensa e desocupada fronteira que os dois países partilham, quanto no mercado negro da tríplice

CRIMINALIDADE ORGANIZADA

fronteira (Cragin, Hofman 2003). O pior exemplo de gestão do problema na Região e que tem grande potencial de impacto no mercado ilícito de armas de fogo do Brasil é representado pela Venezuela, que em 2005 estabeleceu a Reserva Militar e Guarda Territorial, criadas para o caso de os Estados Unidos decidirem invadir a Venezuela. A meta do governo Venezuelano é ter 1,5 milhões de membros armados nessas forças. O número de armas de fogo circulando ilegalmente na Venezuela é estimado entre 1.100.000 e 2.700.000 (Karp 2009). Com a piora na situação política do país e o consequente enfraquecimento das cadeias de controle na transferência de armas no país vizinho, há a possibilidade concreta de que parte dessas armas seja comercializada no Brasil.

Tráfico de pessoas

O tráfico de global de pessoas é considerado pelo Escritório das Nações Unidas contra as Drogas e o Crime como o terceiro maior comércio ilegal do mundo, somente atrás do tráfico de armas e de drogas. Essa atividade geralmente é dividida em nichos específicos: (a) para fins de exploração sexual do indivíduo; (b) para a realização de trabalhos escravos ou em regime de semiescravidão: a finalidade é a utilização do indivíduo como mão de obra, sem o seu consentimento; (c) para o tráfico de órgãos: quando há o transporte de indivíduos para retirada de seus órgãos, seja por rapto, morte ou venda; (d) para a adoção de crianças: compra e venda de menores para adoção ilegal; (e) fins militares: utilização de indivíduos em conflitos armados; (f) tráfico de esposas, o que é diferente do tráfico sexual, pois a finalidade deste tráfico é o fornecimento de mulheres para o casamento forçado para regiões do mundo onde esse tipo de prática ocorre.

As atividades que têm maior impacto quantitativo na Região e no Brasil são justamente a exploração sexual e o tráfico de imigrantes. Em quase todos os nichos de atividades ilícitas nessa área, as vítimas típicas são mulheres e menores de idade. Este é um crime difícil de ser tratado, por depender de relatos de vítimas que, muitas vezes se sentem ameaçadas, sem condições psicológicas de testemunharem.

A organização não governamental norte-americana Polaris[7], em parceria com o Departamento de Estado dos Estados Unidos, apresentou o

---

[7] http://www.polarisproject.org/human-trafficking/overview

Human Trafficking Statistics, no qual identificou que 800 mil pessoas são traficadas através de fronteiras todos os anos e que 50% desse contingente é composto por crianças e adolescentes. Estima-se que 1 milhão de crianças são exploradas no comércio sexual anualmente, sendo 80% são do sexo feminino e que quase a totalidade dos países é afetado pelo problema, sendo o Brasil um país de origem, de trânsito e de destino do tráfico internacional de menores. O tráfico de pessoas gera anualmente um montante de US$ 32 bilhões de receita.

O envolvimento do Governo brasileiro com o assunto tem aumentado por meio de ações como o Plano Nacional de Enfrentamento ao Tráfico de Pessoas (PNETP) e em 2013 pela primeira vez a Polícia Federal apresentou informações no seu relatório anual sobre o tráfico de crianças e adolescentes no país e estimou que cerca de 3 mil menores são traficados anualmente no Brasil.

5. Plano de ação: Desafios para as políticas públicas

O enfrentamento operacional do crime organizado no Brasil e a mensuração do impacto das iniciativas em curso dependem fundamentalmente de um esforço de integração até aqui inédito entre agentes públicos situados em diferentes níveis de governo. A complexidade dessa tarefa é significativa, na medida em que o sistema de segurança pública se organiza como um sistema aberto com mecanismos de input e de trocas com o ambiente social circundante que não podem ser integralmente controlados por seus gestores. Por exemplo, um secretário de segurança de um estado qualquer da Federação e os chefes de polícia local não têm poder e meios suficientes para definir as estratégias de enfrentamento de problemas complexos como os que analisamos (tráfico de drogas, de pessoas, armas, etc.) e dependem da participação de diferentes instituições do governo federal com as quais dificilmente têm qualquer tipo de articulação. Em sistemas fechados de gestão, por outro lado, o grau de complexidade é menor e as trocas da organização com o ambiente circundante são controladas, sendo possível estabelecer uma clara distinção entre a organização e seu entorno. Nesses sistemas, indicadores para avaliar o impacto das ações realizadas são relativamente mais simples de serem desenhados, já que tanto os inputs quanto os outputs do processo produtivo são limitados e predefinidos.

CRIMINALIDADE ORGANIZADA

Em sistemas abertos, como o sistema da segurança pública, existe maior flexibilidade no que diz respeito aos indicadores que devem ser monitorados, já que não estamos falando do funcionamento de uma única organização, mas de um conjunto de instituições que estabelecem relações relativamente abertas umas com as outras e com os *stakeholders* externos.

Embora as polícias de vários estados no país tenham demonstrado capacidade de reduzir as taxas dos crimes mais graves de forma significativa ao longo da última década (como foi o caso de São Paulo), resta o desafio representado pela presença e pelo aumento da atuação do crime organizado como o principal desafio para a próxima década. A hipótese subjacente que orientou a nossa reflexão sobre as tendências para os 15 anos é que os sistemas de segurança pública dos Estados brasileiros, mesmo que venham a cumprir com as funções para as quais foram projetados, enfrentarão a resistência de fatores específicos que causam perda significativa de eficiência desse sistema, sendo a presença do crime organizado em determinadas áreas e atividades no país a principal causa identificada para seu mau funcionamento. Com isso queremos dizer que uma das principais tarefas práticas nessa área envolve a construção de sistemas de informação compartilhados e o desenho de indicadores que permitam minimamente avaliar a incidência do problema e os resultados obtidos com as políticas adotas.

Em segundo lugar, o enfrentamento dos reflexos das atividades ilícitas globais no país impõe ao país a necessidade de atuar internacionalmente em prol de uma agenda que transcenda os esforços hoje limitados à produção de normas internacionais, mas que avance na direção do desenvolvimento de estruturas supranacionais capazes de viabilizar um novo modelo de governança fundado na cooperação internacional.

Os principais documentos internacionais relacionados com os mercados ilícitos globais, notadamente as Convenções de Viena contra o Tráfico de Drogas, de Palermo contra o Crime Organizado Transnacional e de Mérida contra a Corrupção, reconhecem a cooperação como fundamento, mas também a cooperação como instrumento essencial para a efetivação dos compromissos. No entanto, esses mesmos documentos não são acompanhados das respectivas preocupações relacionadas à implantação e ao monitoramento da execução dos compromissos assumidos.

Para que a cooperação seja viável e fluída, qualificando-se como mecanismo indispensável à gestão de ameaças, dentre as quais os mercados ilícitos e o crime organizado, entendemos necessário o reconhecimento de um novo conceito de soberania e de um novo conceito de ordem pública como dois elementos essenciais para que os países aumentem o nível de comprometimento mútuo com foco no problema comum a ser enfrentado..

Soberania

A evolução histórica da soberania partiu da negação de toda subordinação ou limitação do Estado por qualquer outro poder (JELLINEK, Georg 2000)[8]. É definida como a capacidade exclusiva do Estado de autodeterminação e autovinculação jurídica (FERRIS, Remédio Sanches 2002)[9]. O Direito Internacional passou a oferecer, após a Carta das Nações Unidas de 1945 e a Declaração Universal dos Direitos Humanos, uma perspectiva na mediação dos conflitos e a soberania, que sempre foi vista como a principal justificativa para a necessidade de defesa contra os inimigos, e que se modificou em função do movimento de integração mundial baseada no direito. O respeito aos direitos humanos passou a ser qualificado como obrigação internacional, de modo que os Estados não podem invocar sua legislação, nem mesmo constitucional, para se furtarem do seu cumprimento (CASSESSE, Antonio 2002) [10]. Isso significa dizer que os elementos do direito constitucional devem ser relativizados para coexistir, tornando-se dúcteis ou moderados, tanto no que se refere às relações entre os Estados (seu caráter aberto e cooperativo, a conexão entre direito interno e direito internacional), quanto no que diz respeito à disciplina da vida política interna destes (ZAGREBELSKY, Gustavo 2003)[11].

---

[8] JELLINEK, Georg. **Teoria general del Estado**. México: Fondo de Cultura Econômica, 2000. p. 432.

[9] FERRIS, Remédio Sanches. **El Estado Constitucional y su sistema de fuentes**. Valencia: Tirant lo Blanch, 2002. p. 261.

[10] CASSESSE, Antonio. Crimes internacionais e jurisdições internacionais, In: CASSESSE, Antonio; DELMAS-MARTY. **Existe um conflito insuperável entre soberania dos Estados e Justiça penal internacional?**São Paulo: Manole, 2004. p. 5-6.

[11] ZAGREBELSKY, Gustavo. **El derecho dúctil:** ley, derechos, justicia. 5. ed. Madrid: Trotta, 2003. p. 18.

CRIMINALIDADE ORGANIZADA

Ordem pública

A ordem pública é definida aqui como um conjunto de valorações de caráter político, social, econômico ou moral, próprias de uma comunidade determinada, que definem sua fisionomia em um dado momento histórico também determinado[12]. Ou ainda, como o conjunto de valores imperativos que se encontram permeados no ordenamento jurídico e que devem preponderar no exercício da jurisdição (CASELLA, Paulo Borba 2003)[13].

No âmbito do Direito Internacional, a cláusula de ordem pública sempre representou a autodefesa do ordenamento jurídico soberano e a sua função de tutelar os princípios que lhe conferiram a individualidade num dado momento histórico, e cuja eventual abdicação implicava a sua não existência. Sua função determinava o conteúdo normativo dos princípios fundamentais invocados na proteção contra a agressão externa (VALENTINI, Cristiana 1998)[14]. É importante salientar que os tratados internacionais, que estabelecem a harmonização das legislações nacionais, superam a concepção da ordem pública nacional enquanto alcançam a necessária equivalência ou homogeneidade de procedimentos (RUBIO, Carlos Ramos 2003) [15].

6. Conclusão

A partir do mapeamento apresentado, é possível reconhecer nos esforços de cooperação a principal tendência no enfrentamento dos mercados ilícitos globais. A expansão das economias no plano global e o crescimento além das fronteiras da soberania nacional tendem a acarretar proveitos seguros, diversidade de grupos e produtos, corrupção, cooptação do poder político,

---

[12] CERVINI, Raúl; TAVARES, Juarez. **Princípios de cooperação judicial penal internacional no protocolo do MERCOSUL.** São Paulo: RT, 2000. p. 121.

[13] CASELLA, Paulo Borba. A ordem pública e a execução de cartas rogatórias no Brasil. **Revista da Faculdade de Direito da USP,** v. 98. p. 568, 2003.

[14] VALENTINI, Cristiana. **L'acquisizione della prova tra limiti territoriali e cooperazione com autorità straniere.** Padova: CEDAM, 1998. p.199.

[15] RUBIO, Carlos Ramos. Comisiones Rogatorias para la obtención de pruebas. Problemas de validez de las pruebas obtenidas en el extranjero: análisis de la jurisprudencia del Tribunal Supremo Español. **Estudios Jurídicos,** Madrid: Ministerio Fiscal, n. 3, p. 364, 2003.

a infiltração nos negócios lícitos, a formação de alianças criminosas estratégicas e cooperação criminal.

A cooperação até o momento serviu tanto como uma ameaça como um incentivo para organizações criminosas cooperarem. Da mesma forma que as alianças e as fusões são mais frequentes no mundo corporativo lícito, são igualmente comuns entre as organizações criminosas transnacionais. Similarmente, como empresas, as organizações criminosas incluirão nas suas divisões de trabalho os especialistas em lavagem de dinheiro, segurança, e transporte, como também os químicos para regular a quantidade e o volume dos produtos da droga.

Nesse sentido, a cooperação entre os órgãos que integram o sistema de justiça criminal de forma direta ou indireta, bem como entre estes e o setor privado, tanto no plano interno como internacional, ao mesmo tempo em que se consolida como o mecanismo de governança que assegura mais eficiência no enfrentamento dos mercados ilícitos globais, impõe a construção e o desenvolvimento de modelos estruturantes que possibilitem uma gestão mais qualificada do problema.

O que significa reconhecer que a solução de longo prazo para o crime organizado transnacional consiste na redução da demanda de produtos e serviços que financiam o crime organizado transnacional, mas no curto prazo os esforços devem estar direcionados à prisão e acusação como medidas necessárias para desmantelar as operações do crime organizado. Da mesma forma, esforços de prevenção ao crime são necessários para reduzir o suporte às vítimas vulneráveis e aos mercados disponíveis através de pressões sobre criminosos e os seus produtos, assim como a melhoria do desenvolvimento econômico e os esforços anticorrupção para reduzir as tentações da atividade criminosa organizada ilícita ao redor do mundo (ALBANESE, 2011).

E mais, a ampliação da atuação dos órgãos policiais nacionais para além das fronteiras nacionais, e a criação de instituições internacionais e regionais de polícia e de justiça criminal que expandam referidas fronteiras é um projeto que constitui o melhor caminho (MACDONALD, 2011)[16].

---

[16] MACDONALD Willian F. The longer arm of the Law. Internacional Crime and Justice. Edited by Mangay Natarajan. Cambridge. 2011. New York/EUA, p. 443.

CRIMINALIDADE ORGANIZADA

Referências

ALBANESE, J.S., 2011. Transnational Organized Crime. In: M. NATARAJAN, ed, *International Crime and Justice*. New York: Cambridge University Press, pp. 233.

BAILEY, J. and GODSON, R., eds, 2000. *Organizad Crime & Democratic Governability: Mexico and the US-Mexican Bordeerlands*.

BEATO, C. and ZILLI, L.F., 2012. A estruturação de atividades criminosas: um estudo de caso. *Revista Brasileira de Ciências Sociais*, **27**(80), pp. 71-88.

CASELLA, Paulo Borba. A ordem pública e a execução de cartas rogatórias no Brasil. **Revista da Faculdade de Direito da USP**, v. 98. p. 568, 2003.

CASSESSE, Antonio. Crimes internacionais e jurisdições internacionais, In: CASSESSE, Antonio; DELMAS-MARTY. **Existe um conflito insuperável entre soberania dos Estados e Justiça penal internacional?** São Paulo: Manole, 2004. p. 5-6.

CERVINI, Raúl; TAVARES, Juarez. **Princípios de cooperação judicial penal internacional no protocolo do MERCOSUL.**São Paulo: RT, 2000. p. 121.

CRAGIN, K. and HOFMAN, B., 2003. *Arms trafficking and Colombia*. MR-1468. Santa Monica: Rand Corporation.

DONOHUE, J. and LEVITT, S.D., 1998. Guns, Violence, and the Efficiency of Illegal Markets
. *American Economic Review*, **6**(88), pp. 463-467.

EUROPOL, 2011. *EU ORGANISED CRIME THREAT ASSESSMENT*.

FERRIS, Remédio Sanches. **El Estado Constitucional y su sistema de fuentes**. Valencia: Tirant lo Blanch, 2002. p. 261.

GLOBAL INITIATIVE AGAINST TRANSNATIONAL ORGANIZED CRIME, 2014. *The Global Response to Transnational Organized Environmental Crime*. Genebra: Global Initiative against Transnational Organized Crime.

GONCALVES, M.P., PANJER, M., GREENBERG, T.S. and MAGRATH, W.B., 2012. *Justice for Forests Improving Criminal Justice Efforts to Combat Illegal Logging*. World Bank series R67. Washington, DC: World Bank.

JELLINEK, Georg. **Teoria general del Estado**. México: Fondo de Cultura Econômica, 2000. p. 432.

KARP, A., 2009. *Estimated Total Small Arms, Firearms, and Surpluses in Venezuela, Rounded.' Surplus Arms in South America: A Survey; Working Paper 7 (Table 18), p. 56. Geneva: Small Arms Survey, the Graduate Institute of International and Development Studies. 1 August*. Working Paper 7. Genebra: Small Arms Survey.

KELLY, R.K., MAGHAN, J. and SERIO, J., 2005. *Illicit Trafficking: A Reference Handbook
*. ABC-CLIO.

KILMER, B. and PACULA, R.L., 2009. *Estimating the size of the global drug market A demand-side approach*. 2. Santa Monica, CA: Rand Corporation.

LAMPE, K.V., 2003. Criminality exploitable ties: A network approach to organized crime. In: E.C. VIANO, J. MAGALLANES and L. BRIDEL, eds, *Transnational Organized Crime*. Durham: Carolina Academic Press, pp. 9-22.

LUPSHA, P.A., 1996. Transnational Organized Crime Versus the Nation-State. *Transnational Organized Crime*, **2**(2), pp. 21-48.

MACDONALD Willian F. The longer arm of the Law. Internacional Crime and Justice. Edited by Mangay Natarajan. Cambridge. 2011. New York/EUA, p. 443

NAÍM, M., 2013. *O Fim do Poder.* São Paulo: Leya.

NAÍM, M., 2006. *Ilícito: o ataque da pirataria, da lavagem de dinheiro e do tráfico à economia global.* Rio de Janeiro: Jorge Zahar Editores.

NAYLOR, R.T., 2004. *Wages of Crime: Black Markets, Iligal Finance and the Underworld Economy.* Revised Edition edn. Ithaca: Cornell University Press.

NYE, J., 2011. *The Future of Power.* 1st edn. New York: PublicAffairs.

PIMENTEL, S., 2000. The Nexus of Organized Crime and Politics. In: J. BAILEY and R. GODSON, eds, *Organized Crime and Democratic Governability: Mexico and the US-Mexican Borderlands.* Pittsburgh: University of Pittsburgh Press, pp. 33-57.

POTTER, Gary and Michael D. Lyman. Organized Crime. EUA. 2007. 4th edition, p. 268.

RUBIO, Carlos Ramos. Comisiones Rogatorias para la obtención de pruebas. Problemas de validez de las pruebas obtenidas en el extranjero: análisis de la jurisprudencia del Tribunal Supremo Español. **Estudios Jurídicos,** Madrid: Ministerio Fiscal, n. 3, p. 364, 2003

SMALL ARMS SURVEY, 2006. *The Small Arms Survey 2006: Unfinished Business.* Oxford: Oxford University Press.

UNITED NATIONS OFFICE ON DRUGS AND CRIME, 2014. *World Drug Report 2014.* Viena: United Nations.

UNITED NATIONS OFFICE ON DRUGS AND CRIME, 2011. *Estimating illicit financial flows resulting from drug trafficking and other transnational organized crimes.* --. Viena: UNODC.

VALENTINI, Cristiana. **L'acquisizione della prova tra limiti territoriali e cooperazione com autorità straniere**. Padova: CEDAM, 1998. p.199.

WORLD HEALTH ORGANIZATION, 2002. *World report on violence and health: summary. Geneva,* Genebra: .

ZAGREBELSKY, Gustavo. **El derecho dúctil:** ley, derechos, justicia. 5. ed. Madrid: Trotta, 2003. p. 18.

3. Análise da criminalidade organizada e incremento das atividades de inteligência policial

Almir de Oliveira Junior[1]

> *O trabalho cotidiano da polícia e do Ministério Público consegue lidar apenas com o crime comum, embora às vezes consiga uma vitória isolada contra algum ramo do crime organizado. Se a finalidade, porém, é mais do que ganhar uma ou outra batalha, os órgãos de segurança pública têm de compreender o que é uma organização criminosa e como funciona cada uma delas. E a única maneira de conseguir isso é através da inteligência policial* (Guaracy Mingardi)

Introdução

Reconhecidamente impulsionadas pela busca do lucro econômico, as organizações criminosas ganham cada vez maior espaço em atividades ilícitas que envolvem o tráfico de drogas, o roubo de cargas, assaltos a agências bancárias, fraudes envolvendo a utilização de recursos públicos, contrabando, lavagem de dinheiro, apenas para citar alguns dos nichos explorados nos empreendimentos criminosos.

Em maior ou menor extensão, o tema do crime organizado é de interesse de várias políticas públicas, que lidam com um grande número

---

[1] Doutor em Sociologia e Política. Técnico de Planejamento e Pesquisa do Instituto de Pesquisa Econômica Aplicada – Ipea.

CRIMINALIDADE ORGANIZADA

de problemas diferenciados, tais como: segurança pública; proteção da competição econômica; combate às práticas de restrição de negócios; regulamentação de setores e mercados; defesa do consumidor; proteção de bens ambientais; preservação da saúde pública; enfrentamento à corrupção e às condutas impróprias de agentes públicos e outros (MELO, 2015). Contudo, o presente trabalho teórico se ocupará exclusivamente da compreensão desse subconjunto do universo da criminalidade naquilo que interessa à reflexão do papel das atividades policiais voltadas ao seu controle. É verdadeiro que, para enfrentar a criminalidade em suas mais variadas manifestações, impõe-se às instituições de segurança pública e justiça criminal o imperativo de desenvolver e ampliar suas capacidades investigativas e de Inteligência[2]. Tal incremento institucional apresenta contornos próprios diante do acirramento infligido pela difusão das atividades do crime organizado.

Indaga-se, portanto, sobre a natureza do ambiente (social, legal, econômico, cultural) no qual se propagam as atividades dos grupos criminosos, sobre as motivações que orientam os seus agentes e sobre como, munidos de conhecimento acumulado sobre esses fatores, as polícias e os órgãos de Estado no âmbito da segurança pública podem aprimorar seu planejamento, atuando de forma prospectiva em relação aos movimentos orquestrados dentro do mercado do crime.

Na primeira seção do texto se discute o conceito de criminalidade organizada, enfatizando que as transformações econômicas, tecnológicas e sociais associadas ao processo de globalização contribuem para o desenvolvimento e expansão das suas atividades. A segunda seção trata das forças gerais que condicionam a expansão do mercado criminoso, ligadas a uma sociedade com alto grau de anomia, estimuladora do individualismo e que oferece oportunidades crescentes em mercados ilegais. A terceira seção foca o aparato estatal mais diretamente responsável pelo controle da criminalidade organizada, constituído pelas polícias investigativas. Discorre-se a respeito de como suas atividades ligadas à produção, gestão

---

[2] A palavra "Inteligência", quando separada do adjetivo "policial", é apresentada neste texto com a inicial em forma maiúscula para distingui-la do uso corriqueiro do termo. Isto é, a Inteligência é entendida aqui enquanto atividade especializada, voltada para coleta, reunião e análise de informação, com o propósito de orientar decisões estratégicas das organizações. Adiante se discorrerá mais a respeito das nuanças dessa atividade, que pode ser, inclusive, voltada para o campo do controle da criminalidade.

e uso da informação são estratégicas para consecução de seus objetivos finalísticos. Apresenta-se uma discussão básica sobre como a Inteligência pode ser importante aliada do controle da criminalidade organizada.

1. A criminalidade organizada

Talvez o maior desafio em definir o crime "organizado" esteja em explicitar o significado por trás do adjetivo utilizado para compor esse conceito. Quanto à noção de que exista um crime de tipo organizado e, portanto, outro de tipo comum ou convencional, Melo (2015: 9) faz a seguinte provocação:

> A distinção sugere que os crimes cometidos por organizações criminosas são especiais, em contraste com o caráter dos crimes chamados de ordinários ou de rua. O que há de especial? Em grande parte, as qualidades ou espécies de crimes cometidos por aquelas organizações são as mesmas ou muito seme-lhantes às espécies de crimes a que se dedicam criminosos em caráter individual: matam, agridem, assaltam, furtam, dão golpes, falsificam e fraudam, e assim por diante. Portanto, supondo-se ser útil a expressão, aqueles crimes são de especial interesse exatamente por serem cometidos por organizações (...); e o que se precisa conceituar como base de tudo é organização criminosa.

Segundo Abadinsky (2013), uma variável que ajuda a entender a diferença entre o crime convencional e a criminalidade organizada é sua *perenidade*, propriedade oriunda da maior robustez e resiliência da organização criminosa, se comparada com o ator individual que perpetra os atos ilícitos. Organizações permitem um escopo de atividades e recursos geralmente não disponíveis aos criminosos convencionais. Muitas vezes são capazes de promover a interação e coordenação criminosa até ao nível internacional. Utilizando um amplo repertório de recursos ilícitos, dentre os quais geralmente a extorsão e corrupção de agentes públicos, tais grupos são capazes de manter uma posição vantajosa para realização de seus negócios.

O FBI (*Federal Bureau of Investigation*) define crime organizado como "qualquer grupo que possui algum tipo de estrutura formal, o qual tem por objetivo primário a obtenção de dinheiro por meio de atividades ilegais"[3].

---

[3] Retirado do sítio www.fbi.gov/about-us/investigate/organizedcrime/glossary. Consultado em 13 de novembro de 2015. Tradução do autor.

CRIMINALIDADE ORGANIZADA

É claro que trata de um conceito parcimonioso, de modo que diferentes nuanças podem emergir das realidades às quais busca apontar. Contudo, já estabelece uma referência para discussão. Nessa mesma direção, a Convenção das Nações Unidas Contra o Crime Organizado Transnacional, conhecida como a "Convenção de Palermo", em seu segundo artigo define: "Um grupo criminoso organizado corresponde a um grupo estruturado de três ou mais pessoas, que se mantém atuando por um período de tempo de acordo com o objetivo de cometer um ou mais crimes (...) de forma a obter, direta ou indiretamente, um ganho financeiro ou outro tipo de benefício material"[4].

É interessante a frequente menção da relação formada entre o crime organizado e o contexto internacional. Para Albanese (2011) é difícil estabelecer a ordem causal do crime organizado: Grupos de criminosos se organizam tendo em vista a criação de novas oportunidades no mundo do crime, ou as novas oportunidades dadas pela globalização é que, literalmente, geram novos mercados informais e semiformais que serão explorados por agentes que, inevitavelmente, são motivados a se organizarem com o fim de ocuparem esses espaços? De acordo com Favaro (2008: 8216):

> A globalização crescente (...) alicerçada em trocas comerciais mais fáceis, na interdependência econômica, numa circulação de capitais ágil e simplificada, baseada em comunicações rápidas, bem como o recurso da tecnologia sofisticada sustentada em meios informáticos de última geração, para além de trazer numerosos e sensíveis benefícios (...) também veio a acarretar efeitos perversos. (...) Elas [as organizações criminosas] viram, nos efeitos trazidos pela globalização, a oportunidade de expandir suas atividades para além das fronteiras. Essa expansão, juntamente com a estrutura estável que possuem, fez com que conseguissem aumentar ainda mais o seu poderio econômico.

Araújo (2010) chega a se referir ao crime organizado enquanto a "face oculta" do processo de globalização, dados os enormes ganhos que são proporcionados pelos altíssimos valores movimentados pelo mercado internacional de bens e serviços ilícitos. Inclusive, não é possível descartar a tese de que o aumento das atividades ilícitas transnacionais tem relação

---

[4] Ver www.unodc.org/documents/treaties/UNTOC/Publications/TOC%20Convention/ TOCebook-e.pdf. Sítio da internet consultado em 13 de novembro de 2015. Tradução do autor.

ANÁLISE DA CRIMINALIDADE ORGANIZADA...

muito estreita com os patamares estatísticos alcançados pela criminalidade violenta no Brasil a partir de meados da década de 1980, que desde então mantém sua tendência agravamento:

> Entre 1986 e 1989 há um significativo crescimento de 34,9% nas mortes (...) ocasionadas pela ingestão de drogas ilícitas, o que revela um acentuado crescimento da demanda e, portanto do tráfico de drogas no Brasil. Justamente no período entre 1986 e 1990 há um aumento concomitante de 23,4% na demanda por armas de fogo. É possível que o aumento na demanda por armas esteja associado ao crescimento do mercado de drogas, tendo em vista a natureza dos mercados ilícitos, em que os criminosos necessitam utilizar da violência para estabelecer mercados, garantir os contratos e granjear credibilidade (CERQUEIRA, 2011: 38).

O Brasil saltou de um patamar próximo a 10 homicídios por 100 mil habitantes durante a década de 1980, para 27 homicídios por 100 mil habitantes nos anos 2000, o que representa um crescimento superior a 250%. É claro que essas estatísticas do aumento nas taxas de homicídios no país são acompanhadas pelo avanço do chamado crime organizado, notadamente o tráfico de drogas e o tráfico de armas. Tal diagnóstico aponta para uma nova conformação na sociedade brasileira, que apresenta um alto número de atividades criminosas "cada vez mais organizadas e pautadas por uma racionalidade tipicamente empresarial" (SAPORI, 2007: 98-9).

O crime organizado também está cada vez mais presente na agenda da segurança internacional (WERNER, 2009). Com o crescimento de enormes mercados ilícitos formaram-se grandes redes criminosas, que alcançaram a etapa do transnacionalismo. O traficante que atua no local de distribuição varejista da droga situa-se nas bordas dessas redes, que possuem ligações que geralmente ultrapassam as fronteiras nacionais, com características semelhantes às das organizações empresariais[5]. Nesse sentido, há diferenciação clara com relação à estrutura das *máfias*, que foram o objeto original das análises do crime organizado. Enquanto as máfias se

---

[5] Isso não quer dizer que todo tráfico de drogas se configura como atividade criminosa organizada. No caso do varejo do crack, por exemplo, grande parte das movimentações é realizada por usuários que compram de alguém umas poucas pedras, fuma a metade e vende o restante para suprir o próprio vício. Não é a modalidade do crime que identifica a atuação do crime organizado (Mingardi, 2008).

CRIMINALIDADE ORGANIZADA

caracterizam por estrutura rígida e hierárquica, associada a um código de honra, de modo geral as organizações criminosas transnacionais apresentam uma configuração dinâmica, adaptada às possibilidades trazidas pela globalização[6]. Possuem continuidade, pois consistem em mais que uma articulação eventual de indivíduos para o alcance de objetivos comuns, utilizando meios ilegais. Nelas se pode encontrar um alto grau de especialização das tarefas executadas, com ações centralizadas em determinados membros, municiados de grande poder econômico (FAVARO, 2008).

As organizações criminosas transnacionais são estruturadas em torno da finalidade de obter lucros, propiciados pelas oportunidades advindas dos vários tipos de comércio ilegal em um mundo globalizado (ARAUJO, 2010). A complexidade, natureza e articulação das atividades criminosas transnacionais, somadas à sua capilaridade na sociedade, exigem grandes investimentos e aprimoramentos das ações policiais e de Inteligência para enfrentamento do problema.

2. Sociologia do crime organizado: a dinâmica da empresa criminosa

O crime é um componente normal da estrutura de qualquer sociedade. Isso é relevante, pois alerta sobre a ingenuidade de se esperar encontrar uma sociedade totalmente isenta do crime. A analogia do crime como uma "doença" para qual pode ser descoberta uma "cura" é inadequada, pois a manutenção de códigos que preveem punição frente a determinados atos ofensivos aos valores morais de uma coletividade dada é condição universal de existência da própria ordem social (DURKHEIM, 1990). Uma teoria minimamente adequada do crime precisa entender o criminoso como um agente racional. Ou seja, alguém com motivação e sentido para sua ação. Até mesmo o comportamento violento, a não ser no caso de distúrbios psíquicos mais graves, é reflexivo. Referenciais teóricos que sejam capazes de orientar a prevenção à criminalidade têm, necessariamente, que dar conta desse fato. Sociologicamente, organizações criminosas podem ser comparadas a empresas e o mercado criminoso segue, em seu desenvolvimento, as mesmas leis dos mercados em geral. O trabalho do sociólogo Robert K. Merton traz uma discussão relevante sobre os aspectos

---

[6] Contudo, obviamente nem todas as formas de crime organizado são dedicadas à prática de ilícitos transnacionais. Trata-se apenas de um recorte definido no escopo deste trabalho.

ANÁLISE DA CRIMINALIDADE ORGANIZADA...

culturais e econômicos do mundo do crime. Sua análise é focada nas possíveis contradições estruturais da sociedade, baseando-se no conceito de anomia (MERTON, 1972). Essa palavra designa um estado contrário ao da ordem social. Uma sociedade em estado de anomia seria aquela incapaz de fornecer códigos compartilhados suficientes para sustentar redes de comportamento previsíveis e, portanto, a própria racionalidade da vida social. Ao se apropriar desse conceito, Merton preocupou-se com a relação entre os objetivos culturalmente estabelecidos e os meios institucionais disponíveis aos indivíduos para alcançá-los. De acordo com sua perspectiva, a anomia se refere à situação em que ocorre desequilíbrio, ou tensão, na relação entre esses dois níveis estruturais da sociedade:

> Quando a importância cultural passa das satisfações derivadas da própria competência a um interesse quase exclusivo pelo resultado, a tendência resultante leva à destruição da estrutura reguladora. (MERTON, 1972: 166)

De acordo com Merton, infringir as regras pode ser visto como normal, desde que constitua uma reação provável dos indivíduos, uma vez que certas condições sociais e culturais dadas informam-nos sobre sua ação e influenciam o seu comportamento em uma determinada condição. Códigos morais e regras formais, consolidadas ou não em legislações específicas, constituem apenas algumas das referências que informam as escolhas dos indivíduos dentro de um leque de alternativas socialmente delimitadas. Traduzindo essa teoria em termos mais claros, a pobreza não seria um fator relevante na produção das taxas de criminalidade, mas sim a desigualdade, pois a motivação para ingressar em uma carreira ou em uma organização criminosa decorreria não exatamente da carência material, mas da impossibilidade de alcançar os objetivos desejados e incentivados culturalmente por meio dos recursos legais. Os meios de comunicação populares, como a televisão, independentemente da classe social, produzem fortes estímulos à busca de altos níveis de sucesso pessoal e consumo de bens materiais. Assim, alimenta-se a cultura do consumismo e do hedonismo, ao mesmo tempo em que a sociedade tende a classificar as pessoas de acordo com os símbolos de status que ostentam. Contudo, a mesma sociedade não disponibiliza, na prática, os meios necessários para consecução de um nível satisfatório de condições econômicas para todos. Se, em um nível formal, todos têm direitos iguais em um país democrático, a forma em que ocorre a

CRIMINALIDADE ORGANIZADA

distribuição real desses direitos pode indicar que na verdade existem duas classes de cidadania. A consciência em relação a essa contradição aumenta com o grau de escolaridade e o nível informacional dos indivíduos, somada ao fato de que a descrença com relação ao funcionamento das instituições políticas e de justiça pode levar à busca de objetivos culturalmente plausíveis por outras vias, ilícitas, na busca do interesse próprio, caracterizando o cenário de anomia (PAIXÃO, 1988). Desse modo, organizações criminosas podem criar discursos convincentes, apesar de meras racionalizações, sobre a ambiguidade do que é considerado certo ou errado, baseadas nas ideias de que "políticos são corruptos", "banqueiros são estelionatários", "fazendeiros e industriais são exploradores" e assim por diante, gerando um ambiente de aceitação moral por parte daqueles que ingressam nas carreiras criminosas. Ou seja, acima de tudo, trata-se "apenas" de mais uma atividade para "se ganhar o pão de cada dia", uma vez que os limites entre legal e o ilegal se torna opaco pelo estado de anomia. A impunidade é um forte indicador do grau de anomia de uma dada sociedade.

Outra questão relevante a ser considerada em relação à formação e fortalecimento das organizações criminosas é que as suas atividades têm de ser, em maior ou menor grau, aprendidas. São sistemas formados por pessoas que se especializaram em certo ofício. Assaltar um transeunte, vender cocaína ou assaltar um banco, assim como quaisquer outras atividades que demandam certa técnica, são ações que exigem, obviamente, uma aprendizagem. Por meio da interação com pares se aprende sobre práticas ilícitas. De acordo com a teoria da associação diferencial, grupos criminosos precisam socializar seus integrantes (SUTHERLAND & CRESSY, 1978). Através de relacionamentos próximos as pessoas aprendem: (A) técnicas criminosas; (B) as condições através das quais uma identidade negativa é apropriada (por exemplo, a manutenção de certo código de honra); (C) além de uma série de racionalizações (por exemplo: "não há mal em roubar algo que ninguém utiliza ou de alguém que tem demais"). Enfim, a associação diferencial diz respeito à frequência e intensidade da exposição a atitudes, crenças e valores que tornam mais provável a atuação em práticas criminosas a partir de relacionamentos pessoais.

É verdade que existem condições estimulantes para entrada no mundo do crime para além do incentivo dado pelo lucro associado às atividades ilícitas. Uma sociologia adequada dos grupos criminosos deve considerar os aspectos estruturais da sociedade que favorecem a sua emergência (teoria

122

da anomia) e as condições de aprendizagem das atividades criminosas (teoria da associação diferencial), de modo a reforçar e complementar o enfoque puramente econômico das causas da criminalidade.

Abordagens econômicas e visões empresariais sobre as atividades criminosas têm sido desenvolvidas desde a década de 1960 (FLEISHER, 1963, EHRLICH, 1973, BECKER, 1968). A ideia fundamental lançada por Gary Becker sugere definir o crime como uma atividade econômica, portanto racional, apesar de ilegal. O agente comete o ato criminoso se a utilidade por ele esperada excede a utilidade que teria na alocação de seu tempo e recursos em atividades lícitas. Alguns indivíduos tornam-se criminosos não pelo fato de suas motivações serem completamente distintas daqueles que não são criminosos, mas porque sua percepção dos custos e benefícios do ato delituoso é diferenciada.

Como quaisquer agentes orientados pelo ganho econômico, há vantagens para os indivíduos atuantes em carreiras criminosas se vincularem em organizações. Segundo Melo (2015: 25):

> Uma questão pertinente é por que organizar. A resposta é a mesma que se aplica a firmas lícitas. Organizar pode ser a maneira de estabelecer e preservar uma relação de longo prazo quer com clientes, quer com fornecedores. Há vantagens em negócios em que se é conhecido dos parceiros ou em que se conhecem os parceiros, tanto em termos de credibilidade e confiança, como em termos de práticas que se tornam mutuamente conhecidas. A relação de longo prazo também torna econômico bancar certos custos de instalação das atividades – aqueles que se executam uma vez só para viabilizar igualmente poucas ou muitas transações. Outra razão é que organizar pode tornar viável grande escala ou complexidade de algumas etapas de aquisição ou de produção.

A referência definitiva, portanto, para análise das atividades e expansão do crime organizado é o ambiente de negócios, em cenários de alta complexidade nos quais, muitas vezes, fenômenos econômicos e sociais de alcance transnacional são os fatores estruturantes. Dessa forma configuram-se verdadeiras firmas que, por meio de estratégias para gerar vantagens competitivas, visam lucros e poder. Com esse fim, o recurso utilizado não raras vezes é o uso da força. Porém, o emprego da violência e da coerção como insumos produtivos não constitui o principal fator de distinção entre empresas lícitas e ilícitas. A lista é maior. A produção pode ser ilícita por vários motivos, com várias combinações possíveis: uma empresa criminosa pode adquirir insumos de uma forma ilícita, mas transformá-los produtivamente e fornecer bens aparentemente lícitos; pode obter insumos de forma lícita, mas produzir de forma ilícita; ainda pode fornecer produtos lícitos de forma ilícita, dentre outras possibilidades. A produção pode ser ilegal por burlar códigos ambientais, trabalhistas ou da vigilância sanitária. Também pode se dar, formalmente, em moldes legais, mas o produto ser adulterado, como, por exemplo, um medicamento ou uma bebida (Melo, 2015: 24). Enfim, uma empresa ilegal pode ter muito mais versatilidade, sendo-lhe abertas possibilidades de lucro vedadas para aquelas que atuam legalmente.

Em um mundo globalizado, com mudanças e inovações tecnológicas que ocorrem de maneira tão veloz e dinâmica, novas oportunidades para empreitada criminosa surgem no mesmo ritmo. Em um processo sucessivo e crescente, para cada dispositivo de segurança disponibilizado, abre-se mercado para um novo produto ilegal, capaz de burlar o sistema produzido pela indústria legal. Dessa forma, os atores motivados para o crime buscam continuamente ocupar novos espaços, em um ambiente de alta competitividade. Diante disso, quais contornos deveriam caracterizar a atuação dos órgãos estatais de controle da criminalidade organizada?

3. Por uma visão estratégica: importância das atividades de inteligência policial

Se as organizações criminosas são inovadoras, as polícias não têm outra opção: precisam ser ainda mais eficazes nesse quesito. Analisando essa questão, Luiz Eduardo Soares chegou a um diagnóstico pessimista em seu livro *Segurança tem saída* (2006). Segundo o autor, destacam-se dois grandes problemas na segurança pública no Brasil: a inadequação ou ineficácia da gestão no setor e a forma obsoleta de suas estruturas corporativas. Um modelo de gestão empresarial seria uma condição necessária, ainda que não suficiente, para se aprimorar as atividades de enfrentamento ao crime organizado no país. Nesse contexto, atividades de Inteligência adquirem alta relevância, em face do alto grau de diversificação e complexidade inerente à tarefa de repressão e prevenção do crime organizado.

A Inteligência é útil para o planejamento de estratégias de ação de todos os órgãos de segurança pública em seus processos decisórios, sendo a inteligência policial um subconjunto das atividades de inteligência estatal. Apesar de serem conceitos correlatos e de fato complementares, é preciso distinguir a investigação criminal da inteligência policial. A investigação policial se refere a procedimentos técnicos que devem ser empreendidos para que, após o cometimento de um delito, possa haver apuração dos fatos e o levantamento de subsídios que sustentem a ação criminal. Trata-se, portanto, de uma atividade *reativa*, integrante da persecução penal, utilizada para determinar se há provas sobre a existência do fato, sua caracterização como crime e sua possível autoria. A produção do trabalho de investigação é destinada ao inquérito policial e, posteriormente, aos autos do processo penal, em reação do Estado à ação criminosa. Já a Inteligência é uma atividade *proativa*, caracterizada pela busca constante de informações que, uma vez organizadas, tornam-se disponíveis para auxiliar a tomada de decisões.

A investigação criminal tem, por natureza, a função de fornecer subsídios para repressão de delitos já ocorridos. Em oposição, a Inteligência pode auxiliar tanto ações preventivas quanto repressivas da criminalidade. Refere-se à reunião de informações e à produção de conhecimento a partir do estabelecimento de correlações entre fatos delituosos, ou situações de imediata ou potencial influência sobre eles, estabelecendo padrões e tendências da criminalidade em determinado contexto histórico de alguma localidade ou região (FERRO, 2006). Pode, portanto, ser vista inclusive como atividade complementar à investigação de delitos, fornecendo elementos que permitem a compreensão do *modus operandi* de agentes criminosos dentro de uma moldura maior, com o apoio de *softwares*, georeferenciamento e técnicas estatísticas.

Enquanto a investigação criminal propriamente dita consiste em atividade de competência exclusiva das polícias judiciárias, a *expertise* em Inteligência pode e deve ser desenvolvida para assessorar, inclusive, as ações de policiamento ostensivo, por meio da análise, compartilhamento e difusão controlada de informações[7]. Permitem a compreensão de um conjunto de fatores que incidem sobre o comportamento criminoso em determinados contextos locais ou regionais. Isso ocorre por meio da análise criminal, interdisciplinar e qualificada, com base nos dados fornecidos

---

[7] Constitucionalmente, entre as polícias estaduais, as polícias civis são encarregadas das atividades de investigação (polícia judiciária). Já à polícia militar cabe principalmente o policiamento preventivo e repressivo nas áreas públicas (polícia ostensiva).

CRIMINALIDADE ORGANIZADA

por diversas fontes, como ocorrências policiais e informações produzidas no decorrer das investigações. Mesmo aquelas que não venham a compor o inquérito ou a denúncia, podem ser armazenadas de forma a servir de subsídio para tomada de decisões futuras.

O trabalho de inteligência pressupõe a capacidade crítica, por parte dos profissionais da área, de preencher lacunas de informação com julgamento analítico. Ao invés de atuar sobre incidentes de uma forma isolada e limitada, a inteligência policial, se mais utilizada, poderia orientar as atividades dos policiais para diagnósticos situacionais mais detalhados, de longo prazo, possibilitando melhor alocação de recursos para o combate ao crime e manutenção da ordem:

> (...) mesmo com o avanço da Doutrina Nacional de Inteligência de Segurança Pública, permanecem nebulosos os contornos ou marcos fronteiriços entre investigação e Inteligência, havendo em certa medida, na prática policial, um perigoso reducionismo da Inteligência ao auxílio da investigação para descoberta de autoria e a demonstração de materialidade de crimes já ocorridos (...). Com acerto e precisão, todavia, (...) seria equívoco pensar que a solução para os problemas da criminalidade está na proliferação dos organismos de Inteligência Criminal, sem a devida estruturação e sem a orientação de seus trabalhos de acordo com os conhecimentos inerentes à Inteligência mundialmente reconhecida como tal (BRANDÃO, CEPIK, 2013: 215-6).

Ou seja, os órgãos de segurança pública não podem operar com uma visão restrita de conhecimento. Não é útil a qualquer organização ser um grande repositório de informações, se não for capaz de torna-las conhecimento acionável em seu processo decisório, como insumo para seu desenvolvimento, indicando opções acertadas para investimentos dentro de uma visão prospectiva, antecipando dificuldades e desafios que se interpõem à consecução de seus objetivos. A quantidade de dados acumulados pelas polícias brasileiras é grande, mas dispersos, de modo que é necessário haver interesse em recuperá-los e transformá-los em orientação útil para lidar com qualquer tipo de crime, mas principalmente com a criminalidade organizada, como os tráficos de drogas e de armas, o que muniria as polícias com estratégicas mais eficientes para cumprir o seu papel. Isso só é possível com a criação de um programa sistemático de reunião e análise de informação sobre as modalidades de atividade criminosa e as tendências sobre a expansão de seus nichos de mercado, monitoramento das incertezas que podem causar grandes mudanças nas formas de atuação dos agentes criminosos e das evoluções tecnológicas que podem propiciar o surgimento de novas modalidades de delito.

A cooperação entre as polícias e os serviços de inteligência dos diferentes países que compartilham dos mesmos problemas relacionados à rota dos tráficos ilegais também é imprescindível. Vale lembrar que pelo Brasil passam rotas importantes das atividades do crime organizado. A droga produzida nos países andinos e destinada ao mercado consumidor europeu e estadunidense, por exemplo, passa em larga escala pelo território brasileiro. Além disso, o Brasil costuma ser utilizado por organizações criminosas vinculadas à prostituição, ao tráfico de escravas brancas e, ainda, é alvo do tráfico de animais e plantas e da biopirataria. Portanto, para a produção de conhecimentos de inteligência eficazes, é necessário o intercâmbio de dados entre os órgãos de inteligência sobre rotas, pessoas envolvidas em atividades criminosas e tipologias desenvolvidas pelo crime organizado (BRITO, 2007).

A intensificação da troca de informações possibilitaria o desenho de programas mais eficientes e eficazes na área:

> As informações constituem o insumo básico para o trabalho das organizações de segurança pública, e a forma como elas a produzem, organizam, disponibilizam e utilizam é que determinarão a natureza e efetividade das atividades desenvolvidas. Modernos sistemas de gestão de atividades de segurança pública têm como base a utilização intensiva de informações para fins de planejamento e desenvolvimento de estratégias, bem com para o monitoramento e avaliação de resultados (BEATO FILHO, 2009:8).

Contudo, em grande medida essas informações estão dispersas, de posse de funcionários em agências de diferentes países. Isso faz com que o processo de transformação das informações em conhecimento útil para o desenvolvimento de ações estratégicas se torne complexo. Envolve relações de confiança mútua que não se desenvolvem de forma natural, espontânea. Essa confiança, que tem que ser construída e estruturada institucionalmente, consiste em pressuposto não somente para o sucesso das atividades na área de inteligência, como para quaisquer iniciativas de cooperação contra a criminalidade transnacional.

CRIMINALIDADE ORGANIZADA

O enfrentamento ao crime organizado demanda que a produção e o compartilhamento de informações ocorram de forma rápida e contínua, de modo a assegurar sua consistência e utilidade para a posterior elaboração de estratégias eficazes de ação preventiva e repressiva. As ações precisam se dar em escala estadual, federal e internacional. No caso específico do Brasil, é fundamental que sejam mantidos contatos diretos e constantes entre os órgãos de inteligência do país e seus congêneres da América do Sul, principalmente das nações fronteiriças. Esse trabalho de cooperação, contudo, é ainda muito incipiente (OLIVEIRA JUNIOR, SILVA FILHO, 2014).

Se a cooperação envolvendo intercâmbio de informações já é problemática ao nível interno dos países, em escala internacional ela se torna ainda mais prejudicada. Mesmo que acordos sejam celebrados entre países para o provimento de um bem público comum, é difícil precisar *a priori* a real intenção de cada governo em comprometer recursos fiscais com essa finalidade, dado que as relações internacionais são frequentemente pautadas por disputas e barganhas que envolvem outras esferas de interesse, cujos resultados podem mesmo inviabilizar a implementação daquela política pública. Ainda há uma desconfiança mútua entre as forças policiais de cada país, reforçada pelo desconhecimento acerca da consistência dos métodos, da intensidade do esforço e da confiabilidade de seus pares no outro lado da fronteira. Por fim, também existe a necessidade de envolvimento das Forças Armadas e outros órgãos superiores de inteligência, cuja sensibilidade a questões envolvendo a defesa nacional também constitui um sério óbice ao compartilhamento de informações.

Conclusão

Da mesma forma que as organizações criminosas estão sempre se modernizando, em um ambiente de alta competitividade e tecnologia, assim deve ser com as polícias. Sem desconsiderar outras iniciativas igualmente relevantes e urgentes de fortalecimento do sistema de segurança pública, considera-se que as atividades de inteligência policial devem ser aprimoradas para uma maior efetividade no controle das taxas de crime. Como afirma Brandão (2010, p. 17):

> (...) ainda não alcançamos no país um grau de especialização e proeminência capaz de gerar o que em outros países já se chama de policiamento liderado pela inteligência (*intelligence led-policing*). É crucial construir uma cultura capaz

ANÁLISE DA CRIMINALIDADE ORGANIZADA...

de perceber as respostas e os resultados operacionais imediatos que a atividade de inteligência pode fornecer e que depende fundamentalmente da sinergia produzida entre os ganhos tecnológicos viabilizados pela infraestrutura de tecnologia de informações e comunicações, pela riqueza dos bancos de dados e das informações entranhadas na própria atividade operacional (preventiva e investigativa) e pela capacidade analítica.

É grande a quantidade de dados acumulados pelas polícias e vários outros órgãos de Estado, como, por exemplo, a Receita Federal, a ABIN, o TCU, o Ministério do Trabalho, o Ministério do Meio-Ambiente e o IBAMA, dentre outros. É preciso haver interesse em reunir essas informações estratégicas e transformá-las em orientação útil para lidar com a criminalidade organizada. *Ao invés de atuar sobre incidentes de uma forma isolada e limitada, a inteligência policial, se mais utilizada, poderia orientar as atividades dos policiais para diagnósticos situacionais mais detalhados, de longo prazo, possibilitando melhor alocação de recursos para o combate ao crime organizado.*

Os órgãos de segurança pública não podem operar com uma visão restrita do uso da informação e do conhecimento. As organizações criminosas são o segmento mais beneficiado com as deficiências das atividades de investigação e inteligência policial. *Quanto maior for o investimento e concentração de esforços para compreender a lógica de atuação dessas organizações, em seus mais diversos aspectos, maior a probabilidade de inibir a expansão dos seus negócios, reduzindo os espaços para sua atuação.* Essa é a contribuição que precisa ser dada pelos insumos fornecidos pelas atividades de Inteligência. Essa concepção se dá dentro de uma visão da investigação e inteligência policiais enquanto atividades de orientação científica, que podem ser incrementadas à medida que se abrem à interdisciplinaridade e para as contribuições de outras áreas de conhecimento e pesquisa.

Referências

ADABDINSKY, H. **Organized crime.**Belmont: Wadsworth Cengage Learning, 2013
ALBANESE, J. S. **Transnational Crime and the 21st Century.** Oxford University Press, 2011
ARAUJO, Leonardo M. **Crime organizado transnacional: a face oculta do processo de globalização**. Monografia (Especialização em Relações Internacionais – Instituto de Relações Internacionais da Universidade de Brasília), 2009
BEATO FILHO, Cláudio C., Gestão da informação. **Segurança pública com cidadania**, vol 1, n. 2, pp. 8-47, 2009

CRIMINALIDADE ORGANIZADA

BECKER, G.S., Crime and Punishment: An Economic Approach, **Journal of Political Economy**, n.76, vol.2, p. 169-217, 1968

BRANDÃO, P. C. **A inteligência criminal no Brasil**: um diagnóstico. *In*: LATIN AMERICAN STUDIES ASSOCIATION INTERNATIONAL CONGRESS, 29., Toronto, Out. 2010

BRANDÃO, P. C., CEPIK, M. **Inteligência de segurança pública: teoria e prática no controle da criminalidade**. Niterói: Impetus, 2013

BRITO, Valteir Marcos de. **O papel da inteligência no combate ao crime organizado transnacional. Monografia** (Curso Superior de Inteligência Estratégica da Escola Superior de Guerra – ESG). Rio de Janeiro, 2007

CERQUEIRA, Daniel R. C. Causas e consequências do crime no Brasil. Tese (Doutorado em Economia – Departamento de Economia, Pontifícia Universidade Católica do Rio de Janeiro), 2011

DURKHEIM, E. **As regras do método sociológico**. São Paulo: Companhia Ed. Nacional, 1990.

EHRLICH, I. Participation in Illegitimate Activities: A Theoretical and Empirical Investigation", Journal of Political Economy, n.81, vol.3, p. 521-565, 1973

FAVARO, Luciano M. Globalização e transnacionalidade do crime. **Anais do XVII Congresso Nacional do CONPEDI**, pp. 8214-8223, Brasília, novembro de 2008

FERRO, A. L. Inteligência de segurança pública e análise criminal. **Revista Brasileira de Inteligência**, v. 2, n. 2, p. 77-92, abr. 2006

FLEISHER, B., The Effect of Unemployment on Juvenile Delinquency, **Journal of Political Economy**, n.71, vol.6, p. 543-555, 1963

MELO, V. Crime organizado: uma concepção introdutória. **Texto para Discussão**, n.2121, p.7-36, 2015

MERTON, Robert. "Estructura social y anomia" In: **Teoria y estructura sociales**. Ciudad del Mexico: Fondo de Cultura Economica, 1972

MINGARDI, G. Inteligência policial e crime organizado. *In*: LIMA, R. S.; PAULA, L. (Orgs). **Segurança pública e violência**. São Paulo: Contexto, 2008

OLIVEIRA JUNIOR, A. O., SILVA FILHO, E.,Cooperação internacional no combate à criminalidade: o caso brasileiro. In: NASSER, Reginaldo M.; MORAES, Rodrigo F. (orgs.), **O Brasil e a segurança no seu entorno estratégico: América do Sul e Atlântico Sul**. Brasília: IPEA, 2014

PAIXÃO, A. L. Crime, controle social e a consolidação da democracia: as metáforas da cidadania. *In*: REIS, F. W.; O'DONNEL, G. (Orgs.). **A democracia no Brasil – Dilemas e perspectivas**. São Paulo: Vértice, 1988

SAPORI, L. F. Sistema de justiça criminal e a manutenção da ordem pública. *In*:_____. **Segurança pública no Brasil:** desafios e perspectivas. Rio de Janeiro: FGV, 2007

SOARES, L. E. **Segurança tem saída**. Rio de Janeiro: Sextante, 2011

SUTHERLAND, E. & CRESSY, D. **Criminology**. Philadelphia: Lippincott, 1978

WERNER, Guilherme. **O crime organizado transnacional e as redes criminosas: presença e influência nas relações internacionais contemporâneas**. Tese (Doutorado em Ciência Política – Faculdade de Filosofia, Letras e Ciências Humanas, USP), 2009. Disponível em: http://www.teses.usp.br/teses/disponiveis/8/8131/tde--04092009-163835/

PARTE II: DIREITO

4. Criminalidade organizada: tópico juscriminológico supranacional

Manuel Monteiro Guedes Valente[1]

1. Enquadramento geral. Concetualização confusa e difusa. A quebra de confiança. A relação umbilical entre criminalidade organizada e o fenómeno do terrorismo. Efeitos negativos da desregulação e a interioridade global

Este nosso artigo não será muito longo. Não temos respostas nem soluções para a designada pela doutrina, pela jurisprudência e pelo legislador de *criminalidade organizada*. Desde já advirtimos o leitor de que não espere de nós qualquer solução ou proposta de solução demonstrativa, mas as linhas falibilistas com que sempre temos olhado e estudado os fenómenos sociais, económicos, políticos e jurídicos.

A **criminalidade organizada** é, no plano jurídico, muito em especial jurídico-criminal material, um **conceito confuso** e **difuso** e espelha a dinâmica global da sociedade atual, assim como gera um **temor exacerbado e incontrolável** sempre que os **meios de comunicação social** falam em **criminalidade organizada** ou em **associações criminosas** ou em **grupos**

---

[1] Doutor em direito. Professor de Direito e Processo Penal da Universidade Autónoma de Lisboa, do Instituto Superior de Ciências Policiais e Segurança Interna, da Escola Superior de Polícia – Academia Nacional da Polícia Federal, do Programa de Mestrado e Doutorado em Ciências Criminais da Pontifícia Universidade Católica do Rio Grande do Sul. Of-Counsel da Rogério Alves & Associados – Sociedade de Advogados.

criminosos ou em **bandos criminosos** sempre com **o mesmo sentido literário** e **jurídico**. Esta similitude concetual, na realidade, não tem o mesmo sentido jurídico nem a mesma dimensão social e muito menos a mesma *tipicidade, antijuridicidade* (ilicitude) e *censurabilidade* ético-jurídica (culpabilidade).

Mas existe uma associação fático-histórica entre a criminalidade organizada e o **fenómeno do terrorismo**, cujo 11 de setembro se afirmou como **"acontecimento histórico" para os** *mass media* (MANCINI 2006), e cujo 11 de março (Madrid, 2004) e 7 de julho (Londres, 2005) **mudaram** para sempre o **olhar** sobre a **liberdade**, a **justiça** e a **segurança** pela **quebra de confiança** da intercomunicabilidade subjetiva[2]. O princípio da confiança das relações humanas sociais, culturais, políticas e jurídicas evaporou-se com a admissão no sistema jurídico de alguns Estados da construção do ser humano como coisa ou do ser humano objeto da ação penal, que legitima no quadro persecutório medidas de intervenção policial e judiciária ajurídicas e aconstitucionais.

O tópico *criminalidade organizada* e o tópico *terrorismo*, que, como já dissemos, têm sido associados, ganharam **elevada dimensão** na proliferação de uma **política do medo** e da **incerteza** ou da **ameaça**.

Esta aceção coloca em cima da mesa os *efeitos negativos da globalização e glocalização desregulada*, cujo efeito real se manifesta na ***desfocagem social*** [deixa de haver uma axiologia conceitual social – "desaparece a distinção entre inimigo e amigo, soldado e civil, guerra e paz" (BECK)], na ***desterritorialização das ameaças*** [criminalidade organizada e terrorismo globalizam-se, organizam-se e interligam-se por meio das novas tecnologias (BECK)] e na ***desfocagem ou liquidificação dos perigos*** [toda a criminalidade associada a estes fenómenos tem vários atores, em vários tempos e vários espaços e com vários objetos de trabalho ilícito – tráfico internacional de droga, de armas, de seres humanos, de órgãos humanos, corrupção, branqueamento de bens[3] – e outros fenómenos naturais como alterações climáticas que se expressam diariamente (BECK)].

---

[2] Não queremos destronar a ideia de Faria Costa e Figueiredo Dias da *intersubjetividade comunicativa*, mas tão-só reverter o quadro axiológico no sentido de que a comunicabilidade se afirma num contexto sistemático inter no campo único da subjetividade de cada um de nós.

[3] Veja-se o artigo 83.º, n.º 1 do Tratado de Funcionamento da União Europeia.

CRIMINALIDADE ORGANIZADA: TÓPICO JUSCRIMINOLÓGICO SUPRANACIONAL

Tudo está em cima da mesa e o mundo terrestre deixou de ser internacional. Passou a ser um *espaço interior global*. A **globalização da vida humana gerou um só espaço interior global** onde todos nós circulamos e assumimos a necessidade de uma nova ordem jurídica supranacional, a admitimos política e juridicamente e a integramos na ordem jurídica de cada Estado.

Mas o conceito de **criminalidade organizada** é muitas vezes **confundido** com a designada **criminalidade de massa** e promove uma **esquizofrenia legislativa interna** para apetrechar os meios formais de controlo de instrumentos jurídicos de reação aos fenómenos criminais de massa com a ideia de que estamos no quadro da criminalidade organizada: *v. g.*, crimes violentos, roubos, furto de automóveis, tráfico de droga de distribuição direta.

Acresce a esta panóplia tópica outra que se confunde com a criminalidade organizada: a **criminalidade itinerante** que assenta a sua base de apoio operacional e funcional nos pequenos delitos (crimes com uma moldura penal até 5 anos de prisão) e desenvolve-se em cidades de um só Estado e /ou, também, espalha-se por várias cidades de vários Estados soberanos. Poder-se-ia dizer que estamos, no âmbito jurídico, perante uma **criminalidade estruturada itinerante transnacional**, mas não se nos afigura adequado designá-la de criminalidade organizada itinerante transnacional.

Esta concetualização confusa e em nada objetiva serve tão-só para promover uma **população em sobressalto**, germina a ideia de uma criminalidade assente em **uma ameaça difusa, interna** e externa (sem controlo emocional, político e jurídico ou, melhor, sob um controlo líquido) e, em simultâneo, semeia «medo» por demonstração de **impotência do Estado** na sua prevenção e repressão (HASSEMER 1995: 91-92).

Contudo este **fenómeno**, que se enquadra na designada **criminalidade de rua** ou de **massa**, projetado pelos *mass media*, **não pode deturpar o investigador** e **cientista** na **prevenção** e na **repressão de um "crime organizado"** que, no fundo, **não tem os elementos político-criminais, criminológicos e jus criminais que justifiquem** a **intensificação**, a **ampliação** e a **proliferação** de **meios de investigação** promotores de uma total devassa dos direitos e liberdades fundamentais, assentes e germinadores de uma **visão distorcida** da prevenção e repressão da verdadeira criminalidade organizada. O que temos, em essência, é uma *criminalidade estruturada* e muito longe da verdadeira criminalidade organizada [aquela

CRIMINALIDADE ORGANIZADA

que os operadores do Estado não conseguem prevenir e nem reprimir por os agentes da mesma dominarem parte ou partes ou no todo os sistemas de poder do Estado].

2. Análise doutrinária na linha do pensamento hassemeriano. Uma conflitualidade concetual e desenfreada. A teoria de tudo (o nada). O afastamento dos critérios tradicionais

O tópico *criminalidade organizada* é utilizado como **instrumento político-legislativo** e insere-se no **discurso do *panéon*** e no **discurso da implementação de uma reversão do Direito penal do fato para o Direito penal de autor**, designado por muitos de Direito penal do inimigo[4].

Este **pensamento** é, de forma contundente, **projetado** no e contra interior daqueles que defendem o **Direito penal garantista**, desenvolvido e descortinado com uma elevada profundidade e grandeza filosófico-política e filosófico-jurídica por LUIGI FERRAJOLI[5], e contra o nosso **Direito penal do ser humano**[6], assim contra os defensores do *Direito penal do fato* e/ou do *Direito penal do bem jurídico* sempre que haja a pequena hipótese de falar sobre um fenómeno criminal que revista alguma dificuldade de prevenção, de atividade investigativa e repressiva. Opta-se, sempre, pelo discurso fácil e recaímos sempre em redundâncias acientíficas e ajurídicas que bloqueiam no futuro a prevenção, a repressão desde o início da investigação e a posterior repressão por parte do Tribunal. Não podemos esquecer o sinalagma jus filosófico e físico-matemático: *o tudo é nada*. Ou seja, *tudo é criminalidade organizada e nada é criminalidade organizada.*

A massificação de um ser ou de uma coisa ou de uma edificação jurídica gera uma inutilização ou neutralização automática da negatividade intrínseca a essa conduta: neutraliza a *censurabilidade* ético-jurídica

---

[4] Quanto ao Direito penal do inimigo, história e assunção atual, o nosso (2016). *Direito Penal do Inimigo e o Terrorismo. O «Progresso ao Retrocesso».* 2.ª Edição. São Paulo: Almedina Brasil Lda..

[5] A obra de LUIGI FERRAJOLI assenta na teoria do garantismo penal, destacando-se como referência (2005). *Derecho y Razon. Teoría del Garantismo Penal.* Tradução do italiano *Diritto e Ragione. Teoria del garantismo penale* de Perfecto Andrés Ibáñez et Alii. Madrid: Editorial Trotta.

[6] Quanto ao Direito penal do Ser Humano, integrado em uma política criminal que coloca no centro da discussão científica o rosto do Ser Humano, o nosso (2013). *Do Ministério Público e da Polícia. Prevenção Criminal e Acção Penal como Execução de uma Política Criminal do Ser Humano.* Lisboa: UCE.

(culpabilidade), neutraliza a *antijuridicidade* (ilicitude), neutraliza a *tipicidade*. A teoria de tudo evapora, ôntico (ser) e ontologicamente (conteúdo do ser), toda e qualquer assunção material de crime e deslegitima a assunção penal processual.

Para compreensão destas nossas ideias iniciais (destinadas a reforçar a dúvida sobre a nossa sanidade ou sobre a sanidade do legislador), avoco para o nosso debate o pensamento de WINFRIED HASSEMER[7], cujas posições jus doutrinárias são diabolicamente críticas e fortes para nos colocar a refletir sobre um tema muito sério: a criminalidade organizada como um tópico jurídico supranacional com raízes localizadas e embrenhadas nas estruturas dos poderes públicos e privados dos Estados. Só existe criminalidade organizada quando o Estado se vê incapaz e incompetente de e para prevenir e reprimir as atividades criminosas desses grupos invisíveis.

HASSEMER alertou para o **perigo** que existia na **tipificação** ou na **verbalização jurídica** do **conceito** de **criminalidade organizada** quando, na realidade, estamos a **falar de criminalidade de massa** e poder-se-á dizer que **não há consenso** quanto à tipologia deste fenómeno que é utilizado para reforçar e promover meios intrusivos desproporcionais de investigação criminal e para legitimar um controlo a distância de todos os cidadãos. Este discurso disforme e controverso tem germinado a semente amplificadora da teoria do direito penal do inimigo.

Os **critérios** de «**participação de bandos bem organizados**» ou de «**atividade criminosa habitual e profissional**» nãopodem ser avocados como os principais **elementos caracterizadores** da criminalidade organizada. Podem ser critérios de toda a tipologia criminal: bagatela, localizada, itinerante, complexa, especializada, violenta, estruturada e organizada.

Como escreve HASSEMER (1995: 91-93), estes **elementos** caraterizadores encontram-se na **criminalidade de massa, diária** e em t**odas as formas de criminalidade**. Desta feita, poder-se-á afirmar que **são critérios correntes** e não especializados e específicos identitários da prática de crime organizado, pelo que dão a um assunto tão sério – criminalidade organizada – um ar supérfluo.

Podemos afirmar que esses critérios tradicionais diminuem a complexidade e a elevada especialidade criminógena inerente ao verdadeiro crime

---

[7] Ilustre pensador do Direito, jus penalista e constitucionalista alemão, Ministro do Supremo Tribunal Federal Alemão – Karlsruhe – que faleceu no dia 10 de janeiro de 2013.

CRIMINALIDADE ORGANIZADA

organizado e afastam quaisquer argumentos na qualificação jurídica dos tópicos jurídicos. Retiram a fundamentação de que se precisa de alterar a teoria da lei penal ou a teoria do crime, e ainda os meios persecutórios – pressupostos materiais e formais –, para melhorar a prevenção e a repressão dessa criminalidade.

3. O quadro jurídico conceitual intrínseco aos códigos e legislação avulsa penais. A construção (a)jurídica (e política) das Nações Unidas – A Convenção de Palermo. Os critérios axiomáticos da dogmática penal dos últimos 40 anos. A nossa posição

3.1. Análise global jurídico-criminal positiva. A conflitualidade discursiva dogmático-jurídico-criminal. A necessária descida ao discurso dogmático

Os códigos penais e a legislação penal de cada Estado têm uma nomenclatura topológica jurídica adequada a gerar uma conflitualidade concetual e uma incerteza interpretativa jurídico-criminal e constitucional. Têm optado por uma construção adequada a violar o princípio constitucional material da segurança jurídica.

Todos os códigos penais têm o crime de **associação criminosa** e, até há poucos anos atrás (2003), previam e puniam o crime de **organização terrorista**[8]. A dificuldade de tipificação objetiva do tipo legal de crime sobre a dimensão organizacional ou estrutural da associação criminosa – se quatro (4), se três (3) ou se bastavam dois (2) seres humanos para se considerar que estávamos perante uma associação criminosa – manteve-se nas outras nomenclaturas jurídico-tópicas.

A Lei Prevenção e Repressão do Tráfico e Consumo de Drogas – Convenção de Viena de 1988 na linha da Convenção de Viena de 1961 – não só rebusca e reorganiza o tópico **associação criminosa**[9] como reintroduz no discurso jurídico-criminal o tópico jurídico de **bando** criminoso[10].

---

[8] Sobre este assunto o nosso (2003 & 2004). Terrorismo: Restrição de Direitos (?). In: Adriano Moreira (Coord.). *Terrorismo*. 1.ª e 2.ª Edição. Coimbra: Almedina, pp. 375-413 e 419-457.

[9] Cf. artigo 28.º [*associação criminosa*] do Decreto-Lei n.º 15/93, de 22 de janeiro.

[10] Cf. alínea *j*) do artigo 24.º [*agravação*] do Decreto-lei n.º 15/93, de 22 de janeiro: «O agente actuar como membro de *bando* destinado à prática reiterada dos crimes previstos nos artigos 21.º e 22.º, com a colaboração de, pelo menos, outro membro do bando». Itálico nosso.

O legislador, internacional (ONU) e nacional, optou por considerar a **associação criminosa** e o **bando criminoso** como *elementos objetivos qualificantes* **dos crimes subjacentes** ao tráfico e produção de drogas e conectores. Esta opção, que nos parece ser demasiado americana e sem construção dogmática e sem qualquer fundamento político-criminal, tem trazido alguma discussão dogmática que se reflete na atividade concreta dos operadores judiciários.

Desde logo e no plano da teoria da lei penal, existem situações que geram, quanto à associação criminosa, um conflito de normas ou um concurso aparente de crimes que obriga, sem dúvida, a socorrermo-nos da dogmática penal para saber se no caso concreto aplicamos a alínea qualificante do normativo da lei da droga ou se aplicamos o normativo do código penal que prevê o crime de associação criminosa.

Impõe-se, sem qualquer margem de dúvida, que avoquemos os princípios da especialidade, da subsidiariedade e da consunção para resolução deste conflito. Caso se opte pelo normativo do código penal, impõe-se ao jurista penal que se concentre no debate sério em um outro concurso, este já não aparente ou de normas, mas concurso efetivo: entram na mesma equação jurídica o crime de associação criminosa e o crime de tráfico de droga.

Face a este emaranhado concetual e topológico-criminal, perguntamo-nos qual será o resultado efetivo final: condenação em concurso efetivo de crime de tráfico de droga e de crime de associação criminosa ou por um só crime de acordo com as regras e princípios da solução de conflitos de normas ou de concurso aparente de normas (?); ou absolvição (?) por incapacidade probatória de preenchimento dos elementos objetivos do tipo legal de crime; ou absolvição (?) por violação do princípio da segurança jurídica e, como consequência, por estarmos perante uma inconstitucionalidade material.

Podemos, da mesma forma, verificar esta mesma promissora confusa relação jurídica entre o presumível *crime base* – p. e., branqueamento de património, tráfico de armas, tráfico de droga, tráfico de seres humanos – e a ação ou atividade *de criminalidade organizada*: estaremos perante um concurso efetivo (real) de crimes ou um concurso aparente ou de normas. Esta complexidade agrava-se face à massificação legislativa sobre temas fenomenológico-jurídicos tão próximos que exigem um juízo e discurso de pura filigrana legiferante. Desde logo existe a interrogação: qual dos tipos é o tipo legal de crime base?

CRIMINALIDADE ORGANIZADA

A resposta é, de certeza, crucial para identificarmos e determinarmos o concurso: se concurso efetivo de crimes, se concurso legal aparente ou concurso aparente de normas (designado, também, por conflito de normas, concurso legal ou problema de *relação lógico-jurídica* de normas que gera uma *unidade de norma ou de lei*[11]), ou se concurso aparente de leis, seguindo a teoria das relações de hierarquia entre os preceitos penais[12].

Será que a norma do tipo legal de crime de *criminalidade organizada* afasta as demais normas incriminadoras de condutas de tipos legais de crimes – por meio da consunção, da especialidade ou da subsidiariedade – ou estaremos antes perante um concurso real de crimes e os agentes devem responder por cada uma das condutas individual e jurídico-criminalmente consideradas? Veja-se, como exemplo, o tratamento da tipologia terrorismo pela lei positiva penal.

Em todas as atuais leis de prevenção e repressão do terrorismo temos o **crime de organização terrorista** cujo debate político-criminal e dogmático temos feito há mais de 15 anos. Claro está que o princípio da especialidade e da consunção solucionam o conflito de normas – associação criminosa e organização terrorista –, como já acontecia nos tempos em que as tipologias criminais eram previstas e punidas pelo código penal. Mas o problema jurídico-dogmático entra em campo sempre que um diploma supranacional, implementado internamente pelos Estados soberanos, integra como tipologia de *criminalidade organizada* a tipologia *terrorismo*, que inclui a organização terrorista. Impõe-se um trabalho de filigrana que nem sempre é aceito e admitido pelo povo detentor do poder de punir do Estado.

---

[11] Cfr. GERMANO MARQUES DA SILVA. 2010. *Direito Penal Português I – Introdução e Teoria da Lei Penal*. 3.ª Edição. Lisboa: Babel/Verbo, pp. 348-354; JORGE DE FIGUEIREDO DIAS. 2007. *Direito Penal. Parte Geral* – Tomo I – *Questões fundamentais. A doutrina geral do crime*. 2.ª Edição. Coimbra: Coimbra Editora, pp. 992-994; LUIZ FLÁVIO GOMES e ALICE BIANCHINI. 2015. *Curso de Direito Penal*: Parte Geral (arts. 1.º a 120). Salvador: Editora JUSPODIVM, pp. 104-109; e, em especial, HANS-HEINRICH JESCHECK e THOMAS WEIGEND. 2002. *Tratado del Derecho Penal. Parte General*. Tradução do alemão *Lehrbuch des Strafrechts: All. Teil* de Miguel Olmedo Cardenete. Granada: Editorial Comares, S.L., pp. 775-795 (quanto à teoria da *unidade da lei penal*e respetiva resolução jurídico-criminal, pp. 788-794).

[12] Veja-se, com base na discussão de HONIG, EDUARDO CORREIA. 1996. *A Teoria do Concurso em Direito Criminal*. Coimbra: Almedina, pp. 125-126.

3.2. A Convenção das Nações Unidas Contra o Crime Organizado. Os critérios dominantes e o critério dominante: organizativo. Os critérios: fechado, aberto e remissivo. Um conceito ajurídico, acientífico e tecnicamente deficitário

Veja-se a **Convenção das Nações Unidas Contra o Crime Organizado** (CNUCOT), cuja tipologia terrorismo integra a tipologia de crime organizado por meio da pena abstrata aplicável ao fato humano negativo típico, ilícito e culpável, e por meio do espaço e efeitos do ato delinquente, por força do artigo 3.º conjugado com o artigo 5.º. Agrava-se quando o legislador nacional, na lei de implementação, opta por uma **multiplicidade concetual**: *grupo terrorista*, *organização terrorista* ou *associação terrorista* (n.º 1 do artigo 2.º da Lei do Combate ao Terrorismo portuguesa), quando a decisão quadro que esta lei implementa nos fala de *grupo terrorista* e em *associação estruturada terrorista* no mesmo normativo (n.º 1 do artigo 2.º da DQ 2002/475/JAI), mas centraliza a ação de direção e de participação no tópico *grupo terrorista* (n.º 2 do artigo 2.º da DQ 2002/475/JAI).

Quanto ao que nos diz mais respeito, veja-se que a CONUCOT se embrenha em um emaranhado concetual que nos provoca incerteza quanto aos tópicos: grupo organizado [al. *a*) do artigo 2.º] e grupo estruturado [al. *c*) do artigo 2.º].

O legislador supranacional promove confusão tópico-jurídica ao considerar que um *grupo criminoso organizado* é um *grupo estruturado*, sendo que este apresenta uma construção jurídica própria e diferente da de grupo criminoso organizado. Ora vejamos:

O **grupo criminoso organizado** é um «**(a)** grupo estruturado de **(b)** três ou mais pessoas, **(c)** existindo durante um período de tempo e **(d)** atuando concertadamente com a **(e)** finalidade de cometer um ou mais crimes graves ou infrações estabelecidas na presente Convenção, com a **(f)** intenção de obter, direta ou indiretamente, um benefício económico ou outro benefício material», conforme al. *a*) do artigo 2.º da CNUCOT. Conquanto **grupo estruturado** é um «**(a)** grupo **(b)** formado de maneira não fortuita para a **(c)** prática imediata de uma infração e cujos **(d)** membros não tenham necessariamente funções formalmente definidas, podendo **(e)** não haver continuidade na sua composição **(f)** nem dispor de uma estrutura desenvolvida», conforme alínea *c*) do artigo 2.º da CNUCOT.

CRIMINALIDADE ORGANIZADA

Será que podemos afirmar que se enquadra nesta topologia a tipologia de associação estruturada terrorista? Continuando.

A concetualização positiva da CNUCOT de *grupo criminoso organizado* assenta em vários critérios legiferantes: organizativo [*a* e *b*]; temporalidade [*c*]; *modus operandi* [*d*]; teleológico [*e* (operativo); e *f* (beneficiário)]. A concetualização de *grupo criminoso estruturado* segue, de perto, a mesma linha legiferante: organizativo [*a*, *b*, *d* e *f*]; temporalidade [*e*]; teleológico-funcional [*c* (operativo)]. Como podemos aferir o *critério axiomático maioritário* é o *organizativo*.

Acresce, desde já frisar, que o critério axiomático teleológico beneficiário – «intenção de obter, direta ou indiretamente, um benefício económico ou outro benefício material» – [dolo específico], expresso para o grupo criminoso organizado, é demasiado redutor, tendo em conta que, no quadro de alguma atividade criminosa transnacional, a intenção não se centra em obter vantagem económico-financeira ou material, mas sim a ocupação de espaços vazios de poder ou a conquista de poder, assim como a propagação de uma ideologia política, religiosidade fanática, ou, simplesmente, o medo esquizofrénico por meio de atos terroristas.

Mas se olharmos com atenção o inciso i) da alínea *a*) do n.º 1 do artigo 5.º da CNUCOT aferimos que podemos ter um *grupo criminoso* com apenas **uma pessoa**, entrando em contradição com a al. *a*) do artigo 2.º da mesma Convenção por meio do critério da atividade criminosa consumida ou a consumir. É de todo preocupante esta incerteza e incompletude legiferante que pode paralisar a prevenção e a repressão da criminalidade organizada. Nada pior do que termos uma legislação que não respeita o princípio da segurança jurídica.

Face ao exposto, podemos afirmar que a **CNUCOT não nos apresenta um conceito harmonizador de crime organizado** ou **criminalidade organizada**. Opta por se afastar da *atividade propriamente dita*, base do conceito da terminologia em estudo, e por se fixar no elemento organizativo como se afere do tópico *grupo criminoso organizado*.

E, como agravo, opta por apresentar duplicidade conceitual organizativa: grupo criminoso organizado e grupo estruturado, promovendo uma conflitualidade interpretativa jurídica quanto aos elementos objetivos do tipo. Já para não falarmos da relação de qualificante (ou não) ou de agravante (ou não) em relação ao tipo legal/tipos legais de crime base da atuação do grupo criminoso organizado ou grupo criminoso estruturado.

CRIMINALIDADE ORGANIZADA: TÓPICO JUSCRIMINOLÓGICO SUPRANACIONAL

O *critério organizativo* domina toda a concetualização positiva penal: p. e., as alineas *a*) e *c*) do artigo 2.º influenciam os incisos i) e ii) da alinea *a*) do n.º 1 do artigo 5.º da CNUCOT.

A CNUCOT centraliza-se, no âmbito jurídico-criminal e de forma aparente, na *criminalidade económica e financeira*, como se pode aferir *in fine* al. *a*) do artigo 2.º , do artigo 6.º [branqueamento do produto do crime], e do artigo 8.º [corrupção] da CNUCOT.

Mas a CNUCOT tem uma aplicação muito mais ampla do que o fim ou benefício económico ou outro benefício material, como se pode aferir da al. *b*) do n.º 1 do artigo 3.º ao integrar os *crimes graves* que, nos termos da al. *b*) do artigo 2.º, são *crimes puníveis com pena privativa de liberdade de duração não inferior a 4 anos*. Podemos afirmar que a CNUCOT, quanto ao âmbito de aplicação típica, opta pelo método fechado e pelo método aberto no âmbito jurídico-criminal. Ora vejamos.

O artigo 3.º da CNUCOT estipula as tipologias criminosas que podem enquadrar o crime organizado pelo *método fechado* – branqueamento de capitais, corrupção [al. *a*) do n.º 1 do artigo 3.º] – e pelo *método aberto* – prática de infrações graves, sendo estas todas as que sejam punidas com pena privativa da liberdade de 4 ou mais anos de prisão [al. *b*) do n.º 1 do artigo 3.º conjugado com a al. *b*) do artigo 2.º]. O carácter transnacional do crime organizado ou estruturado afere-se da *prática plurilocalizada soberana* – ação, preparação planeamento ou controlo destes [alíneas *a*), *b*) e *c*) do n.º 2 do artigo 3.º] – dos *efeitos plurilocalizados do crime* [al. *d*) do n.º 2 do artigo 3.º].

Refira-se que o próprio artigo 3.º, conjugado com o artigo 5.º, amplia o objeto e o conceito de crime organizado, porque qualquer infração pode enquadrar o conceito de crime organizado ou organização criminosa através da promoção, pelo método passivo, da ampliação do conceito ao admitir *ampliação da finalidade* como se afere do n.º 2 do artigo 5.º: o conhecimento, a intenção, a finalidade, a motivação ou o acordo.

Poder-se-á dizer que a CNUCOT segue o *método aberto* e o *método remissivo* quanto ao enquadramento do âmbito de intervenção: tudo pode ser crime organizado desde que se enquadre no âmbito do *grupo estruturado* al. *b*) do art. 2.º da CNUCOT. Face a este ponto, um grupo de pessoas que se juntem para a prática de crimes de roubo durante uma noite pode ser enquadrado no âmbito da criminalidade organizada.

Como havíamos frisado, a CNUCOT assente com maior veemência no critério axiomático organizativo e não no critério axiomático da ação

CRIMINALIDADE ORGANIZADA

– *modus operandi* – nem no critério axiomático aberto teleológico funcional [que, como já vimos, é demasiado redutor]. Opta, assim e maioritariamente, por um critério confuso e incerto na fenomenologia organizativa:

- al. *a*) do artigo 2.º: três ou mais pessoas
- al. *c*) do artigo 2.º: não indica número de pessoas (podem ser duas ou mais)
- al. *a*) do artigo 5.º: o entendimento entre ou com *uma* ou mais pessoas.

Ou seja, um grupo criminoso organizado pode ser composto por **uma pessoa** ou ser resultado do entendimento de duas pessoas. Esta aceção entra em conflito com vários tópicos fenomenológicos jurídico-criminais e, por essa razão, entra em conflito com o princípio da segurança jurídica por gerar conflitualidade com o tipo legal de crime *associação criminosa*.

O conceito de criminalidade organizada, que se pode aferir da CNU-COT, é um conceito ajurídico, acientífico e tecnicamente infeliz e em muito pouco respeita a técnica legislativa integrante do Direito como Ciência de justiça.

Considera-se que, em vez de se constituir como tipo legal de crime impreciso e confuso dogmático-jurídico, devia tão-só funcionar como elemento qualificante ou agravante do tipo legal de crime base da ação humana negativa exteriorizada prevista em lei (típica), antijurídica (ilícita) e reprovável (culpável). Consideramos que esta opção permitia aos atores judiciários dos Estados uma maior segurança jurídica e uma melhor aceção na prevenção e repressão desta criminalidade.

3.3. A teoria hassemeriana da criminalidade organizada. Os traços identitários de uma criminalidade organizada. A negação do Estado pela criminalidade organizada

WINFRIEDHASSEMER[13], um dois maiores críticos da funcionalização e instrumentalização da fenomenologia *criminalidade organizada* como base política de fundamento de ampliação dos meios de prevenção e de persecução criminal, tendo em conta que tudo estava a ser incrustado no espectro tipológico de criminalidade organizada, identificou e apresentou as seguintes

---

[13] Cf. WINFRIED HASSEMER. *A Segurança Pública* ..., pp. 94-97.

caracteristicas da criminalidade organizada: a *mutabilidade*, a *invisibilidade de vítimas diretas*, a *intimidação das vítimas diretas*, a *ação plurilocalizada* (nacional e extranacional), e a *multiplicidade simulatória*. Especifiquemos:

a) A criminalidade organizada é um fenómeno mutável. É uma tipologia criminal dotada de uma **mutabilidade** própria de uma *sociedade líquida* e do *risco*. Integra (ou movimenta-se ou promove) as tendências de mercado económico-financeiro (e industrial) nacionais e internacionais. A funcionalidade não é linear, é incerta e indeterminada. A sua mutabilidade permite integrar as mutações sociais, económicas, políticas e jurídicas e adaptar-se à dinâmica de cada tempo e espaço.

b) A criminalidade organizada é uma atividade criminosa que desenvolve muita da sua ação nas tipologias de **crimes sem vítimas imediatas, vítimas visíveis ou difusas**: p. e., os crimes de corrupção, de branqueamento de bens, tributários ou previdenciários, desvios de subsídios e de subvenções nacionais e internacionais, manipulação do mercado de valores mobiliários, tráfico de droga e de armas.
Já difere no tráfico de seres humanos e de órgãos humanos, cujas vítimas são identificáveis e determináveis: têm um rosto, um nome e uma presença física concreta.

c) A criminalidade organizada utiliza técnicas especializadas – físicas e psicológicas – de ***intimidação das vítimas visíveis* e *mediatas*** de modo a impedir que possam colaborar com a justiça criminal: p. e., crimes de extorsão em troca de uma prestação como a desenvolvida pelas máfias, como a Camorra ou a Cosa Nostra[14]. Podemos também aferir esta intimidação pessoal ou extensível a familiares no caso de tráfico de seres humanos e tráfico de órgãos humanos.

d) A atuação é ***plurilocalizada***. Tem uma atuação em bases tradicionais territoriais nacionais e em outros espaços que produz resultados não diversos. O resultado da sua atividade é idêntico, similar ou igual independentemente do território onde se planeja, se atua, e se ordena toda a operabilidade criminógena. Podemos apontar a

---

[14] Sobre esta organização mafiosa, GIOVANNI FALCONE e MARCELLE PADOVANI. 1992. *Cosa Nostra. O Juiz e os «Homens de Honra»*. Tradução do francês *Cosa Nostra. Le Juge et les «hommes d'honneur»* de J. Machado Maia. Lisboa: DIFEL.

CRIMINALIDADE ORGANIZADA

atuação em espaços que não a base, cujo resultado líquido se verifica na base e a lesão do bem jurídico se verifica no espaço não berço por meio da rede ou de células. A lesão do bem jurídico pode ser localizada ou plurilocalizada independentemente do local da ação humana [ou do local do desvalor da ação] que pode ser localizada ou plurilocalizada. A criminalidade organizada – a verdadeira criminalidade organizada – não tem uma (única) base territorial fixa.

e) A criminalidade organizada assume uma *multiplicidade de disfarce* e *simulação*. Não se conhecem os rostos dos atores do crime organizado, estão entre os demais cidadãos e integram a sociedade organizada social, cultural, económica, política e jurídica[15]. São invisíveis porque estão (são) visíveis. Temos criminalidade organizada quando o "braço com o qual pretendemos combater toda e qualquer forma de criminalidade esteja paralisado, ou seja, quando os poderes legislativos, executivo e judiciário se tornem corruptos ou venais"[16]. Ou seja, existe criminalidade organizada quando o Estado de Direito é impotente para prevenir e reprimir essa atividade criminosa; é nesta situação concreta de impotência total que estamos perante a verdadeira criminalidade organizada.

Este pensar de WinfriedHassemer tem mais de 20 anos[17]. Aparece muito na consequência da Convenção de Viena de 1988 – Prevenção e Repressão do Tráfico e Consumo de Drogas. Contudo o conceito de Hassemer é um conceito mais próximo do que se deve considerar como crime organizado (transnacional). É muito mais avançado do que o conceito positivo da CNUCOT – Convenção de Palermo (12-15 julho 2001), que confunde, melhor, que remete o tópico criminalidade organizada para o tópico criminógeno crime estruturado, cujo conceito nos parece mais adequado e mais científico no respeito pela teoria do "Dispositivo" ou do "Positivo".

---

[15] Neste sentido se deve ler Flávio Cardoso Pereira. 2015. *Crime Organizado e Sua Infiltração nas Instituições Governamentais.* São Paulo: Atlas.

[16] Cf. Winfried Hassemer. *A Segurança Pública...*, p. 94.

[17] Este seu estudo foi publicado em 1993: *Strafverteidiger*, pp. 664-670.

3.4. A nossa posição. Um reajuste concetual necessário e urgente. A consciência do rigor concetual jurídico para o mundo da prova. O bem jurídico como reinício da discussão.

O tópico jurídico de criminalidade organizada precisa de um novo sentido jurídico e de um novo qualitativo ligado à ideia de ao seu "potencial de ameaça" concreto e diário. Esta criminalidade, que mina a saúde das democracias constitucionais, pode ser aferida pela usurpação funcional e/ ou pela infiltração e instâncias centrais da ordem do Estado: introdução no aparelho do Estado de operacionais que dominam as estruturas do Estado e a influenciam[18].

Podemos dizer que, por um lado, (*a*) temos uma criminalidade **complexa, especializada, violenta** e **estruturada** no plano temporal e no espacial, sendo por isso **transnacional** [alíneas *a*) e *b*) do n.º 1 artigo 3.º da CNUCOT); por outro, (*b*) temos **instrumentos jurídicos e operativo**s adequados a prevenir e reprimir este tipo de criminalidade – vejam-se as constantes alterações legislativas que pretendem dar mais *eficácia* (e não eficiência) à atividade persecutória em todos os países do mundo – e que, por isso, bem ou mal previnem e ajudam os tribunais a reprimir a criminalidade estruturada; e, ainda, (**c**) quanto ao tema da **prova** – meios de obtenção, meios de prova e prova resultado –, as polícias têm respondido com maior ou menor cientificidade e têm assumido um papel pioneiro na prevenção e repressão da criminalidade estruturada.

Mas também temos uma criminalidade organizada transnacional, que pratica os mesmos crimes que a estruturada, mas de uma forma mais indeterminada e invisível. O grande traço diferencial está **não na organização funcional**, mas no *modus operandi* não identificativo e **invisível de todas as suas ações**, o que implica uma organização que não se fixa em uma ou

---

[18] Esta posição já fora por nós assumida no XX Congreso de Alumnos de Derecho Penal da Universidade de Salamanca. Cf. o nosso (2008). La Investigación del Crimen Organizado. Entrada y Registro en Domicilios por la Noche, El Agente Infiltrado y la Intervención de las Comunicaciones. In: Nieves Sanz Mulas (Coord.). *Dos Décadas de Reformas Penales*. Granada: Editorial Comares, S.L., pp. 177-195 (179). Segue esta nossa posição FLÁVIO CARDOSO PEREIRA. 2012. *Agente Encubierto y Proceso Penal Garantista: Límites y Desafíos*. Córdoba: Lerner Editora, pp. 153-156 (154) [este livro corresponde à sua tese de doutoramento defendida na Universidade de Salamanca].

CRIMINALIDADE ORGANIZADA

duas pessoas, e no **domínio de espaços** e **tempos de poder** estratégico político de planeamento, de decisão e de execução.

Podemos acrescentar aos traços desenhados por HASSEMER para a criminalidade organizada – *mutabilidade, indeterminação de vítimas, intimidação de vítimas* muito concretas, *indeterminabilidade territorial* da ação e do efeito da atividade ou ação plurilocalizada, *multiplicidade de disfarce* (rostos invisíveis) e de *simulação* – outros traços muito específicos que podem ser aferidos entre ser uma **criminalidade organizada violenta** – p. e., tráfico de armas, tráfico de drogas, tráfico de seres humanos e de órgãos humanos, terrorismo – e uma **criminalidade organizada não violenta** – p. e., corrupção (pública e privada), manipulação do mercado de valores mobiliários, branqueamento [de bens], fraude tributária e previdenciária, desvio de subsídios e de subvenções económico financeiras.

Identificados os dois modelos cruciais da criminalidade organizada – violenta e não violenta –, existem traços que lhes são comuns e que marcam a história jurídica confusa e difusa – como a confusão entre organização e seu funcionamento e o grupo e a ação concreta – que gera uma incerteza jurídico-dogmática e ineficiência nos resultados finais dos processos-crime.

Podemos apontar quatro grandes traços identificativos da criminalidade organizada que paralisam as estruturas políticas, executivas e judiciárias dos Estados:

- **Intangibilidade** e **impenetrabilidade** dos operadores judiciários no seio da organização criminosa. A forma como se organiza, se integra na sociedade e se entrelaça nas estruturas legais dos Estados – confundindo-se com as estruturas legais – dificulta ou impossibilita a tangibilidade e a penetrabilidade dos operadores judiciários do Estado.
- **Invisibilidade** *dos agentes principais* – cérebros e administradores da organização – e **visibilidade** de *alguns atores materiais*. A organização criminosa é composta por autores morais e autores materiais. Aqueles são invisíveis, os materiais são visíveis quando em ação concreta da operação típica, ilícita e culpável.
- **Indeterminabilidadedas das vítimas** dos crimes base da organização, em especial não violenta, sendo que na violenta há vítimas diretas como é o caso do tráfico de seres humanos e de órgãos humanos. A difusidade do objeto criminógeno gera uma difusidade

das vítimas. Todos são titulares do bem jurídico ofendido e, quando todos são titulares, ninguém é titular do bem ofendido.

- **Elevada lesividade** societária a médio e a longo prazo com efeito negativo prorrogado no tempo e, quase sempre, no espaço. A ofensividade ou lesividade dos bens jurídicos é elevada, mas a perceção concreta desse efeito negativo só é sentido na sociedade muito tempo após as várias ações humanas negativas concretas. Temos uma criminalidade com efeito deferido no tempo.

Se tivermos consciência, esta criminalidade organizada destrói o Estado de direito, e muito mais, o *Estado constitucional democrático material e social*. Face a esta criminalidade, todo o sistema de justiça criminal é inoperante e incapaz de penetrar na mesma, pois ela domina-o de forma direta ou indireta. Podemos dizer que é o fim do Estado, a substituição do Estado enquanto ordem jurídica consistente sistemática por uma nova ordem não jurídica, vazia de valores e de princípios.

A ordem jurídica está muito longe de responder, em prevenção e repressão, a esta criminalidade. Temos de ter consciência de que o que se tem feito é, muito especificamente, responder (prevenir e reprimir) a uma criminalidade estruturada, que destrói o nosso Estado constitucional democrático e que é utilizada pelos cérebros e administradores da criminalidade organizada transnacional.

Temos, por essa razão, defendido que o Direito penal tem de se centrar mais no âmago do seu *dever ser* – tutela efetiva de bens jurídicos e garantia de defesa do delinquente face ao poder de punir do Estado – e, a partir desta, reconstruir uma dogmática, ditada pela política criminal que desdenha o *se* e o *como* de intervenção, que aos poucos limpe as incertezas interpretativas e as lacunas e dê maior consistência ao princípio da segurança jurídica para que todos os operadores judiciários, sem qualquer exceção, possam atuar no respeito pela legalidade e constitucionalidade democráticas.

Referências

BECK, Ulrich. 2015. *Sociedade de risco mundial. Em busca da segurança perdida*. Tradução do alemão *Weltrisickogesellschaft. Auf der Suche nach der verlorenen Sicherheit* de Marian Toldy e Teresa Toldy. Lisboa: Edições 70.

CORREIA, Eduardo. 1996. *A Teoria do Concurso em Direito Criminal*. Coimbra: Almedina.

DIAS, Jorge de Figueiredo. 2007. *Direito Penal. Parte Geral – Tomo I – Questões Fundamentais. A doutrina Geral do crime*. 2.ª Edição. Coimbra: Coimbra Editora.

FALCONE, Giovanni e PADOVANI, Marcelle. 1992. *Cosa Nostra. O Juiz e os «Homens de Honra»*. Tradução do francês Cosa Nostra. *Le Juge et les «hommes d'honneur»* de J. Machado Maia. Lisboa: DIFEL.

FERRAJOLI, Luigi. 2005. *Derecho y Razon. Teoría del Garantismo Penal*. Tradução do italiano *Diritto e Ragione. Teoria del garantismo penale* de Perfecto Andrés Ibáñez et Alii. Madrid: Editorial Trotta.

GOMES, Luiz Flávio e BIANCHINI, Alice. 2015. *Curso de Direito Penal: Parte Geral* (arts. 1.º a 120). Salvador: Editora JUSPODIVM.

HASSEMER, Winfried. 1995. *A Segurança Pública no Estado de Direito*. Tradução do alemão Innere Sicherheit im Rechtsstaat (constante do *Strafverteidiger*, 1993) de Carlos Eduardo Vasconcelos. Lisboa: AAFDL.

INNERARITY, Daniel *A Sociedade Invisível. Como observar e interpretar as transformações do mundo actual*. Tradução do Espanhol *La Sociedad Invisible* de Manuel Ruas. Lisboa: Teorema.

JESCHECK, Hans -Heinrich e WEIGEND, Thomas. 2002. *Tratado del Derecho Penal. Parte General*. Tradução do alemão Lehrbuch des Strafrechts: All. Teil de Miguel Olmedo Cardenete. Granada: Editorial Comares, S.L.

PEREIRA, Flávio Cardoso. 2012. *Agente Encubierto y Proceso Penal Garantista: Límites y Desafíos*. Córdoba: Lerner Editor.

_____. 2015. *Crime Organizado e Sua Infiltração nas Instituições Governamentais*. São Paulo: Atlas.

SILVA, Germano Marques da. 2010. *Direito Penal Português I – Introdução e Teoria da Lei Penal*. 3.ª Edição. Lisboa: Babel/Verbo

VALENTE, Manuel Monteiro Guedes. 2003 & 2004. Terrorismo: Restrição de Direitos (?). In: Adriano Moreira (Coord.). *Terrorismo*. 1.ª e 2.ª Edição. Coimbra: Almedina.

_____. 2008. La Investigación del Crimen Organizado. Entrada y Registro en Domicilios por la Noche, El Agente Infiltrado y la Intervención de las Comunicaciones. In: Nieves Sanz Mulas (Coord.). *Dos Décadas de Reformas Penales*. Granada: Editorial Comares, S.L..

_____. 2013. *Do Ministério Público e da Polícia. Prevenção Criminal e Acção Penal como Execução de uma Política Criminal do Ser Humano*. Lisboa: UCE.

5. O Processo Penal e a Lei 12.850/2013

Nereu José Giacomolli[1]

Introdução

As bases estruturantes do Código de Processo Penal brasileiro, forjadas na década de quarenta, apesar das reformas parciais aprovadas posteriormente, mormente as de 2008, foram mantidas no plano dogmático teórico e na *law in action*. O modelo processual vigente preconiza a supremacia da potestade punitiva sobre o direito de liberdade e a plena defesa, bem como o paradigma da busca e do encontro da verdade material. Essas perspectivas estruturantes acabaram (e continuam) justificando a busca de prova *ex officio* pelo julgador, o intenso ativismo judicial, a justaposição das funções de investigar, acusar e julgar, bem como a frágil regulamentação probatória (elementos, fontes, meios e metodologias de busca da prova). Após as Ordenações e o Código de Processo Penal do Império (1831), entrou em vigor o atual Código de Processo Penal (1941). Após o labor de várias comissões, instaladas com o fito de reformar o Código de Processo Penal, o êxito não foi obtido (Comissão Tornaghi, Anteprojeto Frederico Marques, Projeto de Reforma de 1983, Projeto Sálvio de Figueiredo, Comissão Pellegrini Grinover e PL 156 do Senado Federal).

Muito em razão das dificuldades encontradas em reformar o Código de Processo Penal, com o intuito de adequá-lo à Constituição Federal e

---

[1] Doutor em Processo Penal pela *Universidad Complutense de Madrid*, professor de Direito Proecssual Penal na PUCRS, advogado e consultor jurídico.

CRIMINALIDADE ORGANIZADA

aos diplomas internacionais subscritos pelo Brasil, bem como em dar uma resposta estatal adequada à nova realidade criminal, várias leis avulsas foram sendo aprovadas e incorporadas ao ordenamento jurídico-criminal. Entre elas, destacamos, neste trabalho, a Lei nº 12.850/2013, a qual define organização criminosa, dispõe sobre a investigação criminal e trata dos meios de obtenção da prova. Esta lei, apesar de substituir a Lei 9.034/95, ampliou a normatização da metodologia da busca da prova, em se tratando de organização criminosa. Desde a lei anterior, um dos problemas evidenciados diz respeito ao impacto causado pela legislação extravagante no sistema processual penal, mormente no que tange ao direito probatório. A Lei 12.850/2013 encontra adequação ao Código de Processo Penal, à normatividade constitucional e convencional? Pode ser legitimamente aplicada? Quais seus limites?

Num primeiro momento, o trabalho analisa o projeto de reforma do Código de Processo Penal, de iniciativa do Senado da República, encaminhado à Câmara dos Deputados. Após, enfoca os limites da incidência da Lei 12.850/2013 à *persecutio criminis*, traçando um modelo constitucional de processo penal.

1. O projeto de reforma do Código de Processo Penal

A política de reformas parciais do Código de Processo Penal, adotada pela Comissão Sálvio de Figueiredo e depois seguida pela Comissão Grinover, se por um lado facilitou a aprovação de alguns dos projetos de lei resultantes dos trabalhos das comissões, por outro gerou um emaranhado legislativo em matéria processual penal, culminando por retirar a coerência sistêmica inerente à concepção de Código. Diante dessa realidade, o Presidente do Senado Federal nomeou uma comissão de juristas à qual foi atribuída a tarefa de elaborar um projeto de reforma global do Código de Processo Penal, Presidida pelo Ministro do Superior Tribunal de Justiça, Hamilton Carvalhido. Os trabalhos pautaram-se na premissa da superação definitiva do atual Código de Processo Penal, por questões históricas, teóricas e práticas.[2]

---

[2] V. Exposição de Motivos do Anteprojeto de Reforma do Código de Processo Penal, apresentada pela referida Comissão ao Senado Federal em 2009. Disponível em www.senado.gov.br.

O PROCESSO PENAL E A LEI 12.850/2013

Após várias audiências públicas, encontros e debates, foi elaborado um anteprojeto e encaminhado ao Senado, onde recebeu o nº 156/2009 (PL 156). Sua exposição de motivos enfatizava a incompatibilidade manifesta e inquestionável entre os modelos normativos do Código de Processo Penal de 1941 e da Constituição Federal de 1988, essencialmente em razão de que a "configuração política do Brasil de 1940 apontava em direção totalmente oposta ao cenário das liberdades públicas abrigadas no atual texto constitucional", indicando como referência a concepção de que as *garantias* e *favores* são tidos como sinônimos e motivos da defeituosa e retardatária repressão à criminalidade.

Entre as principais inovações, há que ser destacada a expressa referência à estrutura acusatória do processo e a vedação à iniciativa do juiz na fase de investigação, no intuito de "preservar ao máximo o distanciamento do julgador, ao menos em relação à formação dos elementos que venham a configurar a pretensão de qualquer das partes", reconhecendo, na função jurisdicional, a importante missão de zelar pelas liberdades individuais, e não pela qualidade da investigação. Contudo, foram mantidos os poderes de atuação *ex officio* do magistrado uma vez iniciado o processo e provocada a jurisdição. Um dos pontos mais polêmicos foi a introdução do instituto do *juiz das garantias*, com competência para atuar especificamente na fase preliminar do processo penal, como *garante* dos direitos individuais dos investigados, controlador da legalidade da *persecutio criminis*. O projeto fixa um prazo máximo de 90 dias à conclusão da investigação, com possibilidade de prorrogação por até 720 dias e previsão de arquivamento do inquérito diante do seu descumprimento. No que tange à ação processual penal, as hipóteses de iniciativa privada é substituída pela iniciativa do Ministério Público, mediante representação. Também, se observa um incremento da composição civil na esfera criminal, como forma de evitar toda a dimensão do processo penal, nos delitos patrimoniais praticados sem violência ou grave ameaça, atribuindo-lhe o efeito extintivo da punibilidade. Prevê o PL 156 o instituto da adesão civil da vítima ao processo, reconhecendo o seu interesse na sentença penal condenatória e a possibilidade de arbitramento de indenização por danos morais.

Também podemos sublinhar os seguintes pontos do PL 156: a) a abertura do rol de hipóteses de suspeição do julgador; b) o reconhecimento do direito à defesa técnica efetiva, exigindo-se manifestação fundamentada do defensor em todas as oportunidades do processo; c) o reconhecimento do interrogatório como meio de defesa e o consequente adiamento do interrogatório policial quando, por ocasião do auto de prisão em flagrante, "não se puder contar com a assistência de advogado ou defensor público no local"; d) a possibilidade de deslocamento da competência, mediante requerimento do Procurador-Geral da República, ao Superior Tribunal de Justiça, em casos de grave violação de direitos humanos; e) a possibilidade de ser aplicada imediatamente, no procedimento sumário, a pena mínima ou reduzida nos delitos cuja pena máxima seja igual ou inferior a 08 anos, quando confesso o réu e ajustada a sanção entre acusação e defesa, em atenção às exigências de celeridade e efetividade do processo; f) a simplificação dos quesitos no procedimento do júri; g) a sistematização do sistema recursal, com a criação do agravo de instrumento para atacar as interlocutórias previstas em lei e restrição dos embargos divergentes; h) a limitação do *habeas corpus* às hipóteses de prisão ou iminência de restrição da liberdade; i) a possibilidade de provimento judicial monocrático quando a decisão recorrida estiver em manifesto confronto com súmula ou jurisprudência dominante do STF, do STJ ou do próprio tribunal onde estiver o recurso; j) a iniciativa probatória das partes, sendo permitido ao juiz apenas a determinação subsidiária de diligências para esclarecer dúvida sobre as provas produzidas pelas partes.

No que tange às medidas cautelares, a comissão tomou como norte quatro diretrizes: a) observância do princípio constitucional da não-culpabilidade; b) compreensão do processo cautelar nos limites da estrutura básica do modelo acusatório; c) observância do princípio da proporcionalidade; d) a observância do princípio da razoável duração do processo. Com isso, foi instituído um rol de medidas alternativas à prisão preventiva, revitalizado o instituto da fiança, vedadas as cautelares inominadas e proibida a imposição de medida cautelar mais grave que a pena a ser imposta, em caso de eventual condenação. Dezesseis cautelares pessoais alternativas foram reguladas: prisão provisória, fiança, recolhimento domiciliar, monitoramento eletrônico, suspensão do exercício de profissão, atividade econômica ou função pública, suspensão das atividades de pessoa jurídica, proibição de frequentar determinados lugares, suspensão da habilitação para dirigir veículo automotor, embarcação ou aeronave; afastamento do lar ou outro local de convivência com a vítima, proibição de ausentar-se da comarca ou do País, comparecimento periódico em juízo, proibição de se aproximar ou manter contato com pessoa determinada, suspensão do registro de arma de fogo e da autorização para porte, suspensão do poder familiar, bloqueio de endereço eletrônico na internet, liberdade provisória.

O anteprojeto elaborado pela comissão de juristas foi apresentado ao Senado em 2009 e passou pela revisão de uma Comissão Temporária de Estudo da Reforma do Código de Processo Penal, coordenada pelo Senador Casagrande. O projeto recebeu várias sugestões de associações de classe e instituições e dos próprios parlamentares, tendo o relator apresentado ao Plenário do Senado Federal um substitutivo com algumas modificações. Entre elas, por exemplo, foi a retomada do controle do juiz sobre o arquivamento do inquérito policial que, no anteprojeto havia sido atribuído ao próprio Ministério Público, bem como o retorno do número de sete jurados integrantes do conselho de sentença no procedimento do Tribunal do Júri que, no anteprojeto havia sido definido em oito, a fim de garantir a maioria absoluta para os casos de condenação. Em oito de dezembro de 2010 o substitutivo foi submetido à votado e aprovado no Plenário do Senado Federal, tendo sido encaminhado à Câmara dos Deputados para deliberação no mesmo ano, onde recebeu o número 8.045/10 (PL 8.045/10).

Ainda, em 2010 foi apresentado, na Câmara dos Deputados, pelo parlamentar Miro Teixeira, um Projeto de Lei tendente à reforma global do Código de Processo Penal, o qual recebeu o nº 7.987/10 e foi apensado ao PL 8.045/10, por versarem sobre o mesmo tema. Em suma, o PL 7.987/10 segue a mesma linha do PL 156/09, com algumas modificações, das quais merecem destaque: a) a ampliação da vedação da atuação de ofício do juiz para qualquer fase do procedimento; b) a vedação expressa da investigação pelo Ministério Público; c) a substituição do título do Capítulo II do Código, de *juiz das garantias* para *atividade jurisdicional no curso da investigação criminal*, mantendo, no entanto, o conteúdo da regulamentação da atividade do juiz na fase investigatória como disciplinado no PLS 156/09; d) a ausência de um prazo limite à conclusão das investigações preliminares; e) a manutenção da decisão sobre o arquivamento do inquérito policial no âmbito do Ministério Público, com a possibilidade de recurso do ofendido à instância competente da própria instituição; f) a retirada do instituto da adesão civil da vítima; g) a retomada do sistema de quesitação no procedimento do júri regulado pela Lei 11.689/08; e h) a retirada da possibilidade de aplicação de pena antecipada e reduzida, quando negociada pelas partes e confesso o réu.

2. Crítica às reformas parciais de 2008

As ditas reformas do processo penal de 2008, apesar da fragmentação e de algumas fissuras provocadas, mantiveram a base epistemológica da década de quarenta, com frágeis interrogantes constitucionais. Alguns padrões de conexão com a Constituição Federal e com os diplomas internacionais humanitários, em razão de sua debilidade, desaparecem nas forças de cooptação e das exigências midiáticas de resposta policial e penológica severas. Foi mantida a falta de conectividade entre as próprias partes lançadas no mundo da existência processual. O exigir de um todo padronizado, mecânico, de conveniência e utilidades presentes, cede, a largas passadas, diante da necessidade de uma clara e objetiva dinamicidade, mas orgânica, funcional e sistêmica, para todos e não só para os eleitos (excluídos do sistema criminal). A dinamicidade da sociedade produz situações que buscam soluções na organização política e jurídica do Estado, aquele que fixa as regras, mas que, na *Law in action*, recebem uma carga para além de seus criadores. A pena criminal tem aplicação exclusiva no processo penal, conduzido por um órgão oficial, cujos mecanismos, segundo a política criminal oficial, devem dar uma resposta rápida, utilitária e eficiente à criminalidade, pois é tida como a única via à solução da problemática brasileira. O aumento da criminalização de condutas e o da criminalidade estão esgotando a capacidade do processo penal. As arcaicas estruturas permanecem incólumes, numa aparência de funcionalidade e com poucos interrogantes. As soluções apresentadas, mesmo no início do milênio, situaram-se na superficialidade digitalizada da aceleração e da quantidade, na doce ilusão de que, quanto mais respostas, mais soluções existirão. É o caso, também da legislação avulsa e extravagante, a exemplo da Lei 12.850/2013.

As tentativas de situar o processo penal brasileiro no plano constitucional e humanitário fracassaram de forma olímpica. Um processo penal com bases constitucionais e humanitárias desvincula-se da unicidade processual, ou seja, de uma teoria geral para todos os ramos do processo, prioriza o substancialismo constitucional e os diplomas internacionais protetivos dos direitos humanos.

O modelo ideológico que serviu de base ao processo penal da década de quarenta, praticamente, manteve-se intacto. Isso se observa na autorização legal de o magistrado determinar a prova, independentemente

O PROCESSO PENAL E A LEI 12.850/2013

de pedido dos sujeitos processuais (art. 156 do CPP), inclusive antes de iniciada a ação processual penal (inciso I). Dessa forma, potencializou-se o poder instrutório do julgador no que tange ao que dispunha o artigo 156 do Código de Processo Penal, em sua redação anterior, na medida em que se facultou ao magistrado agir de ofício, mesmo antes de formalizada a pretensão acusatória pelo Ministério Público. Potencializou-se, também, a valorização dos elementos colhidos sem o contraditório, pois o artigo 157 do Código de Processo Penal não autorizava o magistrado a utilizar os elementos colhidos na fase investigatória (referia que o juiz formará sua convicção pela livre apreciação da prova). Sabe-se que, na *law in action*, esses elementos, mesmo quando eram colhidos sem o contraditório (portanto, como regra, não eram provas), recebiam consideração valorativa. Porém, o legislador de 2008, no artigo 156 do Código de Processo Penal (redação dada pela Lei 11.690/08), expressamente autoriza, mesmo que subsidiaria-mente, a fundamentação da decisão judicial nos elementos informativos colhidos na investigação. Portanto, a política criminal, além de manter o perfil inquisitorial (atuação de ofício durante a instrução), o potencializou (atuação de ofício na fase investigatória e na instrução).[3] Permanece a re-dação do *caput* do artigo 157 do Código de Processo Penal, segundo o qual o juiz formará sua convicção pela livre, nem tão livre, apreciação da prova. Entretanto, a redação do atual artigo 155 do Código de Processo Penal contamina a avaliação da prova pela consideração de elementos colhidos sem o contraditório, embora o início da redação considere como prova o que foi produzido sob o crivo do contraditório judicial.

Não havia disposição no Código de Processo Penal acerca da ilicitude probatória. Porém, o artigo 5º, LVI, da Constituição Federal já era claro (são inadmissíveis, no processo penal, as provas obtidas por meios ilíci-tos). Não há nenhum avanço legislativo em temas de licitude ou ilicitude probatória, salvo a determinação de inutilização da prova ilícita. Tímido avanço, comparado com a expressa admissibilidade parcial da prova ilícita por derivação e pela contaminação gerada no processo pelo arsenal da ilicitude, somente extirpado do processo quando preclusa a decisão de

---

[3] A falta de motivação própria, ocorrida por meio de transcrições de pareceres da acusação, ou mesmo de decisões anteriores, sem outras considerações, maculam a garantia constitucional da motivação de todos os atos judiciais. A própria sistemática da disposição ritualística das sessões, encontram-se fora da compreensão dos papéis de cada sujeito envolvido no julgamento

CRIMINALIDADE ORGANIZADA

desentranhamento da prova declarada inadmissível. Ademais, o magistrado continuará no processo, diante do veto ao § 4º do artigo 157 do Código de Processo Penal (o juiz que conhecer do conteúdo da prova declarada inadmissível não poderá proferir sentença ou acórdão. A problemática da licitude da prova se incrementa com a adoção da metodologia da busca da prova, previstos na Lei 12.850/2013.

A nova redação do art. 201 do CPP potencializou o ativismo do ofendido no processo penal, com nítida mostra do expansionismo do Direito Penal e do Processo Penal na política criminal[4], revelado também no artigo 387, IV, do Código de Processo Penal (o juiz, ao proferir sentença condenatória: fixará valor mínimo para reparação dos danos causados pela infração, considerando os prejuízos sofridos pelo ofendido). A possibilidade de a vítima ser reparada no âmbito criminal pode receber justificativa nas infrações penais de menor potencial ofensivo, em que essa reparação evita o exercício da ação processual penal, a incidência do *ius puniendi*, mas não como forma de incrementar o polo acusatório. Ocorre que a reforma potencializa o desequilíbrio do processo penal, contrariamente à defesa, pois a comunicação à vítima dos atos processuais, sem que tenha se habilitado no processo, possibilita que constitua advogado e se habilite no processo, atuando no polo acusatório. Fixar uma indenização com base em quê? Haverá busca da prova nesse sentido, desvirtuando a função do processo penal. Ademais, o artigo 201 do Código de Processo Penal determina a reserva de um espaço separado à vítima (§ 4º), seu encaminhamento para atendimento multidisciplinar, especialmente psicossocial, de assistência jurídica e de saúde, a expensas do ofensor ou do Estado (§ 5º), bem como a preservação da intimidade, vida privada, honra e imagem (§ 6º), sem reconhecer igual tratamento ao acusado.

Embora o Código de Processo Penal esteja se afastando do medievalismo metodológico da busca da prova, com a admissibilidade do *cross*

---

[4] V. SILVA SÁNCHEZ, J-M. *La Expansión Del Derecho Penal. Aspectos de La Política Criminal en las Sociedades Posindustriales.* Madrid: Cuadernos Civitas, 1999, p. 36 a 43. A crescente demanda processual sepulta a necessária discussão dialética de todos os casos, havendo necessidade de redimensionamento do segundo grau jurisdicional, com repensar dos julgamentos coletivos, cada vez mais raros (uma das teses possíveis é julgar em segundo grau com um, dois, três, dependendo da gravidade e complexidade do caso, por exemplo).

examination (perguntas diretas das partes às testemunhas)[5] e da adoção do auxílio de novas tecnologias (videoconferência) esse distanciamento não foi tão representativo, na medida em que o artigo 212, parágrafo único, do Código de Processo Penal autoriza ao magistrado a complementação da inquirição. Além disso, não vem acompanhado de medidas protetivas dos direitos fundamentais do imputado. No que tange ao *cross examination*, há o perigo da desvirtuação subjetiva no momento dos questionamentos diretos do Ministério Público e da defesa às testemunhas, motivo por que se faz necessária a filtragem judicial (inadmissibilidade das perguntas sugestivas e indutoras das respostas, perguntas que não interessarem aos fatos e circunstâncias do processo, mas somente à curiosidade do interrogante, *v. g.*). Nada se questiona acerca das vantagens de ser feito o relato livre da testemunha, antes das perguntas das partes.

Além da relação poder-saber (Foucault), a dinâmica no processo penal se estabelece na bipolarização entre a força exercida à incidência da potestade punitiva e a resistência à manutenção da presunção de inocência, do *status libertatis*. Nessa verdadeira dinâmica processual, interferem sobremaneira as estratégias das partes, sem olvidar o fator sorte (sorteio dos jurados, da vara criminal, da câmara criminal, da turma recursal, do relator, *v. g.*). O poder de acusar do Estado, atribuído ao Ministério Público (art. 129, I, CF), se consubstancia na dedução de uma acusação, direcionada à aplicação de sanções criminais, no âmbito de um processo penal estatal. Por isso, o poder de aplicar as sanções criminais o Estado outorga ao magistrado, com exclusividade. A resistência processual penal se dá pela defesa técnica obrigatória, bem como pela defesa pessoal facultativa (interrogatório, interposição de recurso, *v. g.*). A preservação de iguais oportunidades e a manutenção desse dinamismo processual dentro da esfera da constitucionalidade é tarefa do magistrado. Tudo isso se desenvolve dentro de uma ritualística processual.

---

[5] V. TONINI, Paolo. *La Prova Penale*. Milão: Cedan, 2000, p. 130 a 137, acerca das várias modalidades do denominado exame cruzado, *"esame incrociato"*, o qual se origina na prática secular oriunda dos ordenamentos jurídicos anglo-americanos. Este exame cruzado apresenta três modalidades: exame direto, contra-exame e reexame. No primeiro, a parte que arrolou a testemunha é quem formula as perguntas; no contra-exame, a outra parte tem a faculdade de perguntar e no reexame a parte que primeiro perguntou poderá formular novas perguntas. Em nosso modelo, não há previsão de novas perguntas à testemunha, embora isso não seja vedado. O importante é a manutenção de iguais oportunidades às partes.

CRIMINALIDADE ORGANIZADA

No que tange à ritualística processual, percebeu-se o claro surgimento de verdadeiras fórmulas mágicas para solucionar a morosidade dos processos: audiência única, identidade física do juiz, engessamento temporal, supressão de recursos, simplificação superficial, acopladas sobre uma estrutura arcaica, de baixa potencialidade constitucional, ambientadas na década de quarenta. Nessa perspectiva, o mito da aceleração do processo e das respostas processuais, sempre prontas, determinadas e acabadas em um único direcionamento, situaram-se na ingenuidade da existência de uma única perspectiva da velocidade do tempo, olvidando a mutabilidade constante e a transição permanente. A busca da padronização em rede dos procedimentos não se alheou ao fenômeno da superposição (aplicação dos artigos 395, 396 e 397 a todos os procedimentos de primeiro grau), da justaposição e da junção dos opostos. O dito "novo" foi o resultado da reciclagem, com manutenção da perspectiva mecanicista, de uma razão, de uma resposta e do monólogo científico e hermético, reduzido e fechado em si mesmo, sem comunicação com outros saberes, distante de uma possível integração e de multiplicidade de relacionamentos endo e extraprocessuais. Com isso, potencializaram-se o risco e a insegurança no âmbito do processo penal.

No que tange à fase preliminar do processo penal ou da investigação criminal preparatória, adotou-se uma política criminal de não introduzir modificações no PL 156. Isso em face da polêmica gerada no que tange à investigação pelo Ministério Público, na doutrina e na jurisprudência. Observa-se que dos projetos de reforma setoriais, restaram sem apreciação o da investigação preliminar e o dos recursos. Os demais foram sendo aprovados, culminando com a reforma mais substancial no ano de 2008. Enquanto isso, leis especiais foram sendo gestadas e postas à mesa do ordenamento jurídico, criando um arcabouço extravagante e alheio à necessária unidade do ordenamento. A excepcionalidade passou a ser normalidade, com derivação para situações comuns.

A fragilidade da regulamentação da prova no Código de Processo Penal advém de sua epistemologia fundante da busca e do encontro da verdade criminal, justificante dos poderes *ex officio* do juiz no processo penal. Um regramento sólido, coeso e coerente limitaria o poderes do magistrado. Por isso, menos regras no Código de Processo Penal e mais extraordinariedade, excepcionalidade e leis casuísticas. Nesse contexto se insere as novas metodologias da busca da prova, previstas na Lei 12.850/2013.

3. Reconfiguração da persecução das organizações criminosas

O Código Penal e o Código de Processo Penal convivem com uma gama de leis avulsas, extravagantes, específicas a determinados casos, fatos ou circunstâncias. São leis, em sua essência, excepcionais. Nesse contexto, se insere a Lei 12.850/2013, como acima referido.

No plano material, a Lei 12.850/2013 definiu organização criminosa, previu a aplicação da lei também a outras situações, como às organizações terroristas internacionais, especificando penas e sua aplicação. Com isso, reconfigurou-se o delito de associação criminosa (art. 288, CP), como uma associação de três ou mais pessoas, com a finalidade específica de cometer crimes. Pela nova tipificação legal, a tipificação da organização é mais abrangente e abarca maiores exigências tipológicas, tais como a estrutura ordenada, a divisão de tarefas, a obtenção de vantagens de qualquer natureza e a prática de delitos com penas superiores a quatro anos. O delito de associação possui como finalidade específica o cometimento de crimes. A reunião de 4 ou mais pessoas nem sempre tipificará o delito de organização criminosa. A constituição de milícia privada (organizações paramilitares, milícia particular, grupo ou esquadrão), com a finalidade de praticar quaisquer crimes, receberam tipificação própria no artigo 288-A, do Código Penal. Permaneceu intacto o delito específico da associação para o tráfico (art. 35 da Lei 11.343/06), o qual se tipifica com a existência de duas ou mais pessoas associadas, com finalidade específica de praticar dois delitos: tráfico, previsto no artigo 33, *caput* e parágrafo primeiro, e o do artigo 34, todos da Lei 11.343/06. Nas hipóteses de concurso de normas incidem os princípios da consunção, especialidade e subsidiariedade. Em qualquer associação criminosa, independentemente do número de agentes e da finalidade, exige-se permanência, estabilidade dos vínculos, habitualidade, aderência subjetiva não episódica e uma gama de processos. Associar-se é formar uma sociedade. Esta exige estrutura empresarial, hierarquia entre os sujeitos, divisão de tarefas e de lucros, ademais de uma participação efetiva e não meramente numerária.

Contudo, foi no plano investigatório e processual probatório, mais precisamente na metodologia da busca da prova ou nos meios de obtenção da prova, que a Lei 12.850/2013 produziu maiores efeitos. Especificou várias metodologias de busca da prova: colaboração premiada; captação ambiental de sinais eletromagnéticos, ópticos e acústicos; ação controlada; acesso a

CRIMINALIDADE ORGANIZADA

registros de ligações telefônicas e telemáticas, a dados cadastrais; interceptação telefônica; afastamento de sigilo financeiro, bancário e fiscal; infiltração de agentes policiais e cooperação entre instituições e órgãos públicos na busca de prova e informações (art. 3º). O escopo deste trabalho não é analisar cada metodologia em particular, mas confrontá-las com as reservas de código, ordinárias, constitucionais e convencionais, em uma primeira abordagem, mormente no que tange a seus limites.

4. Limites da *persecutio criminis* nas organizações criminosas

A *persecutio criminis* preliminar direciona-se à existência de determinados fatos, mas também a determinados sujeitos, os quais, consequentemente, podem ter seus direitos fundamentais afetados. Por isso, a intervenção do aparato estatal persecutório há de produzir a menor interferência possível nos direitos e nas liberdades do sujeito (excesso persecutório) e buscar um fato determinado, individualizado, possível e não remoto, embora oculto, não se afastando também, de sua possível função de filtro acusatório (evitar imputações infundadas). A *notitia criminis* é de um fato, de uma hipótese, motivo porque, antes de iniciar o procedimento investigatório, se faz mister verificar a sua consistência. Investiga-se o fato e não somente o sujeito. O *due process of law* incide na fase preliminar, embora em dimensão diferenciada a sua aderência ao contraditório pleno, em suas notas limitadoras da intervenção estatal mais sensível: *nemo tenetur se detegere* (não produzir prova contra si, de forma ativa ou passiva – autodefesa), direito à comunicação, à informação, à privacidade, ao respeito e à preservação do estado de inocência, por exemplo.

A discricionariedade da autoridade policial no procedimento investigatório é limitada. A investigação preliminar não retira a qualidade de pessoa, de sujeito de direito do suspeito e, na forma genérica de "acusados" do art. 5º, LV, CF (aos acusados em geral são assegurados o contraditório e a ampla defesa), é de ser incluído o sujeito que recebe uma imputação na fase preliminar. Os direitos e garantias circunscrevem-se aos limites e finalidades da fase preliminar (acesso ao procedimento policial instaurado, direito a ser informado da imputação e da investigação, direito a declarar ou não, a peticionar, ciência do direito a um advogado, direito de comunicação a terceiros da prisão, direito da integralidade da prova – art. 6º, III, CPP). Nisso se insere o direito da motivação e qualificação do chamamento (suspeito ou testemunha), para que possa ser exercido o direito ao contraditório e à ampla defesa, inclusive com a possibilidade de comparecer acompanhado de defensor técnico.

O direito à informação surge mesmo antes da imputação formal da autoridade policial, inserida na possibilidade genérica de contradição, de modo a evitar surpresas incoativas (primeiro aspecto do contraditório). É a formalização da imputação que gera maior restrição aos direitos, motivo por que se faz necessária a ciência integral e global da coerção investigatória, de modo a tornar efetivo o direito ao contraditório. Não só a formalização da imputação preliminar, mas todos os atos com conteúdo decisório carecem de fundamentação, possibilitando o seu controle.

A ausência de um momento claro ao indiciamento paralisa o exercício dos direitos do investigado. A imputação policial, por alterar o *status* jurídico do sujeito, de investigado para indiciado (isso quando não é tratado, externamente, como mera testemunha), há de ocorrer sempre que se apresentarem elementos suficientes da autoria e da materialidade do fato e não somente ao final do inquérito, em ato conjunto com o relatório (considerando a delimitação da autoria e da materialidade na lavratura do auto de prisão em flagrante, nos pedidos de prisão preventiva e de medidas protetivas do *status libertatis*, o indiciamento, ainda que provisório, deveria ocorrer nestes momentos procedimentais). A ausência e carência de motivação fática e jurídica, bem como de um ato formal de ciência do indiciamento impossibilita qualquer controle interno ou externo do ato de imputação policial. A omissão ou postergação do indiciamento relega a um segundo plano a garantia dos direitos constitucionais do sujeito, mormente o da preservação do estado de inocência. A concepção estruturante do *modus operandi*, a imobilidade e superficialidade espúria do pensamento jurídico (a presunção é de responsabilidade criminal, de culpa, de autoria, a investigação é meramente informativa ao exercício da ação penal, *v.g.*) impedem a imediata oitiva do suspeito. Isso fragiliza o exercício pleno da reação defensiva, mormente a defesa pessoal. Por isso, se faz mister estabelecer requisitos (inclusive o temporal) ao indiciamento, com a possibilidade do exercício dos direitos (reação) decorrentes dessa ação, na qualidade de indiciado, com possibilidade de exercício *in procedimentum* – garantia *in action* e não somente estática.

As práticas arcaicas (corporativismo, burocratização, estamentos, verticalidade, controle disciplinar) ainda rondam e assombram a fase

CRIMINALIDADE ORGANIZADA

preliminar do processo penal. Por isso há propostas de instituição do juizado de instrução, incompatível com a estrutura constitucional brasileira. Freios e limites entre os órgãos oficiais atuantes na fase preliminar são necessários à transparência, legalidade e legitimidade da fase preliminar do processo penal. A Constituição Federal outorga ao Ministério Público a função fiscalizadora da atuação policial e ao Poder Judiciário a função de garante dos direitos fundamentais (juiz de garantias). A primazia da investigação, o exercício dos poderes do Estado-Investigação incumbe à polícia judiciária (art.144, CF). Porém, isso não afasta a excepcionalidade (não regra e eleição do caso), legalmente prevista, da possibilidade de outros sujeitos, em determinadas hipóteses, na preservação do Estado de Direito, investigarem determinados delitos ou determinados sujeitos, desde que se estabeleçam controles e limites específicos. A gama de problemas e o grau de precariedade da fase preliminar do processo penal no Brasil é tão acentuada que outras situações revelam-se mais prementes e necessárias do que a discussão do sujeito que deve dirigir a fase preliminar do processo penal.

De mero filtro procedimental (finalidade imediata) a fase investigatória recolhe importantes elementos, cujos reflexos atingem o *status* de cidadão, sua esfera patrimonial e pessoal, com o fornecimento de base aos rumos do procedimento, ao arquivamento, ao deferimento ou não de medidas cautelares constritivas da liberdade (prisão preventiva, *v.g.*) e dos bens (arresto, sequestro, *v.g.*), bem como delimitam a acusação estatal (oferecimento de denúncia).

O modelo contemporâneo de investigação criminal, vinculado ao Estado Constitucional e Democrático de Direito (legitimação e limitação do poder) não recepcionou o paradigma da ampla e pura discricionariedade da agência policial (Zaffaroni, 2003, p. 60 e 61), embora a polícia judiciária, como integrante do sistema de controle penal, seja um dos mecanismos de seleção criminal. Há limites e controles, constitucionalmente estabelecidos. Porém, há necessidade, independentemente de sua desvinculação do Poder Executivo, de serem estabelecidos mecanismos de controle da contaminação política partidária na estrutura hierárquica e investigatória (avocação de investigação de determinado fato, em razão do delito, da pessoa ou da repercussão, substituição ou transferência do delegado que está conduzindo determinado inquérito policial, *v.g.*), com preservação de autonomia e independência. Os agentes policiais não pertencem

O PROCESSO PENAL E A LEI 12.850/2013

a determinado partido político, a determinado governo, mas ao Estado; a polícia não está a serviço dos órgãos de governo (sucursal de um partido político), mas da cidadania. A polícia não é de governo, mas de Estado (necessidade de dinâmica para além dos horizontes de um mandato). Por isso, há necessidade de estabelecimento de barreiras para evitar a contaminação da ingerência dos interesses político-partidários, com metodologia científica, critérios técnicos e profissionalizantes (urgência de uma lei orgânica). O pacto implícito entre outorga de independência e imunidade em troca da garantia da fidelidade remonta ao modelo napoleônico.

A publicidade transparente dos atos procedimentais, uma vez documentados, rompe com o sigilo endoprocessual (suspeito e defensor), diante do direito à assistência técnica (art. 5º, LXIII, CF e 7º, XIV, Lei 8.906/94), ressalvadas as diligências cujo sigilo é inerente à produção do ato (interceptação telefônica, *v.g.*). A incongruência situa-se justamente na publicidade extrema, abusiva, mormente a efetivada pela mídia, através da divulgação de imagens, nomes completos, endereços, atividades profissionais de meros suspeitos da prática de ilícitos, antecipatória de processos, de condenação e de pena, além da estigmatização (V. Caso Escola-Base de São Paulo). A manipulação da situação – pena, julgamento, encarceramento, algemas, etc. – passou a servir de material fértil à manutenção dos índices de audiência de programas de rádio e televisão, em suma, de fonte de comércio, quiçá pelo sabor do escândalo, de certo movimento de tragédia e de certo emergir reprodutor da miséria humana, soterrada, escondida, entranhada, olvidada. Carnelutti (1995, p.12) já advertia acerca do interesse da opinião pública sobre o processo penal, cuja curiosidade do público projeta-se avidamente, constituindo-se em uma forma de diversão, como ocorrida no circo e ainda se verifica nas touradas. Assim, "foge-se da própria vida ocupando-se com a dos outros".

Cabe referir que da leitura constitucional do processo penal não se aplica o poder geral de cautela ilimitado, e a restrição além da tipicidade e dos limites da medida, próprios da área privada. As medidas cautelares reais não se inserem no âmbito da *persecutio criminis* (autoria, existência e circunstâncias da infração), e nem no universo das atividades "instrutórias", mas na garantia da eficácia de um provimento criminal condenatório (sequestro) ou de reparação dos danos cíveis produzidos pelo delito, penas de multa e despesas processuais (arresto e hipoteca legal. *v.g.*), bem como de qualquer outra medida cautelar (inominadas) que venha a ser admitida

CRIMINALIDADE ORGANIZADA

e tenha por escopo a restrição (busca e apreensão) ou a indisponibilidade dos bens, de forma direta ou preparatória.

O onze de setembro produziu uma aceitabilidade de certas práticas totalitárias para desvendar e reprimir a criminalidade transnacional, mais precisamente os atos tidos como de terrorismo, mesmo que este sirva de instrumento de política criminal (inimigo eleito). Sem a solidificação de um regime de garantias, sem a preservação das garantias constitucionais, não há como conter a potencialidade punitiva Estatal, a qual se materializa desde a *notitia criminis*, capaz de sobrepor o Estado de polícia ao Estado de Direito. De qualquer forma, não é de ser admitida qualquer intromissão ao núcleo essencial da personalidade do sujeito, sendo possível a ponderação entre o interesse estatal na *persecutio criminis* e a proteção da individualidade.

Independentemente da espécie de crimes praticados, de envolverem ou não criminalidade transnacional, de organizações criminosas, o Estado Constitucional e Democrático de direito exige a obediência a regras. A transposição destas fragiliza e nega o próprio Estado Constitucional e Democrático de Direito. Por isso, as metodologias especiais, diferenciadas, específicas ou ocultas inserem-se no ordenamento jurídico legal, constitucional e convencional. Neste paradigma, admitem-se meios excepcionais de busca da prova, mas com aderência constitucional e convencional. Nessa perspectiva, a metodologia de busca de prova há de: a) estar previamente prevista em lei; b) possuir um regramento procedimental claro e objetivo; c) submeter-se à reserva jurisdicional, ou seja, com prévia autorização qualificada; d) submeter-se aos limites da tipologia criminal a que se destina; e) obedecer ao requisito da temporalidade, evitando-se intromissão *ad eternum* no direito fundamental protegido.

Ademais da obediência aos pressupostos formais do Estado Constitucional de Direito, a legitimidade da utilização dos meios especiais de obtenção da prova, num segundo plano, vincula-se à fundamentação material do Estado de Direito (Estado de Direito material, segundo Manuel Valente), exigindo adequação à legalidade material, ou seja: a) verificação de um coeficiente de razoabilidade; b) utilização dos meios especiais como *ultima ratio*; c) concordância prática (Hesse); d) adequação ou *geeignetheit*; c) necessidade; d) proporcionalidade em sentido estrito; e) culpabilidade.

A vinculação à fundamentação na dimensão material do Estado de Direito propicia um horizonte de sentido e contém exigências que, *prima facie*, devem ser realizadas, diversamente das simples regras formais, as

O PROCESSO PENAL E A LEI 12.850/2013

quais englobam fixações normativas definitivas (Canotilho). O coeficiente de razoabilidade há de ser verificado em cada situação concretizada, em determinado caso criminal, na perspectiva, segundo Hesse, da concordância prática. Nesse ponto, a verificação se dá no momento da autorização judicial à utilização do meio excepcional, em sua introdução, admissibilidade e valoração. Por se constituírem em metodologia excepcional, sua utilização encontra legitimidade quando a prova não puder ser alcançada pelas metodologias tradicionais ou menos invasivas a direitos fundamentais.

A adequação exige a congruência entre meios e fins, tanto qualitativa (circunstâncias do caso, prova a ser buscada, *v.g.*), quanto quantitativamente (tempo de duração, quantidade de métodos excepcionais, *v.g.*). Devem ser respondidas as seguintes perguntas: a) a metodologia eleita é um meio idôneo, adequado, para atingir o resultado desejado? (perspectiva qualitativa – espécie de método); b) o tempo de duração da metodologia da busca de prova é adequado à finalidade desejada? (perspectiva quantitativa – quantos meios excepcionais, *v.g.*); c) a metodologia solicitada atende ao critério da conformidade ao sujeito passivo? (individualização).

A perspectiva da necessidade ou exigibilidade (*erforderlichkeit*) da metodologia especial busca a menor ingerência possível do meio ao direito fundamental da liberdade e ao estado de inocência. Há que ser respondido: a metodologia especial é a que produz a menor restrição aos direitos fundamentais? Há outro meio de busca da prova, entre os legalmente previstos, menos gravoso do eleito ao caso concreto, com entidade suficiente para atingir o mesmo objetivo? Somente depois de vencidos os filtros da adequação e da necessidade é que se adentra no exame da proporcionalidade em sentido estrito, ou seja, da reciprocidade razoável, da ponderação entre a restrição ao direito fundamental e a exigência de busca e preservação da prova. Nessa etapa da testagem há que se verificar se a restrição imposta aos direitos fundamentais (personalidade, liberdade, intimidade, etc.) guarda congruência com a amplitude do interesse salvaguardado, ou seja, da busca da prova.

A medida da pena ao caso concreto há estar na base da individualização legislativa (política legislativa), mas também da verificação judicial, em todos os momentos da prova (busca, produção, admissão e valoração).

CRIMINALIDADE ORGANIZADA

5. Preservação de um modelo democrático de processo penal

Como se configuraria o modelo de processo penal democrático, inclusive no que tange à metodologia da busca da prova? Parte-se de que um processo penal democrático possui, necessariamente, aderência às normas convencionais e constitucionais humanitárias. Nessa perspectiva, o processo penal há de garantir os direitos fundamentais, partindo do estado de inocência e não da presunção de culpa, com ônus da prova atribuído ao Estado-acusação, sem atuação *ex officio* do sujeito encarregado de julgar. Num modelo democrático de processo penal, o juiz não detém poderes probatórios, o silêncio não é autoincriminatório, o imputado não pode ser compelido a produzir prova, pois é sujeito de direito e não objeto de prova e do processo, o interrogatório é meio de defesa e não de prova, a confissão, por si só, não sustenta uma acusação, os sujeitos processuais possuem funções específicas, próprias, distintas; não são admissíveis vínculos de colaboração no processo penal entre os sujeitos processuais, a aderência constitucional e convencional, principalmente à Convenção Americana de Direitos Humanos e ao Pacto Internacional de Direitos Civis e Políticos, subscritos pelo Brasil. Essas bases processuais vinculam-se ao princípio democrático insculpido nos artigo 1º e 14 da Constituição Federal, ou seja da constituição do Brasil em estado democrático de direito, de sua fundamentação na dignidade da pessoa humana e no sufrágio universal, no reconhecimento dos direitos fundamentais e das garantias constitucionais e convencionais, na separação de poderes, funções e atribuições.

Nesse modelo democrático de processo penal, o juiz é um sujeito imparcial, garantidor do equilíbrio processual, cuja função principal é a de decidir; é o responsável pela amortização das contradições processuais, amenizador das tensões da contraposição teórica e fática das partes. O magistrado se constitui em garante do equilíbrio processual, zelando pela manutenção de iguais oportunidades e chances de desenvolvimento da ação e reação, garantindo os instrumentos processuais para ação e contraposição. As escolhas do juiz e do Ministério Público não podem representar o triunfo de uma classe, de uma elite econômica, social, política ou econômica. O julgador não é um ser messiânico, mas um garante da democracia processual. Por isso não pode assumir as funções de outros sujeitos processuais. No processo penal condenatório há uma acusação, formulada por um sujeito ou órgão diverso do que irá julgar. A sentença

O PROCESSO PENAL E A LEI 12.850/2013

acolhe a perspectiva de um dos polos processuais, também produzindo descontentamento, gerando apenas uma presunção de aceitabilidade racional do *decisum* uma estabilização de expectativas e perspectivas. É um ato por excelência no processo penal, motivo por que não pode ser delegada e nem produzida na mesma velocidade dos fatos sociais.

O governo do juiz há de ocorrer através do devido processo legal, constitucional e convencional, com introdução de mecanismos de democracia deliberativa e participativa no processo. Ao lado da potencialização do direito de acusar, de perseguir criminalmente, também devem potencializar-se os direitos e as garantias do imputado. Não podemos esquecer que o monopólio do poder e da violência do Estado, no âmbito criminal, se materializa, substancialmente, no processo penal, evitando-se o estado de natureza ou o estágio pré-político. Não mais tem guarida a sua vinculação institucional a uma representação divina, embora na gestão processual e decisória ainda persista essa concepção de aproximação ao divino infalível e com todos os poderes (usurpação de funções). A distribuição do poder oficial entre Ministério Público e juiz, ao mesmo tempo em que potencializa a autonomia e a liberdade no exercício da respectiva atribuição legal, cujas funções são diversas, próprias e especializadas, exigindo, também, o estabelecimento de limites a seu exercício, controláveis endo e extraprocessuais, de forma a diminuir o espectro do leviatã. O processo não é uma obra divina, mas uma criação política e racional do estado. Assim como a sentença, o processo penal não soluciona problemas; apenas reduz o descontentamento através do acolhimento parcial ou total de uma expectativa acusatória ou absolutória. O imputado continua sendo pessoa, cidadão, com todos os direitos constitucionais. Sua participação pessoal é facultativa, em face do direito ao silêncio e de não produzir prova contra si mesmo.

Os direitos e as garantias são marcos fundantes que ditam as regras do jogo democrático no processo penal. Nessa linha, situações problemáticas na *law in action* vêm representadas pela ausência de fundamentação das decisões acerca das prisões e da sentença. A fundamentação há de partir do substrato fático, jurídico, mas também divisando as possibilidades de uso pragmático e ético-político (Habermas), visando soluções concretas no tempo e espaço, para além da abstração do discurso e da linguagem jurídica. O autorizar a utilização da metodologia diferenciada de prova há de ser qualificado, isto é, devidamente fundamentado, ou seja, contendo lastro fático e jurídico adequados à constitucionalidade e convencionalidade.

CRIMINALIDADE ORGANIZADA

A democracia processual será plena quando for garantido o acesso de todos os segmentos sociais ao exercício do poder processual; quando houver possibilidades de aplicação do sistema jurídico a todos e não somente a uma parcela ínfima da população. Por isso, se faz mister que os agentes processuais oficiais tomem consciência de suas funções e reflitam as suas práticas. A legitimação se dá pela incorporação efetiva dos sujeitos à *persecutio criminis* e ao processo, sem desnaturar a divisão e a independência das funções processuais. Há necessidade de abertura de espaços de participação processual visando a democracia processual, a utilização de um complexo de parâmetros na decisão e uma maior aceitabilidade e comprometimento com a decisão judicial. Há necessidade de evoluir-se da supremacia do interesse estatal no processo para uma democracia processual participativa e redutora da violência estatal pelo processo, pela aplicação do direito penal. Exige-se rompimento com a epistemologia estruturante do Código de Processo Penal da década de quarenta, em todas as dimensões que circunscrevem e permeiam o processo penal: investigação, processamento, atuação dos sujeitos, doutrina e jurisprudência; reconhecer que por entre as folhas de papel, requerimentos, busca e produção de provas, passaram e pulsam vidas, há serem humanos que reclamam um tratamento humano, um tratamento digno, com reconhecimento do outro não só como indivíduo, mas como pessoa e cidadão integrante da comunidade e da República.

Conclusão

A nova ordem internacional revela uma criminalidade transnacional, com rápida compreensão e adaptação às novas concepções de espaço (território), tempo (temporalidade, superficialidade), poder político e econômico e novas formas de energia e comunicação. A estruturação empresarial da criminalidade inteligente se dá em redes (assim funciona o cérebro humano – Damásio), com vínculos invisíveis e imperceptíveis, sem marcos territoriais definidos, tanto na conduta, passando pela execução, quanto em seus efeitos. Nesta verdadeira infovia global, com interações instantâneas, em uma verdadeira simbiose do físico com o *on line*, a criminalidade sofisticada instala seus tentáculos e canais, se organiza, dilui e volatiza, afastando-se do alcance dos meios tradicionais de busca de prova.

Por outro lado, nos Estados se observa uma lentidão na percepção da nova realidade internacional, uma pesada burocracia, uma forte noção de

O PROCESSO PENAL E A LEI 12.850/2013

território, demarcado pela velha concepção de soberania como exclusão e ameaça. O atuar oficial é revelador da incapacidade de controle pelos Estados dos fluxos fronteiriços, monetários e de informação (Arnaud). Especificamente no Brasil, a epistemologia processual criminal assentou suas bases na estruturação política e cultural da década de quarenta, forjando doutrina e jurisprudência e formando os sujeitos processuais, os quais lutam para manter o *status quo*. Ademais da solidariedade internacional interetática, por meio da cooperação jurídica, novos instrumentos se fazem necessários para buscar a prova em determinadas espécies de criminalidade, mais precisamente nos delitos praticados pelas organizações criminosas.

Contudo, a nova metodologia de busca de prova há de ser adequada à Constituição Federal e aos diplomas internacionais subscritos pelo Brasil. Os limites ao deferimento das técnicas especiais de busca de prova estão na constitucionalidade e convencionalidade. Por esses filtros também devem passar a admissibilidade e a valoração da prova, ultrapassando-se a mera previsibilidade ordinária. O espaço público e oficial do processo não pode ser estreitado e o espectro de garantias não pode ser maculado. Sem as reservas legais, constitucionais e convencionais, no plano formal e material, não haverá legitimidade das novas técnicas de busca de prova.

Referências

ABI-ACKEL, Ibrahim. "Exposição de Motivos n. 212, de 09 de maio de 1983", em *Diário do Congresso Nacional*, Brasília, 1º de julho de 1983, seção I, suplemento, p. 73-81;

ARMENTA DEU, Teresa. *Sistemas Procesales Penales*. Madri: Marcial Pons.

ARNAUD, André-Jean. *O Direito entre a Modernidade e a Globalização*. Rio de Janeiro: Renovar

CANOTILHO, J.J. Gomes. *Direito Constitucional e Teoria da Constituição*. Coimbra: Almedina, 1998;

CARNELUTTI, Francesco. *Metodologia del Diritto*. Padova: Cedam, 1990;

DOTTI, René Ariel. "Um novo e democrático tribunal do júri", em *Paraná Online: Direito e Justiça*, 15 de junho de 2008, em www.parana-online.com.br;

GIACOMOLLI, Nereu José. *O Devido Processo Penal. Abordagem Conforme a Constituição Federal e o Pacto de São José da Costa Rica*. São Paulo: Atlas, 2015;

GRINOVER, Ada Pellegrini. *Anteprojetos de lei de reforma do Código de Processo Penal*: entregues ao Ministério da Justiça em 06 de dezembro de 2000, em www.tj.ro.gov.br;

HABERMAS, Jürgen. *La Constelación Postnacional*. Barcelona: Paidós, 2000;

ILLUMINATI, Giulio (org.). 2011. *Prova Penale e Unione Europea*. Atti del Convegno «L'armonizzazione della prova penale nell'Unione europea». Bologna University Press;

CRIMINALIDADE ORGANIZADA

MARQUES, José Frederico. *Elementos de Direito Processula Penal*, v. 1, Campinas: Bookseller, 1977;

PIERANGELLI, José Henrique. Bauru: Jalovi, 1983;

SILVA SÁNCHEZ, J-M. *La Expansión Del Derecho Penal. Aspectos de La Política Criminal en las Sociedades Posindustriales*. Madrid: Cuadernos Civitas, 1999, p. 36 -43;

STESSENS, G. 2000. *A New International Law Enforcement Model*. Cambridge: University Press;

SLAUGHTER, Anne-Marie. *Sovereignty and Power in a Networked New Order*. Stanford Journal of International lLaw, 283, 2004;

TEIXEIRA, Sálvio de Figueiredo. "Código de Processo penal: proposta de alterações, em *Revista Jurídica Mineira*, Belo Horizonte, v. 11, n. 110, p. 7-10, nov./dez. de 1994;

TONINI, Paolo. *La Prova Penale*. Milão: Cedan, 2000;

VALENTE, Manuel Monteiro Guedes. *Processo Penal*. Lisboa: Almedina, 2010.

ZAGARIS, Bruce. *International White Collar Crime: cases and materials*. Cambridge Univ. Press USA

6. Direito de defesa no inquérito policial diante dos meios de obtenção de provas previstos na lei brasileira das organizações criminosas

Marta Saad[1]

1. Introdução

A possibilidade de exercício do direito de defesa na primeira fase da persecução penal é algo relativamente recente na jurisprudência brasileira.

Durante mais de cinquenta anos, conviveu-se com a crença infundada de que o inquérito policial não passava de peça administrativa, meramente informativa, que ostentava unicamente atos de investigação. Em consequência, negava-se ao indiciado – ou informalmente acusado – o exercício do direito de defesa nesta fase da persecução penal

Não obstante a prática jurídica assim se ostentasse, alguns progressos legislativos foram sendo efetuados em direção ao reconhecimento do direito de defesa na persecução penal prévia: o Estatuto da Ordem dos Advogados do Brasil prevê o direito de o advogado consultar os autos do inquérito e de entrevistar, reservadamente, o seu cliente. No Estado de São Paulo, a Portaria 18/1998, da Delegacia Geral de Polícia, trouxe importantes inovações no campo da publicidade do inquérito. E, mais que tudo, a

---

[1] Professora doutora de direito processual da Faculdade de Direito da Universidade de São Paulo. Conselheira e ex-Presidente do IBCCRIM (Instituto Brasileiro de Ciências Criminais). Advogada.

Constituição da República, de 1988, relançou o debate, ao dispor, no artigo 5º, inciso LV, que aos acusados em geral são assegurados o contraditório e a ampla defesa.

Ainda assim, a prática forense quase unânime insistia em manter o acusado alheio aos atos praticados no curso do inquérito.

Há pouco mais de dez anos, porém, passou-se por momento de inflexão na jurisprudência no que toca a este tema: depois de décadas, os Tribunais Superiores passaram a reconhecer a possibilidade de exercício do direito constitucional de defesa nesta fase, assegurando a vista dos autos de inquérito ao acusado e seu defensor, bem como a participação defensiva nesta fase. O entendimento acabou, inclusive, sufragado na edição de súmula vinculante neste sentido.

Ao lado disso, os meios de obtenção de prova utilizados na fase preliminar da persecução penal, notadamente nos casos de criminalidade organizada, sofisticaram-se: há um tempo que as legislações têm previsto, como forma de superar a dificuldade de investigação da chamada criminalidade organizada, meios excepcionais de obtenção de prova ou métodos ocultos de investigação, carregados, como o próprio nome diz, de sigilo.

A questão que este trabalho pretende analisar é a possibilidade de compatibilização entre os meios de obtenção de prova previstos na recente lei que disciplina o trato das organizações criminosas e sua investigação no sistema brasileiro, a Lei nº. 12.850/13, e o exercício do direito de defesa na primeira fase de persecução penal.

A problemática se revela especialmente importante em razão do distanciamento que a prática processual penal pode tomar em relação aos direitos do investigado, a sempre presente tensão existente no direito processual penal entre eficiência e garantismo.

Assim, o presente trabalho analisará o atual estágio do reconhecimento do exercício do direito de defesa no inquérito policial e depois, tratará dos meios de obtenção de prova ou métodos ocultos de investigação previstos na Lei nº. 12.850/13, a lei das organizações criminosas, propondo modos de compatibilização entre tais meios e o exercício do direito de defesa.

É certo que limitações do trabalho impõem exclusão de questões outras, como análise crítica de cada um dos meios de obtenção de prova, âmbito de cabimento, inadequações de procedimento, entre outras.

2. Direito de defesa no inquérito policial: da negação por décadas à edição da Súmula Vinculante nº. 14, do Supremo Tribunal Federal

2.1. Funções e finalidades do inquérito policial

O inquérito policial, visando apurar o fato, que aparenta ser ilícito e típico, bem como sua autoria, coautoria e participação, é procedimento preliminar ou prévio, cautelar, realizado pela polícia judiciária, de natureza administrativa e finalidade judiciária.[2]

Desde a legislação processual de 1871, quando se atribuiu aos delegados de polícia, nos distritos, a incumbência de se proceder imediatamente à coleta de elementos para apuração da infração penal até a chegada dos juízes de direito, competentes para a formação da culpa, reconheceu-se a necessidade de se adotarem determinadas medidas de urgência, a fim de que os vestígios da infração não desaparecessem ou se perdessem no tempo.

O inquérito policial reveste-se, então, de natureza cautelar, no sentido de preservação de eventuais elementos ou meios de prova. A cautelaridade não se confunde, todavia, com eventual provisoriedade que alguns elementos, constantes no inquérito policial, possam ostentar. Há determinados atos do inquérito que se transmitem para o bojo da futura ação penal de forma definitiva, posto que impossíveis de repetição ou renovação, tais como os exames, vistorias e avaliações, a busca e a apreensão, bem ou mal sucedida, o arresto, o sequestro de bens, ou mesmo alguma prova testemunhal que venha a se tornar irrepetível.

Assim, sem perder a natureza cautelar, de preservação do meio de prova, procedendo-se com urgência diante da dificuldade de se obter determinados elementos de prova com o passar do tempo, a cautelaridade ínsita aos atos do inquérito não se confunde com provisoriedade, visto que muitos dos atos acabam transcendendo essa possível característica, convertendo--se de provisórios em permanentes.

---

[2] As ideias aqui expostas, no tocante ao direito de defesa no inquérito policial, não são inéditas. Cf. Marta Saad, *O direito de defesa no inquérito policial*, São Paulo, Revista dos Tribunais, 2004; Maria Thereza Rocha de Assis Moura e Marta Saad, Constituição da República e exercício do direito de defesa, In: Ana Cláudia Bastos Pinho e Marcus Alan de Melo Gomes (Org.), *Ciências criminais: articulações críticas em torno dos 20 anos da Constituição da República*, Rio de Janeiro, Lumen Juris, 2009.

CRIMINALIDADE ORGANIZADA

Ao lado do atendimento à urgência na obtenção dos meios de prova, o inquérito policial também surge cautelar no sentido de evitar excessos que a imediatidade de eventual ação penal poderia trazer à honra e à reputação do envolvido no processo penal.

A função do inquérito policial consiste, portanto, em colher elementos tão logo chegue à autoridade policial a notícia da infração, os quais poderiam desaparecer pela ação do tempo.

O inquérito, além disso, ostenta ainda finalidades de duas ordens. A primeira delas é a de reconstruir o fato investigado, informando e instruindo a autoridade judicial e o acusador, público ou privado. O inquérito policial não é só base para a acusação,[3] mas também para o arquivamento,[4] quando se constata que os meios de prova lá constantes são falhos quanto ao fato e/ou à autoria, ou porque os meios de prova demonstram que o fato apurado é inexistente ou atípico, ou, ainda, comprovam a existência de causa de exclusão da antijuridicidade ou causa de extinção da punibilidade. Por isso, a autoridade policial deve também produzir provas em favor do suspeito ou do indiciado.

A segunda finalidade do inquérito é a de ministrar elementos para que o juiz possa se convencer acerca da necessidade ou não se de decretar a prisão preventiva, o arresto e sequestro de bens, a busca e a apreensão, a quebra do sigilo bancário ou telefônico. Serve, portanto, de base para decretação de medidas e provimentos cautelares, no curso do inquérito.

O inquérito policial é inquisitivo, no sentido de que a autoridade policial, que comanda o inquérito policial, possui discricionariedade, no sentido de escolher as medidas de investigação necessárias e pertinentes a fim de apurar o fato, que se apresenta como ilícito e típico. A falta de rito pré-estabelecido faz com que a sequência das investigações varie ao empuxo do resultado das diligências, que se sucedem. Este poder-dever inquisitivo não afasta, porém, a participação dos interessados, acusado ou ofendido. Ao contrário, os esforços se somam, trabalham juntos.

O inquérito não é, porém, peça meramente informativa, seus elementos se destinam a convencer quanto à viabilidade ou não da ação penal ou

---

[3] Determina o artigo 12 do Código de Processo Penal que "o inquérito policial acompanhará a denúncia ou queixa, sempre que servir de base a uma ou outra".

[4] Artigo 18 do Código de Processo Penal: "Depois de ordenado o arquivamento do inquérito pela autoridade judiciária, por falta de base para a denúncia, a autoridade policial poderá proceder a novas pesquisas, se de outras provas tiver notícia".

quanto às condições necessárias para a decretação de qualquer medida ou provimento cautelar no curso do inquérito policial. Os dados ali colhidos não só informam, mas convencem, tais como as declarações de vítimas, os depoimentos de testemunhas, as declarações dos acusados, a acareação, o reconhecimento, o conteúdo de determinados documentos juntados aos autos, as perícias em geral (exames, vistorias e avaliações), a identificação dactiloscópica, o estudo da vida pregressa, a reconstituição do crime.

Em síntese: o inquérito policial é procedimento administrativo cautelar que tem por função elucidar o fato, que aparenta ser ilícito e típico, e sua autoria, coautoria e participação. Tem natureza inquisitiva e não inquisitória. Isto de forma alguma impede a participação e a colaboração da defesa do acusado nesta fase preliminar da persecução penal, bem assim do ofendido.

É certo, ainda, que o inquérito policial abriga não só atos de investigação, mas também atos de instrução criminal, alguns de caráter transitório e outros de caráter definitivo.

Com efeito, a partir da instauração do inquérito policial, inúmeros atos que acarretam restrição a direitos constitucionalmente assegurados podem ser tomados em desfavor do acusado, tais como os decretos de prisão preventiva e temporária, se o inquérito já não tiver se iniciado por meio de flagrante, em nítida restrição ao direito de liberdade.

Pode ainda ter lugar, no curso do inquérito policial, a decretação de medidas cautelares, como a busca pessoal ou domiciliar, que limita os direitos de inviolabilidade do domicílio, da intimidade e da vida privada e a integridade física e moral do indivíduo; a apreensão, que pode restringir o direito a liberdade, tutela e curatela, a posse e a propriedade; a decretação do arresto ou sequestro de bens, que limitam a fruição da posse e propriedade; a quebra dos sigilos fiscal e bancário, que atinge a intimidade e a vida privada; a interceptação das comunicações telefônicas, que restringe o sigilo das comunicações; a determinação do indiciamento, que acarreta abalo moral, familiar e econômico; e, pior, ao fim, possível formalização da acusação, com o início da segunda fase da persecução penal, por meio da decisão de recebimento da denúncia, ou queixa.

Justamente por ser o inquérito etapa importante para a obtenção de meios de provas, inclusive com atos que depois não mais se repetem, o acusado deve contar com assistência de defensor já nesta fase preliminar, preparando adequada e tempestivamente sua defesa, substancial, de conteúdo.

CRIMINALIDADE ORGANIZADA

2.2. Extensão do direito de defesa assegurado na Constituição da República

O direito de defesa sempre veio consagrado nas Constituições brasileiras, desde a Constituição de 1824 (artigo 179, § 8°). Na Constituição de 1891, tal direito estava previsto no artigo 72, § 16. A Constituição de 1934 previa o direito de defesa no artigo 113, n°. 24, e a Constituição de 1937, no artigo 122, n°. 11, 2ª. parte.

A Constituição de 1946 previa, no artigo 141, § 25 que "é assegurada aos acusados plena defesa, com todos os meios e recursos essenciais a ela, desde a nota de culpa, que, assinada pela autoridade competente, com os nomes do acusador e das testemunhas, será entregue ao preso dentro em vinte e quatro horas. A instrução criminal será contraditória".

A mesma redação foi repetida na a Constituição de 1967, no artigo 150, § 15 e § 16. Depois, a Emenda Constitucional n° 1, de 1969, referia-se, separadamente, à ampla defesa e à instrução contraditória, no artigo 153, § 15 e §16.

A Constituição da República, de 1988, ampliando as redações anteriores, assegurou, no artigo 5°, inciso LV, que "aos litigantes, em processo judicial ou administrativo, e aos acusados em geral são assegurados o contraditório e a ampla defesa, com os meios e recursos a ela inerentes". O direito de defesa integra o devido processo e procedimento penal, nos termos do assegurado no artigo 5°, inciso LIV.

A redação atual da Constituição permite concluir que não se admite mais persecução penal preparatória ou prévia unilateral: não se admitem instruções secretas ou interrogatórios sob coação. Não se pode excluir a presença do defensor, indispensável.

A interpretação de tal dispositivo passa, então, necessariamente pela fixação do conceito da expressão "acusados em geral", bem como pelo que se entende por processo administrativo.

Acusação, acusado, acusador, acusamento, acusante, acusar, acusativo, acusatório, acusável são todos vocábulos derivados do latino *accusare*, que significa "atribuir a alguém determinada conduta reprovável"[5], criminar,

---

[5] Verbete acusar, *Enciclopédia Saraiva do direito*, São Paulo, Saraiva, 1977, v. 4, p. 257.

inculpar, denunciar alguém como autor de algum delito, culpar, censurar, repreender, notar, taxar.[6]

Neste sentido lato, acusação é a atribuição a um indivíduo de um fato juridicamente ilícito. E acusado, imputado, criminado, incriminado, increpado, são todos sinônimos para a pessoa sobre quem se levanta uma acusação. A atribuição da prática de um ilícito a determinada pessoa, ainda que de maneira informal, leva então a que se tenha acusação e acusado.[7]

Em acepção técnica, porém, muitas vezes se restringe o uso do termo acusar, dando-lhe com isso o significado de "promover, em Juízo, a persecução penal de alguém, imputando-lhe, de modo formal, a prática de fato penalmente relevante".[8] Daí a denúncia e a queixa mostrarem-se como modalidades de acusação formal.

Levando-se tal acepção restrita em conta, tem-se que o acusado é apenas aquele indivíduo contra quem foi proposta ação penal e, portanto, o indiciado não pode ser considerado acusado.[9] Formalmente, então, é somente após o recebimento da denúncia ou da queixa que se tem o acusado, em sentido estrito e técnico.

Aceitar, porém, a expressão "acusados em geral" apenas em sentido estrito leva a que a pessoa envolvida em inquérito policial reste indefesa na etapa em que mais lhe é cara a produção de provas. A garantia constitucional de defesa é ampla, assegurando-a em etapas anteriores à acusação processualmente válida.

Por isso, a fim de não deixar dúvidas, a Constituição da República utilizou, no artigo 5º, inciso LV, a expressão "acusados em geral", o que significa que há pelo menos duas espécies de acusados (o restrito e o amplo, ou o formal e o informal). Acolheu, então, o significado amplo da expressão, e não o restrito, que apenas admite a acusação formal.

Com efeito, "acusados em geral" é expressão que envolve toda sorte de acusados, em juízo ou fora dele, abrangendo, então, o indiciado, o acusado

---

[6] Verbete acusar, *Encyclopedia e diccionario internacional,* Rio de Janeiro, W. M. Jackson, [s.d], p. 95.

[7] Antonio Scarance Fernandes, *A reação defensiva à imputação,* São Paulo, Revista dos Tribunais, 2002, p. 103-104.

[8] Verbete acusar, *Enciclopédia Saraiva do direito,* São Paulo, Saraiva, 1977, v. 4, p. 257.

[9] Adotando tal acepção restrita e entendendo que o indiciado não é acusado, cf., entre outros, José Frederico Marques, *Tratado de direito processual penal,* São Paulo, Saraiva, 1980, v. 2, p. 290.

CRIMINALIDADE ORGANIZADA

e o condenado, em seus diferentes graus de incriminação, reconhecidos pelos doutrinadores.

Há, de fato, diversos graus de incriminação, passando-se por diferentes juízos, sempre em crescendo de certeza jurídica acerca da autoria do delito.[10] As categorias de acusados (indiciado, acusado e condenado) correspondem a sucessivas passagens de juízo até se atingir a certeza atingível.

Assim, o suspeito é aquele sobre o qual se encerra juízo do possível: tanto pode ser o autor, como pode não ser o autor da infração, que se está a investigar. Supõe-se, mas o juízo ainda é neutral;[11] não encerra acusação, porque ainda não foi formado juízo de probabilidade contra o sujeito.

O indiciado é aquele sobre o qual já se reuniram indícios suficientes,[12] de modo que sobre ele recaia juízo do provável.[13] A todos eles, a defesa deve ser garantida.

Portanto, acusados em geral, expressão contemplada pela Constituição, abarca todas as formas de acusados, formais e informais, incluindo-se aí o sujeito investigado no inquérito policial.

Além disso, há que se reconhecer a possibilidade de exercício do direito de defesa no inquérito policial pelo fato de este ter natureza jurídica de procedimento administrativo, não obstante sua finalidade judiciária. É manifesto que elementos de convencimento são colhidos na fase extrajudicial do procedimento da persecução penal, ensejando acusação formal.

O inquérito policial tem natureza jurídica de procedimento. Dispõe o artigo 6º do Código de Processo Penal uma série de medidas que a autoridade policial deverá providenciar, tão logo tenha conhecimento da prática da infração penal. É certo, contudo, que tais providências variam ao empuxo da infração que se investiga e dos elementos que se vão obtendo.

Assim, dadas as variantes de cada caso, não há rito pré-estabelecido e, portanto, o inquérito é só procedimento administrativo, e não processo. Não obstante, deve o inquérito ostentar perfeição lógica e formal, visto que determinadas formalidades, em especial do auto de prisão em flagrante

---

[10] Sérgio Marcos de Moraes Pitombo, *Inquérito policial*: novas tendências, Belém, CEJUP, 1987.

[11] Sérgio Marcos de Moraes Pitombo, *Inquérito policial...*, cit., p. 38-39.

[12] Art. 2º, § 6º, da Lei nº. 12.830/13: "o indiciamento, privativo do delegado de polícia, dar-se-á por ato fundamentado, mediante análise técnico-jurídica do fato, que deverá indicar a autoria, materialidade e suas circunstâncias".

[13] Sérgio Marcos de Moraes Pitombo, *Inquérito policial...*, cit., p. 38-39.

DIREITO DE DEFESA NO INQUÉRITO POLICIAL DIANTE DOS MEIOS DE OBTENÇÃO DE PROVAS...

delito, devem ser obedecidas, a fim de salvaguardar os direitos e garantias individuais.

Realizado pela polícia judiciária (artigo 4º do Código de Processo Penal), e, portanto, em âmbito administrativo, o inquérito policial ostenta natureza jurídica de procedimento administrativo quanto à forma, quanto àquele que o dirige, muito embora com finalidade judiciária.

O artigo 5º, inciso LV, da Constituição da República fala em processo administrativo, mas o processo é entidade abstrata, que se corporifica sempre em procedimento.

Além disso, o mesmo dispositivo assegura que "aos litigantes, em processo judicial ou administrativo, e aos acusados em geral são assegurados o contraditório e ampla defesa, com os meios e recursos a ela inerentes". Com esta redação, a Constituição aparta não só litigantes de acusados, mas também contraditório de ampla defesa, de forma que cada qual é exercido de acordo com o instante e a natureza do procedimento que lhe seja compatível, o que não impede que, desde que possível, sejam atuados conjuntamente. Assim, se é certo que, no processo penal, não há litigantes, mas sim acusador e acusado, no inquérito policial, procedimento administrativo com fins judiciais, não há possibilidade de se estabelecer contraditório, mas sim exercício do direito de defesa.[14]

Se, de fato, não se mostra apropriado falar em contraditório no curso do inquérito policial, seja porque não há acusação formal, seja porque, na opinião de alguns, sequer há procedimento, não se pode afirmar que não se admite o exercício do direito de defesa, porque se trata de oposição ou resistência à imputação informal pela ocorrência de lesão ou ameaça de lesão.

No mais, é de se reconhecer que já há acusação, em sentido amplo, entendida como afirmação ou atribuição de ato ou fato a pessoa autora, coatora ou partícipe, em diversos atos do inquérito policial, como na prisão em flagrante delito; na nota de culpa; no boletim de ocorrência de autoria conhecida; no requerimento, requisição e na portaria de instauração do inquérito policial; ou, ainda, no indiciamento realizado pela autoridade

---

[14] Nesse sentido, reconhecendo a necessidade do exercício da defesa no inquérito policial, cf. Sérgio Marcos de Moraes Pitombo, Inquérito policial: exercício do direito de defesa, *Boletim do Instituto Brasileiro de Ciências Criminais*, São Paulo, ano 7, nº. 83, edição especial, p. 14, out. 1999.

CRIMINALIDADE ORGANIZADA

policial,[15] bem como nos diversos provimentos e medidas cautelares, determinados e realizados nessa primeira fase da persecução penal. Saliente-se que o próprio Código de Processo Penal, ao cuidar da prisão em flagrante delito, estatui, no artigo 304, que a autoridade policial procederá "ao interrogatório do acusado sobre a imputação que lhe é feita". Diante de tudo isso, bem como da possibilidade de o suspeito vir a ser indiciado, deve poder se defender.

Há de se garantir ao acusado, portanto, o direito de defesa, no sentido de resistência, oposição de forças, possibilitando a ele o direito de se contrapor a todas as acusações, com a assistência de advogado, com a possibilidade de manter-se silente e a admissibilidade de produção das provas por ele requeridas, indispensáveis à demonstração de sua inocência, ou de sua culpabilidade diminuída.

Desta forma, o exercício do direito de defesa, eficaz e tempestivo, deve se iniciar no inquérito policial, permitindo-se então a defesa integral, contínua e unitária.[16]

2.3. Inoponibilidade de sigilo em relação ao acusado e seu defensor

O sigilo, previsto no artigo 20 do Código de Processo Penal, serve à investigação do fato aparentemente criminoso e, ao mesmo tempo, tende a preservar a intimidade, a vida privada, a imagem e a honra das pessoas envolvidas na apuração e a prevenir o sensacionalismo, mas não pode ser oposto ao indiciado, ou suspeito, nem ao defensor, sobretudo no que se refere aos atos instrutórios.

Como afirmado acima (item 2.1), a primeira fase da persecução penal compõe-se de atos de investigação e atos de instrução. Quem investiga rastreia, pesquisa, indaga, segue vestígios e sinais, busca informações para elucidação de um fato. Depois de documentada a diligência, passa-se da investigação à instrução, que pode se dar mediante atos transitórios ou

---

[15] Benedito Roberto Garcia Pozzer, *Correlação entre acusação e sentença no processo penal brasileiro*, São Paulo, IBCCRIM, 2001, p. 82-99.

[16] Edgar Saavedra Rojas, Derecho a la defensa, *Derecho Penal y Criminologia – Revista del Instituto de Ciencias Penales y Criminologicas de la Universidad Externado de Colombia*, Bogotá, ano 17, nº. 56, p. 25-36, mayo-ago. 1995, p. 25-26.

DIREITO DE DEFESA NO INQUÉRITO POLICIAL DIANTE DOS MEIOS DE OBTENÇÃO DE PROVAS...

repetíveis, e, portanto, suscetíveis de renovação, ou definitivos e irrepetíveis, os quais se incorporam ao bojo de eventual ação penal.[17]

É a definitividade, inerente a certos atos, que exige garantia do exercício do direito de defesa já na fase preliminar da persecução penal.

Determinadas diligências devem, é certo, ser tomadas como sigilosas, sob risco de comprometimento do seu bom sucesso. Mas, se o sigilo é aí necessário à apuração e à atividade instrutória, a formalização documental do resultado desta atividade, todavia, não pode ser subtraída ao indiciado nem a seu defensor, porque já cessada a causa do sigilo.

Assim, pode se guardar sigilo somente quanto a deliberação e prática de atos de investigação. À luz da Constituição da República, que garante aos acusados, aí incluídos o indiciado e o investigado, o direito de defesa, os atos de instrução, que são documentação dos elementos colhidos na investigação, devem estar acessíveis ao acusado e seu defensor, tão logo cessada a causa do sigilo. Se o sigilo atinge a defesa neste ponto, tolhe gravemente seu exercício.

Note-se que, além da regra constitucional, há normas infraconstitucionais que põem o defensor a salvo do sigilo eventualmente imposto ao inquérito policial: o Estatuto da Ordem dos Advogados do Brasil – a Lei nº. 8.906/94 – preceitua, no artigo 7º, inciso XIV, que "são direitos do advogado examinar, em qualquer repartição policial, mesmo sem procuração, autos de flagrante e de inquérito, findos ou em andamento, ainda que conclusos à autoridade, podendo copiar peças e tomar apontados". Desta forma, quem dirige atos da primeira fase da persecução não pode vedar ao defensor do acusado vista dos autos, para tomar apontamentos ou para extrair cópias. O artigo 16 do Código de Processo Penal Militar estatui que "o inquérito é sigiloso, mas seu encarregado pode permitir que dele tome conhecimento o advogado do indiciado".

O acusado não pode ser mantido alheio a todo o procedimento prévio. Nada obsta a que, ciente do estado desta primeira fase da persecução, a defesa, diligente, cuide de afastar a suspeita que recai sobre o acusado, concorrendo para o escopo último das investigações e evitando acusação

---

[17] Neste sentido, o artigo 155 do Código de Processo Penal: "o juiz formará sua convicção pela livre apreciação da prova produzida em contraditório judicial, não podendo fundamentar sua decisão exclusivamente nos elementos informativos colhidos na investigação, ressalvadas as provas cautelares, não repetíveis e antecipadas".

CRIMINALIDADE ORGANIZADA

formal, em juízo. É, antes, até recomendável que se amplie o campo de busca de elementos para elucidação dos fatos, porque novos dados podem ser trazidos aos autos pela defesa da pessoa que se encontra na posição de suspeito.

A autoridade que conduz o inquérito pode, assim, impor-lhe sigilo, quando necessário à elucidação do fato. Mas este sigilo não pode alcançar o acusado nem seu defensor, no tocante aos atos de instrução realizados e documentados.

Assim, o sigilo, enquanto instrumento disponível para assegurar a intimidade dos investigados em relação a terceiros, alheios ao procedimento – o chamado sigilo externo – não pode ser instrumento utilizado para afastar ou limitar a defesa e a publicidade, enquanto direitos do acusado. Nem parece adequado invocar a intimidade dos demais investigados, para impedir o acesso do acusado e seu defensor aos autos, porque tal expediente importa, em verdade, restrição ao direito de cada um dos envolvidos, porque impede a todos de conhecer o que, documentalmente, conste dos autos e lhes seja contrário. Para isso, a autoridade policial deve aparelhar-se, com expedientes adequados, para permitir que a defesa de cada investigado tenha acesso ao que diga respeito a seu constituinte.

A jurisprudência, todavia, não era firme em assegurar ao acusado o direito de acesso aos autos na primeira fase da persecução. Em 2004, porém, o Supremo Tribunal Federal, em importante julgamento –HC nº. 82.354[18]–, garantiu à defesa do indiciado o direito de vista dos autos do inquérito policial antes da inquirição do acusado. Os casos se avolumaram nos Tribunais Superiores[19] e levaram à edição da Súmula Vinculante nº. 14, cujo verbete diz: "é direito do defensor, no interesse do representado, ter acesso amplo aos elementos de prova que, já documentados em procedimento investigatório realizado por órgão com competência de polícia judiciária, digam respeito ao exercício do direito de defesa".

Tais precedentes, e a súmula vinculante em especial, revestem-se de especial importância, porque asseguram a premissa necessária para o exercício do direito de defesa. Isto, porém, não é tudo: é necessário que,

[18] STF, HC nº. 82.354, Rel. Min. Sepúlveda Pertence, DJ de 24.09.2004.

[19] STF, HC nº. 88.190, Rel. Min. Cezar Peluso, DJ de 06.10.2006; STJ, HC nº. 67.114, Rel. Min. Felix Fischer, DJ de 26.02.2007; HC nº. 64.290, Rel. Min. Gilson Dipp, DJ de 06.08.2007; HC nº. 45.258, Rel. p/ acórdão Min. Nilson Naves, DJ de 05.11.2007; HC nº. 88.104, Rel. Min. Maria Thereza Assis Moura, DJ de 19.12.2007.

conhecendo os fatos investigados, possa a defesa ter assegurada a sua participação na persecução penal preliminar.

2.4. Proposição, admissão e produção de meios de prova

O artigo 14 do Código de Processo Penal consagra, na legislação ordinária, o direito de defesa no inquérito policial, atribuindo ao indiciado e ao ofendido o direito de requerer, à autoridade policial, a realização de diligências.[20] Ao tempo de sua formulação, dizia-se tratar de dispositivo acertado, porque ofendido e indiciado são interessados no desfecho do inquérito policial.

Desta forma, o indiciado, e também o ofendido, ou seu representante legal, podem requerer a realização de perícias e formular quesitos, pedir esclarecimentos ou complementação de laudos já apresentados, podem arrolar testemunhas e contestar todas as ouvidas, requerer a juntada de documentos e papéis, bem como impugnar a autenticidade de documentos já juntados aos autos.[21] Com isso, certamente, "lucra a investigação policial e ganha a justiça, que vê carreados, precocemente, para os autos importantes subsídios de prova".[22]

Afirma a doutrina que os pedidos formulados, pelo suspeito, indiciado ou pela vítima, ficam, contudo, sujeitos à discricionariedade da autoridade policial, exceção feita ao exame de corpo de delito. Se tal posicionamento mostrava-se válido, embora questionável, antes da promulgação da Constituição da República, tem-se que, depois dela, ele não tem razão de ser, sendo certo que o direito de defesa, na fase preliminar, é direito subjetivo do acusado, e a autoridade policial não pode deixar de realizar diligências importantes à elucidação dos fatos, desde que pertinentes.

De fato, a autoridade policial é também guiada em sua atividade no inquérito policial pela busca da verdade, e a discricionariedade que a orienta não pode restringir qualquer direito do indiciado.

Assim, a autoridade apenas pode deixar de atender os pedidos "se entender que a diligência desejada não é realizável praticamente, ou é

---

[20] Antonio Scarance Fernandes, *A reação...*, cit., p. 120.

[21] Joaquim Canuto Mendes de Almeida, *Princípios fundamentais do processo penal,*São Paulo, Revista dos Tribunais, 1973, p. 213-214.

[22] Hélio Tornaghi, *Instituições de processo penal*, 2. ed., São Paulo, Saraiva, 1977, v. 2, p. 290.

CRIMINALIDADE ORGANIZADA

inócua ou prejudicial à apuração exata dos fatos. De modo nenhum poderá justificar-se a recusa de atenção ao requerimento de diligência, capaz de trazer um esclarecimento real da ocorrência".[23] Em recusando o pedido de diligências, tal ato deve ser devidamente motivado.[24]

Portanto, releitura do disposto no artigo 14 do Código de Processo Penal, face à garantia constitucional da ampla defesa, permite concluir que o Delegado de Polícia somente poderá negar a realização do pedido se este for inviável, sob o ponto de vista fático, ou inócuo. Não pode a autoridade policial negar o requerimento de diligência formulado pelo acusado, desde que guarde importância e correlação com o esclarecimento dos fatos e a defesa do acusado. Em face do disposto no artigo 5º, inciso LV, da Constituição da República, o requerimento de diligências pelo indiciado é um direito subjetivo seu, que não pode ser negado arbitrariamente pela autoridade, e, na eventualidade de ser indeferido o pedido, o acusado pode fazer uso do mandado de segurança, porque ferido direito líquido e certo, ou, até se valer do *habeas corpus.*

De qualquer modo, a recusa de praticar a diligência deve ser fundamentada, nos termos do artigo 93, inciso IX, da Constituição da República, a fim de se analisar o motivo e a motivação da recusa. Agindo desmesuradamente, dentro mesmo do seu poder discricionário, a autoridade policial é responsável administrativa, civil e criminalmente pelos excessos e ilegalidades que vier a cometer.[25]

O defensor, portanto, deve intervir na prática de todos atos instrutórios do inquérito policial, pouco importando se a diligência tenha sido ou não proposta por ele, e ainda que tal participação se dê de forma diferida, a fim de não inviabilizar a prática de atos impostergáveis.

Com isso, assegura-se o direito de defesa na fase preliminar da persecução penal.

---

[23] Eduardo Espínola Filho, Inquérito policial. In: João Manuel de Carvalho Santos, *Repertório enciclopédico do direito brasileiro*, Rio de Janeiro, Borsoi, [1947?]-1955, v. 27, p. 196.

[24] Se o pedido não guarda vínculo probatório, se é irrealizável, se é postergatório ou se, por exemplo, o resultado da diligência já existe nos autos, deve tal razão vir explicitada na decisão que indefere a diligência. Nesse sentido, cf. Adilson José Vieira Pinto, O inquérito policial à luz dos direitos e garantias individuais da Constituição Federal de 1988, *Revista Brasileira de Ciências Criminais*, São Paulo, ano 7, nº. 27, p. 251-264, jul.-set. 1999, p. 260.

[25] Rogério Lauria Tucci, *Persecução penal, prisão e liberdade*, São Paulo, Saraiva, 1980, p. 48.

3. Os meios de obtenção de prova na lei das organizações criminosas

O modo de investigar as organizações criminosas, porém, veio se alterando nas últimas décadas. Os chamados métodos ocultos de investigação ou meios excepcionais de obtenção de prova surgiram na década de 1960, com a demanda por modos de investigação secreta principalmente do crime de tráfico de entorpecentes.[26]

As características deste tipo de criminalidade, que é contínua ou permanente e não tem vítima direta, dentre outras especificidades, representam desafios ao modelo tradicional de investigação preliminar, que se viu impelido, então, a lançar mão de novos instrumentos de persecução penal.

O sistema brasileiro não ficou imune a tal demanda. A primeira lei que dispôs sobre a "utilização de meios operacionais para a prevenção e repressão de ações praticadas por organizações criminosas" foi a Lei nº. 9.034/95, hoje revogada pela recente Lei n.º 12.850/13.

O artigo 2º da Lei nº. 9.034/95 estabelecia que, em qualquer fase da persecução criminal que versasse sobre ação praticada por organizações criminosas, eram permitidos, além dos procedimentos de investigação e formação de provas já previstos em lei, a ação controlada e o acesso a dados, documentos e informações fiscais, bancárias, financeiras e eleitorais.

A Lei nº. 9.034/95 foi alterada pela Lei nº. 10.217/01, que regulava "meios de prova e procedimentos investigatórios que versem sobre ilícitos decorrentes de ações praticadas por quadrilha ou bando ou organizações ou associações criminosas de qualquer tipo".

Sem definir exatamente o que seriam organizações ou associações criminosas, a Lei nº. 10.217/01 acrescentou dois meios de prova aos então previstos: (i) captação e interceptação ambiental de sinais eletromagnéticos, óticos ou acústicos, e o seu registro e análise, mediante circunstanciada autorização judicial e (ii) infiltração, por agentes de polícia ou de inteligência, em tarefas de investigação, constituída pelos órgãos especializados pertinentes, mediante circunstanciada autorização judicial.

A Lei nº. 9.034/95, alterada pela Lei nº. 10.217/01, foi depois revogada pela Lei nº. 12.850/13, hoje em vigor, que "define organização criminosa e dispõe sobre a investigação criminal, os meios de obtenção da prova,

---

[26] Hans-Joerg Albrecht, Secret surveillance: measures of secret investigation in the criminal process, *In: Revista Brasileira de Ciências Criminais*, São Paulo, ano 19, n.º 92, pp. 123-153, set.-out. 2011.

CRIMINALIDADE ORGANIZADA

infrações penais correlatas e o procedimento criminal a ser aplicado" na persecução penal que tenha por objeto um crime de organização criminosa.

A Lei nº. 10.217/01 prevê no artigo 3º que, em qualquer fase da persecução penal, serão permitidos, sem prejuízo de outros já previstos lei, os seguintes meios de obtenção de prova: (i) colaboração premiada, (ii) captação ambiental de sinais eletromagnéticos, ópticos ou acústicos, (iii) ação controlada, (iv) acesso a registros de ligações telefônicas e telemáticas, a dados cadastrais constantes de bancos de dados públicos ou privados e a informações eleitorais ou comerciais, (v) interceptação de comunicações telefônicas e telemáticas, nos termos da legislação específica, (vi) afastamento dos sigilos financeiro, bancário e fiscal, (vii) infiltração, por policiais, em atividade de investigação e também prevê cooperação entre instituições e órgãos federais, distritais, estaduais e municipais na busca de provas e informações de interesse da investigação ou da instrução criminal.

Além de enumerá-los, a Lei foi além, porque previu algum procedimento, já que a legislação anterior, revogada, limitava-se a nominar os meios de obtenção de prova, sem estabelecer disciplina legal quanto a hipóteses de cabimento, reserva de jurisdição, duração da medida, eficácia probatória, entre outros pontos relevantes.

Por isso, tendo em conta que é na fase preliminar que com mais frequência se utilizam os meios de obtenção de prova mencionados e que, em regra, estes meios são sigilosos, a fim de garantir a eficácia do seu cumprimento, interessa-nos, no âmbito deste estudo, a avaliação da compatibilização da disciplina legal destes meios excepcionais de obtenção de prova e o direito de defesa.

Um dispositivo genérico, constante do artigo 23 da Lei nº. 12.850/13, relativo ao sigilo da investigação, estabelece que este "poderá ser decretado pela autoridade judicial competente, para garantia da celeridade e da eficácia das diligências investigatórias, assegurando-se ao defensor, no interesse do representado, amplo acesso aos elementos de prova que digam respeito ao exercício do direito de defesa, devidamente precedido de autorização judicial, ressalvados os referentes às diligências em andamento".

Prevê-se, aqui, a possibilidade de sigilo, mas se garante a publicidade interna, permitindo que o defensor do representado tenha acesso aos elementos de prova, ressalvados os referentes às diligências em andamento.

Cuida-se, ainda, do prazo razoável para a preparação da defesa: o parágrafo único do artigo 23 estabelece que, "determinado o depoimento do investigado, seu defensor terá assegurada a prévia vista dos autos, ainda que classificados como sigilosos, no prazo mínimo de 3 (três) dias que antecedem ao ato, podendo ser ampliado, a critério da autoridade responsável pela investigação".

Ainda assim, vale analisar, sob o prisma do direito de defesa, os meios de prova previstos na Lei nº. 12.850/13, notadamente o que se desenvolvem sob sigilo, porque envolvem o fator surpresa.

3.1. Colaboração premiada

A colaboração premiada está disciplinada nos artigos 4º a 9º da Lei nº. 12.850/2013.

Pode ocorrer em qualquer fase da persecução penal e, até mesmo, após o trânsito em julgado da condenação, já na execução da pena.

Comporta fase de negociação e acordo, homologação judicial e sentença, quando se decidirá sobre o cumprimento do acordo, aplicando-se ou não o benefício.

A questão que interessa aqui é o exercício do direito de defesa tanto do colaborador como do delatado.

Em relação ao colaborador, está-se em um âmbito de consenso, com negociação entre investigado e Ministério Público. Deste modo, não se estabelece, nem pode se estabelecer, sigilo ou surpresa.

Assim, nas negociações prévias à celebração do acordo, o investigado ou acusado deve estar assistido por defensor (art. 4º, § 6º, da Lei nº. 12.850/13).

O juiz, previamente à homologação, também pode ouvir o colaborador, na presença de seu defensor (art. 4º, § 7º da Lei nº. 12.850/13).

Homologado o acordo, o colaborador poderá ser ouvido pelo membro do Ministério Público e pelo delegado de polícia responsável pelas investigações, sempre acompanhado por seu defensor (art. 4º, § 9º, da Lei nº. 12.850/13).

Além disso, o colaborador, nos depoimentos que prestar, ao renunciar ao direito ao silêncio e se submeter ao compromisso legal de dizer a verdade, também deverá fazê-lo na presença de seu defensor (art. 4º, § 14, da Lei nº. 12.850/13).

A Lei, a título de reforço, dispõe no artigo 4º, § 15, que "em todos os atos de negociação, confirmação e execução da colaboração, o colaborador deverá estar assistido por defensor".

CRIMINALIDADE ORGANIZADA

Prevê ainda que, para ter validade, o termo de acordo da colaboração premiada deverá ser feito por escrito e conter a declaração de aceitação do colaborador e de seu defensor (art. 6º, inciso III, da Lei nº. 12.850/13) e as assinaturas do representante do Ministério Público ou do delegado de polícia, do colaborador e de seu defensor (artigo 6º, inciso IV, da Lei nº. 12.850/13).

Quanto ao delatado, a discussão sobre a efetividade do direito de defesa se coloca em dois planos: o primeiro, pressuposto do segundo, é o direito de acesso à colaboração; o segundo, o direito de confrontar o colaborador.

A Lei nº.12.850/13 regulamentou a questão do acesso ao teor do acordo feito pelo colaborador. Estabelece no artigo 7º, § 2º, que "o acesso aos autos será restrito ao juiz, ao Ministério Público e ao delegado de polícia, como forma de garantir o êxito das investigações, assegurando-se ao defensor, no interesse do representado, amplo acesso aos elementos de prova que digam respeito ao exercício do direito de defesa, devidamente precedido de autorização judicial, ressalvados os referentes às diligências em andamento". E, no artigo 7º, § 3, que "o acordo de colaboração premiada deixa de ser sigiloso assim que recebida a denúncia".

Ainda antes da edição da Lei nº. 12.850/13, o Supremo Tribunal Federal, no julgamento do HC nº. 90.688,[27] reconhecia o direito de o deletado saber quais foram as autoridades que participaram e firmaram o acordo de delação premiada com outro investigado, mas afastada a possibilidade aos acusados de acesso ao conteúdo do acordo de delação.

A Lei n.º 12.850/13 foi além, permitindo o acesso ao conteúdo do acordo feito pelo colaborador. Persiste, porém, dificuldade de ordem prática no tocante ao que seja o "êxito das investigações" mencionado no dispositivo, que, segundo a Lei, demandaria sigilo ainda no curso do inquérito policial. Isso porque não é incomum que haja sobreposição de outras linhas de apuração de fatos correlatos ou até de outras pessoas envolvidas na organização criminosa.[28]

Além disso, a Lei aparentemente faz distinção entre acordo de colaboração e declarações do colaborador, como se nota no disposto no artigo 4º, § 7º: "realizado o acordo na forma do § 6º, o respectivo termo,

---

[27] STF, HC nº. 90.688, Rel. Min. Ricardo Lewandowski, DJe de 24.08.2008.
[28] Francisco Valdez Pereira, *Delação premiada*: legitimidade e procedimento, 2. ed., Curitiba, Juruá, 2013.

DIREITO DE DEFESA NO INQUÉRITO POLICIAL DIANTE DOS MEIOS DE OBTENÇÃO DE PROVAS...

acompanhado das declarações do colaborador e de cópia da investigação, será remetido ao juiz para homologação, o qual deverá verificar sua regularidade, legalidade e voluntariedade, podendo para este fim, sigilosamente, ouvir o colaborador, na presença de seu defensor". Assim, o termo do acordo pode, eventualmente, não conter a íntegra das declarações do colaborador.

Deste modo, surge espaço para entendimento que, mesmo depois de afastado o sigilo, conste do termo de acordo de colaboração apenas um relato simplificado da colaboração e possíveis resultados, mas não o conjunto de declarações feitas pelo colaborador.[29] Esta posição, porém, parece claramente afrontar o direito de defesa.

Ainda, depois do problema do acesso, ainda há a questão do direito ao confronto do colaborador. Assim, os delatados devem ter assegurado o direito de ser ouvidos ainda na fase preliminar e de produzir prova em seu favor, confrontando o colaborador e afastando o risco de acusações falsas, precipitadas ou até temerárias.

3.2. Interceptação de comunicações telefônicas e telemáticas e captação ambiental de sinais eletromagnéticos, ópticos ou acústicos

No tocante às interceptações telefônicas e telemáticas, a Lei nº. 12.850/13 não traz disciplina específica. Limita-se a prever, no artigo 3º, inciso V, que as interceptações se darão nos termos da legislação específica, qual seja, a Lei nº. 9.296/96.

Quanto à captação ambiental de sinais eletromagnéticos, ópticos ou acústicos, o artigo 3º da Lei nº. 12.850/13 apenas a listou como meio de investigação e obtenção de provas, mas não disciplinou o seu procedimento. Diante disso, sustenta-se que, por analogia, deveria ser utilizado o procedimento previsto na Lei nº. 9.296/96, que disciplina a interceptação das conversações telefônicas. A transposição, porém, não é de todo adequada,[30] mas, ante a inexistência de procedimento típico adequado, será tratada aqui, neste mesmo item destinado à análise de interceptação das comunicações telefônicas e telemáticas.

---

[29] Francisco Valdez Pereira, *Delação premiada...*, cit., p. 153.
[30] Britto Filho, Márcio Geraldo, *A interceptação de comunicação entre pessoas presentes*, Brasília, Gazeta Jurídica, 2013.

CRIMINALIDADE ORGANIZADA

A intercepção de comunicações telefônicas não é um meio de investigação exclusivo das organizações criminosas. É cabível para quaisquer infrações penais punidas com reclusão (artigo 2º, inciso III, da Lei nº. 9.296/96).

A Lei nº. 9.296/96 e a interpretação jurisprudencial que se criou em torno dela têm situações que representam afronta ao direito de defesa.

Seria razoável que a gravação e a transcrição do conteúdo das conversas interceptadas fossem obrigatórias, a fim de viabilizar o contraditório e, desde modo, validar a prova.

A gravação das conversas telefônicas interceptadas, porém, fica sujeita à viabilidade, "no caso de a diligência possibilitar" (artigo 6º, § 1º da Lei nº. 9.296/96).

No tocante à transcrição das gravações, o mesmo artigo 6º, § 1º, da Lei nº. 9.296/96 estabelece que "no caso de a diligência possibilitar a gravação da comunicação interceptada, será determinada a sua transcrição". O Supremo Tribunal Federal já assentou interpretação no sentido de que a transcrição, porém, não é obrigatória, sendo exigível somente a transcrição daquilo que seja relevante para esclarecer os fatos da causa.[31]

Quanto à preservação e encaminhamento ao juízo do suporte físico contendo a *íntegra* das comunicações telefônicas, em sua versão original, bem como acesso à mídia pela defesa, não existe previsão legal.

O acesso à integralidade dos suportes de mídias que contenham diálogos interceptados e já juntados aos autos, e não apenas o que for escolhido pela acusação, é necessário para assegurar o controle pela defesa acerca da autenticidade e integridade do material, bem como para verificação dos diálogos, muitas vezes descontextualizados na acusação.[32]

Ainda, o artigo 8º da Lei nº. 9.296/96 estabelece o processamento da interceptação de comunicação telefônica em autos apartados, preservando-se o sigilo das diligências, gravações e transcrições respectivas. Caso a medida tenha sido decretada no curso do inquérito policial, estes autos somente serão apensados aos autos do inquérito policial imediatamente antes do relatório da autoridade policial, ao fim do inquérito policial.

Em respeito ao direito de defesa e ao verbete da Súmula Vinculante nº. 14 do Supremo Tribunal Federal, o correto, porém, seria permitir à

---

[31] STF, Inq. nº. 2424, Rel. Min. Cezar Peluso, DJe de 25.03.2010.
[32] STJ, HC nº. 199.730, Rel. Min. Napoleão Nunes Maia Filho, DJe de 31.08.2011.

defesa o acesso imediato, tão logo finda a diligência, e não apenas no fim do inquérito policial.

Por fim, a Lei nº. 9.296/96 prevê o incidente de inutilização da gravação que não interessar à prova. Estabelece que o incidente será assistido pelo Ministério Público, mas a presença do acusado ou de seu representante legal é apenas facultativa. O direito de defesa exige a presença do acusado e seu defensor no ato, para controle.

3.3. Ação controlada

A ação controlada consiste, de acordo com o artigo 8º da Lei nº. 12.850/13, *"em retardar a intervenção policial ou administrativa relativa à ação praticada por organização criminosa ou a ela vinculada, desde que mantida sob observação e acompanhamento para que a medida legal se concretize no momento mais eficaz à formação de provas e obtenção de informações"*.

A Lei não define requisitos ou hipóteses de cabimento, apenas exige que a medida seja previamente comunicada ao juiz competente que, "se for o caso, estabelecerá os seus limites e comunicará ao Ministério Público".

Quanto ao direito de defesa, a Lei estabelece que, no artigo 8º, § 2º, que "a comunicação será sigilosamente distribuída de forma a não conter informações que possam indicar a operação a ser efetuada". No 8º, § 3º, disciplina que "até o encerramento da diligência, o acesso aos autos será restrito ao juiz, ao Ministério Público e ao delegado de polícia, como forma de garantir o êxito das investigações" e prevê, no artigo 8º, § 3º, que, "ao término da diligência, elaborar-se-á auto circunstanciado acerca da ação controlada".

A questão mais tormentosa aqui diz com o prazo de duração da diligência, porque se prorroga o sigilo interno dos autos do inquérito policial que contenham ação controlada.[33] Ainda que não se possa limitar temporalmente a atividade com critérios objetivos rígidos, seria necessário promover alguma forma de controle periódico, que pudesse depois se tornar acessível ao acusado e ao seu defensor, para fins de verificação de excessos ou impertinência da medida.

---

[33] Fernanda Regina Vilares, *Ação controlada e criminalidade organizada*: os controles necessários à atividade investigativa, tese de doutorado apresentada na Faculdade de Direito da Universidade de São Paulo, São Paulo, 2015.

CRIMINALIDADE ORGANIZADA

3.4. Infiltração, por policiais, em atividade de investigação

A infiltração de agentes policiais constitui meio subsidiário de obtenção de prova disciplinado pela Lei nº. 12.850/13.

A Lei prevê, no artigo 12, que "o pedido de infiltração será sigilosamente distribuído, de forma a não conter informações que possam indicar a operação a ser efetivada ou identificar o agente que será infiltrado"; e, no § 1º, que "as informações quanto à necessidade da operação de infiltração serão dirigidas diretamente ao juiz competente, que decidirá no prazo de 24 (vinte e quatro) horas, após manifestação do Ministério Público na hipótese de representação do delegado de polícia, devendo-se adotar as medidas necessárias para o êxito das investigações e a segurança do agente infiltrado".

No artigo 12, § 2º, prevê que "os autos contendo as informações da operação de infiltração acompanharão a denúncia do Ministério Público, quando serão disponibilizados à defesa, assegurando-se a preservação da identidade do agente".

Vê-se dos dispositivos que as informações de operação de infiltração somente serão disponibilizadas à defesa depois do oferecimento da denúncia. Não há, assim, previsão de acesso durante o inquérito policial, mesmo que já finda a diligência, o que afronta o direito de defesa, previsto no artigo 5º, inciso LV, da Constituição da República e o verbete da Súmula Vinculante n.º 14, do Supremo Tribunal Federal.[34]

3.5. Demais meios de obtenção de prova previstos na Lei nº. 12.850/13

Além dos meios acima, a Lei também prevê (i) acesso a registros de ligações telefônicas e telemáticas, a dados cadastrais constantes de bancos de dados públicos ou privados e a informações eleitorais ou comerciais e (ii) afastamento dos sigilos financeiro, bancário e fiscal, além de cooperação entre instituições e órgãos federais, distritais, estaduais e municipais na busca de provas e informações de interesse da investigação ou da instrução criminal.

---

[34] Em sentido oposto, entendendo que a garantia deveria ser ainda mais flexibilizada, mantendo-se sigilo acerca das medidas de infiltração e colaboração, cf. Eduardo Araújo Silva, *Organizações criminosas*: aspectos penais e processuais da Lei 12.850/13, São Paulo, Atlas, 2014, p. 70.

A Lei nº. 12.850/13 prevê, no artigo 3º, dentre os meios de investigação e obtenção de prova, "o acesso a registros de ligações telefônicas e telemáticas, a dados cadastrais constantes de bancos de dados públicos ou privados e a informações eleitorais ou comerciais". A Lei não disciplinou o acesso a registros de ligações telefônicas e telemáticas, mas a regulamentação acerca do acesso a registros, dados cadastrais, documentos e informações se encontra nos artigos 15 a 17 da Lei nº. 12.850/13.

A Lei também faz referência ao "afastamento dos sigilos financeiro, bancário e fiscal" como meio de obtenção de prova no artigo 3º, inciso VI, reportando-se, porém, à legislação específica.

O acesso a registros de ligações telefônicas e telemáticas, a dados cadastrais constantes de bancos de dados públicos ou privados e a informações eleitorais ou comerciais e o afastamento dos sigilos financeiro, bancário e fiscal, diversamente dos meios analisados nos itens acima, não dependem de manutenção de sigilo.

A informação que se pretende obter com tais medidas é pré-existente, já documentada e constituída e está em poder de outra pessoa, que não o investigado. Por isso, a surpresa não lhes é um elemento essencial.

Assim, tais medidas não precisam de sigilo na sua decretação e execução, para fins de assegurar o sucesso do meio de obtenção de prova. Mais: porque a surpresa não é elemento de sucesso da medida, estes meios de obtenção de prova que independem do fator surpresa poderiam comportar até mesmo a manifestação da defesa, antes mesmo da análise judicial do seu cabimento, ante pedido formulado pelo Ministério Público ou Delegado de Polícia no curso do inquérito policial.

Não obstante tal constatação, a prática mostra que no mais das vezes também estes meios de obtenção de prova são tomados sem a prévia ciência do investigado,[35] sob alegação de que o seu conhecimento prévio poderia revelar a existência de investigação em curso e, assim, comprometer a eficácia de outras medidas que dependeriam do fator surpresa.

4. Considerações finais

O reconhecimento do direito defesa na primeira fase da persecução penal permite a concretização do disposto na Constituição da República que, de

---

[35] STJ, HC 315.973-MC, Rel. Des. Convocado Newton Trisotto, j. em 26.02.2015.

CRIMINALIDADE ORGANIZADA

forma expressa, assegura o direito de defesa em todos os procedimentos, administrativos e judiciais.

Análise dos principais aspectos do inquérito policial, a forma de apuração penal preliminar ou prévia mais utilizada da sistemática brasileira, revela que este contém atos de investigação e atos de instrução, alguns desses de caráter transitório, outros definitivos.

Carregado de atos definitivos, que não mais se repetem no correr da persecução penal, o inquérito policial guarda importância que reclama, em benefício do acusado, em favor de sua liberdade e da própria sociedade, o exercício do direito de defesa desde o inquérito policial, com a nomeação, inclusive, de defensor dativo ao acusado impossibilitado de fazê-lo.

Neste contexto, pouco deveria importar a utilização, no inquérito, do uso de meios excepcionais de obtenção de prova, tais como os previstos na Lei n.º 12.850/13. Vencido o sigilo necessário ao sucesso da medida, é necessário que imediatamente se assegure o direito de defesa ao investigado, em respeito ao artigo 5º, inciso LV, da Constituição da República e ao enunciado no verbete da Súmula Vinculante n.º 14 do Supremo Tribunal Federal.

Podendo conhecer o teor do inquérito policial; contra argumentar os meios de prova, oferecendo sua versão acerca dos fatos apurados; ou impugnar a classificação do delito feita pela autoridade policial; fazendo-se acompanhar sempre por defensor, para solicitar a produção de diligências em seu favor; e, principalmente, ciente de seus direitos constitucionais e podendo exercê-los desde logo, o acusado e também a Justiça Penal só têm a ganhar. Ele, por cuidar de afastar possível acusação formal; a Justiça Penal, por se precaver melhor contra acusações infundadas.

A integridade do sistema constitucional depende do valor que se atribua à liberdade individual e à valorização do acusado – ainda que informalmente acusado, no inquérito policial – como sujeito de direitos e não mero objeto de investigação, pouco importa se os meios de investigação são os ordinários ou excepcionais, cada vez mais disseminados e banalizados.

5. Referências

ALBRECHT, Hans-Joerg. Secret surveillance: measures of secret investigation in the criminal process. *In: Revista Brasileira de Ciências Criminais*. São Paulo, ano 19, n.º 92, pp. 123-153, set.-out. 2011.

BRITTO FILHO, Márcio Geraldo. *A interceptação de comunicação entre pessoas presentes*. Brasília: Gazeta Jurídica, 2013.

Enciclopédia Saraiva do direito. São Paulo: Saraiva, 1977, v. 4.

Encyclopedia e diccionario internacional. Rio de Janeiro, W. M. Jackson, [s.d].

ESPINOLA FILHO, Eduardo. Inquérito policial. In: SANTOS, João Manuel de Carvalho. *Repertório enciclopédico do direito brasileiro*, Rio de Janeiro, Borsoi, [1947?]-1955, v. 27.

FERNANDES, Antonio Scarance. *A reação defensiva à imputação*. São Paulo: Revista dos Tribunais, 2002.

MARQUES, José Frederico. *Tratado de direito processual penal*. São Paulo: Saraiva, 1980, v. 2.

MENDES DE ALMEIDA, Joaquim Canuto. *Princípios fundamentais do processo penal*.São Paulo: Revista dos Tribunais, 1973.

MOURA, Maria Thereza Rocha de Assis Moura e SAAD, Marta. Constituição da República e exercício do direito de defesa. In: PINHO, Ana Cláudia Bastos e GOMES, Marcus Alan de Melo (Org.). *Ciências criminais: articulações críticas em torno dos 20 anos da Constituição da República*. Rio de Janeiro: Lumen Juris, 2009.

PEREIRA, Francisco Valdez. *Delação premiada*: legitimidade e procedimento. 2. ed.. Curitiba: Juruá, 2013.

PINTO, Adilson José Vieira. O inquérito policial à luz dos direitos e garantias individuais da Constituição Federal de 1988. *Revista Brasileira de Ciências Criminais*, São Paulo, ano 7, nº. 27, p. 251-264, jul.-set. 1999.

PITOMBO, Sérgio Marcos de Moraes. Inquérito policial: exercício do direito de defesa, *Boletim do Instituto Brasileiro de Ciências Criminais*, São Paulo, ano 7, nº. 83, edição especial, p. 14, out. 1999.

_____. *Inquérito policial*: novas tendências. Belém: CEJUP, 1987.

POZZER, Benedito Roberto Garcia. *Correlação entre acusação e sentença no processo penal brasileiro*. São Paulo: IBCCRIM, 2001.

SAAD, Marta. *O direito de defesa no inquérito policial*. São Paulo: Revista dos Tribunais, 2004.

SAAVEDRA ROJAS, Edgar. Derecho a la defensa. i: *Derecho Penal y Criminologia – Revista del Instituto de Ciencias Penales y Criminologicas de la Universidad Externado de Colombia*. Bogotá, ano 17, nº. 56, p. 25-36, mayo-ago. 1995.

SILVA, Eduardo Araújo. *Organizações criminosas*: aspectos penais e processuais da Lei 12.850/13. São Paulo: Atlas, 2014.

TORNAGHI, Hélio. *Instituições de processo penal*. 2. ed.. São Paulo: Saraiva, 1977. v. 2.

TUCCI, Rogério Lauria. *Persecução penal, prisão e liberdade*. São Paulo: Saraiva, 1980.

VILARES, Fernanda Regina. *Ação controlada e criminalidade organizada*: os controles necessários à atividade investigativa. Tese de doutorado apresentada na Faculdade de Direito da Universidade de São Paulo. São Paulo, 2015.

PARTE III: INVESTIGAÇÃO

7. A investigação probatória no processo penal contemporâneo

Eliomar da Silva Pereira[1]

1. Tendências da investigação no processo penal

1. O processo penal contemporâneo se pode entender, ainda, como uma continuidade do projeto revolucionário francês, na base do iluminismo político, cuja tentativa de concretizar-se persiste na comunidade jurídica ocidental. Em uma história de longa duração[2], ainda se pode ver, nas várias reformas do processo penal do final do século passado, uma tentativa de aproximação daqueles ideais inicialmente postulados pela Revolução Francesa[3], que também foram incrementados por preocupações do segundo pós-guerra. Dos códigos de processo liberais às constituições democráticas, das constituições nacionais aos tratados internacionais de direitos humanos, podemos encontrar uma tentativa de realização daquelas ideias, que têm origem em discursos inicialmente sustentados por Montesquieu, Voltaire e, especialmente, Beccaria[4], persistentes ainda no processo penal atualmente.

---

[1] Doutorando em Direito (Universidade Católica Portuguesa), Mestre em Ciências Policiais (ISCPSI). Professor da Escola Superior de Polícia. Delegado de Polícia Federal.

[2] Cf. BRAUDEL, F. *Escritos sobre a História*, 1978, p. 13ss.

[3] Cf. PARKER, N. *As revoluções e a história*, 2001, p. 13ss.

[4] Cf. ALESSI, G. *Il processo penale. Profilo storico*, 2011, p. 119ss; cf. também ESMEIN, A. *Histoire de la procédure criminelle en France et spécialement de la procédure inquisitoire depuis le XIIIᵉ siècle jusqu'a nos jours*, 1969, p. 362ss.

Mas há, também, nesse mesmo processo penal um distanciamento daqueles ideais como o que se seguiu inclusive na própria França com o *Code d'Instruction Criminelle de 1808 (CIC/1808)*, que resgata elementos do *ancien regime* do processo penal *(Ordenance de 1670)* e investe a investigação criminal de uma função instrutória, modelo que se seguiu por várias codificações modernas e ainda persiste em parte contida em modelos contemporâneos, embora seja um modelo que se pretende superar. Atualmente, em grande parte, as reformas processuais de fim do século passado e início desse têm se dirigido, em síntese, no sentido de limitar essa função instrutória da investigação, segundo um modelo acusatório de investigação orientado exclusivamente a permitir a propositura da ação penal.

2. Uma característica tem sido, nesse contexto, persistente em diversos sistemas positivos: como hipótese de realização acusatória, para além da postulada função preparatória da investigação, tem-se atribuído a direção da investigação ao órgão oficial de acusação. Isso se observa inicialmente na Alemanha, seguindo-se especialmente por Portugal e Itália[5], tendo o seu coroamento no modelo de processo que se adota pelo Tribunal Penal Internacional[6]. Esse modelo se encontra, ainda, no *Código Procesal Penal Modelo para Iberoamerica*, de que por muitos anos apenas o Brasil se havia afastado[7], embora, atualmente, tenda a ser o modelo de que cada vez mais se aproxima. E mesmo em países como a Espanha, onde há a resistência de uma tradição instrutória de investigação, as coisas começam a ceder tanto doutrinariamente quanto por alterações legislativas parciais e jurisprudenciais a partir de uma interpretação constitucional ou internacional, e sobretudo doutrinária[8], apesar de algumas resistências[9].

---

[5] Cf. ARMENTA DEU, T. *Sistemas procesales penales: La justicia penal em Europa y América,* 2012, p. 60ss.

[6] Cf. MIGUEL, J. S. "O inquérito no Estatuto do Tribunal Penal Internacional" *in Direito e Justiça,* 2006, pp. 245-268; embora se tenha chamado a atenção para o caráter inquisitório desse processo, cf. AMBOS, K. "El principio acusatório y el processo acusatorio" in *Proceso penal y sistemas acusatórios,* 2008, p. 49ss.

[7] Cf. GRINOVER, A. P. "Influência do Código de Processo Penal Modelo para Ibero-América na legislação latino-americana. Convergências e dissonâncias com os sistemas italiano e brasileiro" in *XIII Jornadas Iberoamericancas de Derecho Procesal,* 1993, pp. 541-574.

[8] Em especial, cf. GIMENO SENDRA, V. *El Ministério Fiscal-Director de la instrucción,* 2006.

[9] Em especial, cf. AROCA MONTERO, J. *Proceso penal y libertad. Ensayo polemic sobre el nuevo proceso penal,* 2008.

O processo penal do final do século XX, em suma, entre as particularidades que adquire, observa a retomada da proeminência do Ministério Público. Associado historicamente ao modelo inquisitório[10], após quase ser anulado nos anos que se seguiram imediatamente após a Revolução Francesa[11], apresentando-se como órgão representativo da democracia europeia[12], o órgão oficial de acusação tende a assumir a direção da investigação criminal, tendo sob sua orientação funcional as polícias, pelo menos dos países de tradição europeia continental[13], em alguns casos seguidos de uma alteração (noutros nem tanto) do seu estatuto funcional[14].

Mas como, então, considerando aquela advertência que nos fazia Francesco Carrara a respeito da "inquisitoridade" da investigação pelo Ministério Público[15], é possível sustentar a "acusatoriedade" desse modelo? A hipótese fundamental é que a investigação criminal apenas se prestaria a sustentar a acusação, não o julgamento, embora isto não se realize verdadeiramente, de uma perspectiva funcionalista de análise do projeto finalístico legal, quando se analisa a questão fundamental da prova[16]. Tudo está a reafirmar uma ilusão acusatória[17], baseada numa

---

[10] Cf. ESMEIN, A. *Histoire de la procédure criminelle em France et spécialement le XIIᵉ siècle jusque'a nos jours*, 1969, p. 100.

[11] Cf. LAINGUI, A. "La phase préparatorie du procès penal: historique", *RIDP* 56, 1985, pp. 66, 67

[12] Cf. DELMAS-MARTY, M. "Evolução do Ministério Público e princípios diretivos do processo penal nas democracias europeias", *in Discursos Sediciosos: Crime, Direito e Sociedade*, 1997, p. 97-104.

[13] Deve-se, contudo, observar que o sistema inglês mantém com a Polícia a direção da investigação, com autonomia legal, mesmo depois do *Prosecution of Offences Act* de 1985 e da criação do *Crown Prosecution Service (CPS)*. Há, de fato, um outro modelo de equilíbrio de poderes entre Ministério Público e Polícia", como observa Eric Mathias, embora esse não seja o objeto de nossas discussões aqui. Nesse sentido, cf. DELMAS-MARTY, D. (org.), *Processos penais da Europa*, 2005, p. 491ss.

[14] Cf. AAVV, *O papel do Ministério Público. Estudo comparado dos países latino-americanos*, 2008.

[15] Cf. CARRARA, F. *Programa do curso de dirito criminal. Parte geral. II*, 1957, p. 319.

[16] Esse é um método de análise do direito que não se pode recusar de uma perspectiva jusracionalista crítica, sobretudo como forma de efetivação do Estado de direito, conforme o sustenta ALBERT, H. *O direito à luz do Racionsalimo crítico*, 2013, p. 136ss.

[17] Cf. MAZZA, O. "L'illusione accusatoria: Carnelutti e il modello dell'inchiesta preliminare di parte. Frammenti di storia del processo penale".*Rivista di diritto processuale*, Anno LXIV, N. 5, 2009, pp. 1185-1196.

CRIMINALIDADE ORGANIZADA

falácia de parte imparcial que nos conduz a uma verdadeira mitologia processual penal[18].

3. As mudanças do processo penal não giram em torno apenas dessa proeminência do Ministério Público, mas também de um outro tipo proeminente de poder mais silencioso, que levou Jurgen Thorwald a considerar o século XX como "o século da investigação criminal"[19]. O que chamou a atenção desse historiador foi o crescimento do aporte científico à metodologia da investigação criminal, permitindo uma mudança na racionalidade do processo penal que talvez não tenhamos percebido ainda por completo[20]. A isto se acrescem as tecnologias investigativas, especialmente no campo das comunicações e da identificação humana. É nesse contexto que se insere boa parte das provas não-repetíveis, decorrentes de técnicas ocultas de investigação e de provas periciais, que vêm adquirindo no processo penal uma grande proeminência na medida em que os códigos processuais contemporâneos tendem a fazer concessões maiores ao valor dessa prova, mesmo quando ela foi produzida em condições insatisfatórias de contraditório, na fase de investigação criminal.

Trata-se de uma mudança que restringe o âmbito de defesa de uma forma quase absoluta – porque no limite esfacela o *nemo tenetur se detegere*[21] e pretende neutralizar o princípio lógico do *in dubio pro reo* na busca por uma certeza irrefutável[22] –, embora o faça silenciosamente, mas que, agregando-se ao ressurgimento do Ministério Público, se erige em uma nova fonte de poder que torna a defesa praticamente impossível. O problema é que onde as leis da ciência imperam, as leis do direito não são postas seriamente

[18] Sobre a mitologia da parte imparcial, cf. CASSARA, R. R. *Mitologia processual penal*, 2015; para uma crítica mais contudente, cf RICCIO, G. *Procedura penale. Tra storia e politica*, 2010.

[19] THORWALD, J. *El siglo de la investigacion criminal*, 1966, p. V: "La moderna investigación criminal es hija de la era que vio nacer las Ciencias físico-naturales y sociales, surgidas em ele siglo XX. Dicho siglo dio una fisionomia completamente nueva a la lucha ancestral de la sociedad humana contra los elementos extraños o nocivos que habitan em toda sociedad: a la lucha contra el elemento criminal que surge, con renovada fuerza, al cambiar las formas sociales".

[20] Cf. TONINI, P. "Dalla perízia prova neutral al contraditorio sulla scienza", In CONTI, C. (cur.), *Scienza e processo penale: Nuove frontiere e vecchi pregiudizi*, 2011

[21] Cf. a respeito, COSTA ANDRADE, M. *"Bruscamente no verão passado", a reforma do Código de processo penal*, 2009.

[22] É o que se pode ler, por exemplo, em TOCHETTO, D. *Tratados de perícias criminalísticas*, 1995, pp. 1-52.

em discussão, havendo uma tendência a obstruir a discussão contraditória séria em razão de postuladas virtudes objetivas relativamente à verdade cientifica e virtudes eficientistas relativamente aos meios tecnológicos. Em suma, a jurisdição se retrai pelo aumento de outro poder subtraído à discussão contraditória.

Em vários sistemas processuais podemos encontrar algo dessa questão, como podemos observar em Brasil e Portugal, mas é no regime jurídico-penal especialmente destinada ao enfrentamento da criminalidade organizada que essas questões começam a demonstrar os problemas que o modelo acusatório de investigação colocam ao regime das provas. E a Lei n. 12.850/2013 que, a título de estabelecer normas de procedimento criminal, quase se limita a ser uma lei sobre "investigação e meios de obtenção de provas", demonstra o quanto já podemos falar de um processo penal investigatório, a considerar a proeminência que a investigação criminal vem assumindo no âmbito geral do processo penal[23].

4. Nossa hipótese metodológica é que a história recente do processo penal se pode escrever com base no movimento de tentativa de desconstrução das funções instrutórias da primeira fase do processo, em que se encontra a investigação criminal, antes chamada instrução preparatória, para lhe conferir funções meramente preparatórias da acusação penal formal. Em perspectiva crítica, contudo, pode-se sustentar uma contra-história dessa tentativa, observando que esse é um projeto frustrado pela questão probatória fundamental que conduz a investigação criminal, se não mais a uma função instrutória, a uma função inevitavelmente probatória. Mas, se quisermos ser mais otimistas, diremos que essa história se pode contar pela tentativa de resolver os problemas do juiz instrutor, criando novos problemas pelo Ministério Público investigador.

[23] A respeito, cf. nosso PEREIRA, E. S. "Direito penal das organizações criminosas: Introdução aos problemas fundamentais", In *Organizações criminosas: Teoria e hermenêutica da lei 12.850/2013*, 2015, p. 14-46.

CRIMINALIDADE ORGANIZADA

2. Tipologia das investigações criminais

Os processos penais contemporâneos, em definitivo, são todos, sem exceção, mistos em algum sentido[24]. Talvez não mais possamos falar de instrução inquisitória e instrução contraditória, como nos modelos anteriores, pois de fato se podem encontrar mudanças estruturais e funcionais, com divisão do processo em fases distintas e atribuição de competências distintas. Mas ainda, é certo, permanecem tendo "duas almas" para usar a expressão de Franco Cordero[25]. Nele ainda podemos encontrar uma dualidade fundamental que faz do processo penal algo misto, não em suas fases, contudo, mas nas funções que efetivamente a investigação criminal desempenha na decisão final do processo.

Investigação instrutória e investigação acusatória são modelos que se distinguem pela função que a investigação cumpre, ou deveria cumprir, dentro do processo penal. O modelo instrutório se caracteriza essencialmente pela centralidade do poder no órgão jurisdicional; o acusatório, por sua vez, no órgão do Ministério Público. Mas não pretendemos considerá-los segundo a autoridade que exerce a direção da investigação, como no Brasil e em Espanha se tem discutido[26]. A diferença fundamental está nas funções que a investigação cumpre no processo penal, ainda que alguns atos se realizem efetivamente por vários sujeitos. Nesse sentido, não nos parece razoável a tipologia que pretende classificar as investigações em judicial, ministerial e policial[27]. É que, em qualquer que seja o modelo de investigação, ao final, é a polícia que realiza os atos de investigação de fato. A posição que a Polícia Judiciária, no Brasil – ou como ocorre em Portugal, os órgãos de polícia criminal – ocupa em cada modelo apenas decorre de sua maior ou menor autonomia relativamente ao Juiz ou ao Ministério Público, não constituindo, nesse sentido, um modelo por si. A Policia sempre investiga quer em função da instrução, quer em função da acusação. E a questão sobre se ela procede à investigação em condições distintas de autonomia se põe em outro plano de problema que não nos

---

[24] Nesse sentido, cf. ARMENTA DEU, T. *Sistemas procesales penales. La justicia penal en Europa y América*, 2012.

[25] CORDERO, F. *Procedura penale*, 2012, p. 65: "processo a due anime".

[26] cf. VILLEGAS FERNÁNDEZ, J. M. *Fiscal investigador contra juez instructor*, 2012.

[27] É questionável, portanto, a tipologia sugerida por LOPES JR, A.; GLOECKNER, R. J. *Investigação preliminar no processo penal*, 2013, p. 127ss.

206

interessa tratar aqui, embora essa questão tenha impacto direto nas questões relativas a divisão e equilíbrio de poderes entre os diversos sujeitos do processo, incluindo a polícia[28]. O que nos importa, sobretudo, com essa tipologia básica dualista é enfatizar a função e deixar de lado a discussão em termos de "dominus" da investigação.

Mas esses modelos puros somente se realizam no campo teórico, pois nos sistemas positivos apenas se pode dizer que alguns são tendencialmente mais instrutórios ou mais acusatórios que outros.

A investigação instrutória se pode considerar como toda atividade que pretende revelar o fato incriminado ao órgão julgador[29]. O destinatário do resultado da investigação é primordialmente quem julga, mas quem realiza, seja autonomamente, seja em nome de outrem, pode não ser necessariamente um juiz[30]. Fala-se então em instrução mediata ou imediata, conforme o juiz tenha ou não contato direto com os atos de instrução[31]. Nesse sentido, entende-se porque no modelo instrutório de investigação, a atividade mesmo de investigação se pode encontrar distribuída por vários sujeitos do processo penal, ainda que se atribua valor probatório distinto a cada resultado de instrução. Não importa tanto quem realiza a investigação, mas que ela se realize em função instrutória. A entender-se assim, a investigação instrutória se pode realizar mesmo em fase posterior, como de fato sói ocorrer até em processos de investigação acusatória, quando o órgão julgador precisa acrescer ou confirmar a prova em diligência complementar. O importante, sobretudo, é entender que a investigação instrutória é uma atividade de procura e descoberta de provas fáticas acerca do crime que se vão submeter à valoração e uso posteriores.

O modelo de investigação instrutória se caracteriza, portanto, essencialmente por desenvolver-se no sentido de reunir provas que se vão utilizar no julgamento. Os atos de investigação se confundem com atos de

---

[28] Nesse sentido, cf. MATHIAS, E. "O equilíbrio do Poder entre a Polícia e o Ministério Público" in *Processos Penais da Europa*, DELMAS-MARTY, Mireille (org.). Rio de Janeiro: LumenJuris, 2005, pp. 481-506.

[29] Em sentido similar, cf. ALMEIDA, J. C. M. *Princípios fundamentais do processo penal*, 1973, p. 6.

[30] Nesse sentido, encontra-se a fase de instrutora do processo penal espanhol que tem por objeto essencial a investigação da notitia criminis, com o objetivo de preparar o juízo oral (GIMENO SENDRA, V. *Derecho procesal penal*, 2012, p. 327.

[31] Essa é certamente a principal distinção que existe entre a investigação instrutória contemporânea, em que o juiz instrutor não é o julgador, à diferença dos modelos históricos de investigação instrutória.

CRIMINALIDADE ORGANIZADA

instrução em sentido amplo. Estruturalmente, não há uma fase de investigação distinta de uma fase de instrução, ou quando há, a investigação se constitui em uma instrução provisória. Por isso, nesse modelo, dizemos que não importa tanto quem pratica os atos, conquanto em grande parte sejam de competência de um juiz de instrução, mas a finalidade com que se praticam os atos, ainda que venham a sofrer uma alteração redutiva da eficácia probatória em momento posterior.

Na investigação instrutória, embora todo ato de investigação se realize em função de instruir o julgamento, nem todo ato de instrução exige uma atividade de investigação, podendo dar-se o caso de haver mera recolha de elementos que se vão constituir em prova ou ser base de uma investigação posterior, sobretudo em casos que requerem exame pericial. Nesse sentido, deve-se ter em mente que muitos atos de prova não são necessariamente de investigação originariamente, embora possam dar lugar a investigação.

O protótipo de modelo instrutório tem sua matriz histórica no processo penal francês do *Code d'instruction prelimanaire* de 1808. Por muito tempo, esse modelo se reproduziu em boa parte dos processos penais da Europa e América do Sul que têm raízes na cultura jurídica latina. O modelo ainda atual mais próximo dele se encontra no processo penal espanhol, sobretudo no sumário, no que se pode considerar o modelo latino mais antigo ainda em vigência, cuja lei fundamental, *Ley de Enjuiciamento Criminal* – LECrim, é de 1882. A ele se segue imediatamente o exemplo do inquérito policial, previsto pelo CPP de 1943, em cuja exposição de motivos se encontra o caráter de instrução provisória, embora ao mesmo tempo se lhe reconheça o caráter preparatória da ação penal. Nos dois casos, contudo, não se encontra o modelo originário instaurado nas datas, mas modelos com alterações sofridas ao longo do tempo, seja por leis pontuais, seja pelas Constituições que fizeram operar uma nova interpretação que se percebe na jurisprudência dos tribunais, em razão do que decorre especial do movimento neoconstitucionalista do segundo pós-guerra. Mas essa mutação constitucional-processual se observa em todos os modelos, seja instrutório, seja acusatório, e ainda se sentem suas alterações nos Estados que se constituem em democracias constitucionais.

Os modelos que subsistem, portanto, tanto em Espanha, quanto no Brasil, são resultado desse conjunto de fatores que os tornam muito diversos do que se concebia originariamente. Ademais, tanto em um, quanto em outro país, além da investigação criminal ordinária, podem-se encontrar

A INVESTIGAÇÃO PROBATÓRIA NO PROCESSO PENAL CONTEMPORÂNEO

exemplos em sentido mais acusatório, como ocorre nas diligências prévias do procedimento abreviado, em Espanha, e na investigação extra ordinem do Ministério Público, o Brasil. E, mais que isso, uma tendência irremediável a transformar em investigação acusatória, havendo uma tendência hermenêutica cada vez mais forte no sentido de compreendê-las como procedimento preparatório da ação penal. São modelos em transição.

A investigação criminal que se realiza no inquérito policial brasileiro, nesse sentido, quase já não se pode dizer instrutória, salvo por algumas provas em específico. Pode-se dizer, assim, que o sistema brasileiro de investigação está quase a meio a meio caminho entre funções instrutória e acusatória. Nasce essencialmente como modelo instrutório e vem se transmudando paulatinamente em acusatório. Mas as exceções probatórias que neles se encontram são praticamente as mesmas que se vão encontrar nos modelos de investigação com função acusatória, a colocar em dúvida a real possibilidade de transmudar totalmente a função que exerce a investigação criminal no processo penal.

O modelo acusatório de investigação, por sua vez, parte de um princípio duvidoso, de que os atos de investigação apenas se prestam à tomada de decisão sobre a acusação formal. O problema é que essa ideia parte de uma retórica que pretende reduzir a prova apenas ao que se produz em juízo oral. Dá-se à noção de prova um valor jurídico limitado, mas se acaba por admitirem várias exceções que apenas obscurecem a realidade do que ocorre com provas não-repetíveis. E muitas provas que se dizem produzidas em audiência não passam de mera ratificação ou repetição, se estivermos dispostos a admitir a crueza dessa realidade.

O inquérito português, entre todos, é o primeiro modelo tipicamente acusatório acabado, que se constrói a partir da cisão radical entre investigação e instrução, embora ainda se mantenha na concepção de uma investigação conduzida por uma parte imparcial – ou como preferem dizer, um processo sem partes. O ápice do modelo acusatório, contudo, parece encontrar-se na "indagine" italiana. Embora ainda se mantenha na tradição do processo penal continental, ela tende a aproximar-se muito do que é o processo adversativo de partes do sistema anglo-saxônico/americano, com o qual vem dialogando mais estreitamente há mais tempo[32].

---

[32] Nesse sentido, em especial, AMODIO, E. *Processo penale, diritto europeo e common law: dal rito inquisitorio al giusto processo*, 2003.

CRIMINALIDADE ORGANIZADA

Como contraponto necessário a esse modelo acusatório, ao processo penal italiano pareceu inevitável reconhecer a ideia de uma investigação com função defensiva, que se vai consolidar com a Lei n. 397/2000, cujo objetivo foi disciplinar melhor a possibilidade de investigação pela defesa, antes já prevista originariamente no art. 38 das disposições transitórias do CPPit. Essa modalidade de investigação vem opor-se de forma prática à ideia de que o órgão oficial de acusação, além de realizar investigação orientada à ação penal, estaria de forma imparcial obrigado a reunir também as provas de defesa. A questão é a seguinte: se o MP está obrigado a obter essas provas, por que razão abrir mais uma possibilidade? Parece-nos que o processo penal italiano tem sido a prova de que a hipótese teórica da "parte imparcial" não encontra correspondência prática e acaba por colocar em evidência a vulnerabilidade dos direitos de defesa. Com essas disposições, o processo italiano adquire um caráter de efetivo processo de partes e pretende acabar com a falácia da parte imparcial[33].

Esses *três modelos de investigação – instrutório, acusatório e defensivo* – que se podem compreender segundo as funções que pretendem alcançar no processo, parecem inevitavelmente conduzir a centrar a tipologia nos *sujeitos fundamentais do processo penal – juiz, acusação e defesa*. Contudo, mantendo aquela nossa premissa inicial de evitar a discussão em termos de "dominus", e para que não se sonegue a questão probatória fundamental que nos interessa em qualquer que seja o modelo de investigação, parece-nos ser necessário falar em uma *investigação probatória*. É essa investigação probatória, diversamente dos tipos teóricos até aqui esboçados, que se nos mostra problemática e na prática aparece em todos os sistemas, mas que parece se tornar mais problemática na investigação de tipo acusatório, ao produzir provas em condições insuficientes de igualdade processual.

É essa parte da investigação criminal que a transforma inevitavelmente em processo penal investigativo e em torno do qual devemos percorrer o movimento histórico de desconstrução do modelo instrutório pela tentativa de construção de um modelo acusatório, perguntando o quanto de prova ainda subsiste sendo produzida pela investigação criminal e depois aproveitada em julgamento.

---

[33] Nesse sentido, RICCIO, G. *Procedura penale. Tra storia e politica*, 2010, p. 27, para quem o Ministério Público está impregnado de conotação subjetiva e não pode mais ser associado ao conceito de "parte imparcial", que era a alma do insano poder conferido a ele no *Codice Rocco*.

3. A investigação probatória

A diversidade das formas instrumentais com que a investigação criminal se mostra nos sistemas processuais contemporâneos não nos deve obstruir a percepção de uma característica comum a todos, que permite observar o delinear-se de uma espécie de *investigação probatória*, quer estejamos em modelos instrutórios, quer em modelos acusatórios de investigação. Ainda que possamos lhe negar o retorno a uma função instrutória, o certo também é que a investigação criminal não se pode reduzir a uma etapa que apenas prepara o juízo de acusação, sem qualquer relação com a instrução ou julgamento. Todos os sistemas de investigação precisam admitir, e de fato acabam por admitir, um conjunto de provas produzido sob condições insatisfatórias de contraditório que, no entanto, é utilizado como motivação de uma decisão final. Muitos atos de investigação – cada vez mais nas sociedades técnico-científicas e, sobretudo, relativamente ao enfrentamento da criminalidade organizada, nas sociedades globalizadas – são reconhecidos como verdadeiros atos de prova em sentido processual próprio, que tendem a ser apenas formalmente ratificados ou reproduzidos quando possível.

Há, em suma, cada vez mais atos de investigação que são atos de prova. Isso se observa especialmente no caso das provas não repetíveis, assim como nas provas antecipadas. Esse tipo de prova tem alterado seriamente o regime processual de proibição de provas, seja na investigação reconhecidamente instrutória, seja na investigação pretensamente acusatória. A diferença no resultado é puramente lógica. Enquanto na investigação instrutória, exclui-se tudo que possa ser produzido em julgamento, na investigação acusatória, inclui-se o que não possa ser produzido. No resultado, ambas convergem para uma questão irremediável – a irrenunciabilidade de atos de investigação como atos de prova.

3.1. Atos de investigação como atos de prova.

Existe uma tendência nos modelos de processo contemporâneo, seja a investigação instrutória ou acusatória, para proibir a valoração da prova não produzida em julgamento sob contraditório, ainda que não tenha incorrido em proibição de obtenção, se foi descoberta na fase preliminar de investigação. Parece pesar sobre essas provas uma presunção de imprestabilidade para o julgamento, que pretende reforçar a garantia de justiça do processo,

CRIMINALIDADE ORGANIZADA

ainda que em detrimento do primado da verdade e pondo o sistema em autocontradição interna ao permitir uma prova em contexto de obtenção para posteriormente negá-lo em contexto de valoração.

As técnicas legislativas e argumentações doutrinárias são muitas e variadas para assim proceder, visando a excluir as provas produzidas em investigação criminal, porque não atendem a condições de garantia, especialmente o contraditório, mas, ao final, todas acabam por admitir um conjunto de provas que se produziu nessa fase.

Costuma-se dizer, nesse sentido, que a investigação apenas descobre *fontes de provas*, que se vão tornar provas efetivamente em instrução sob contraditório, ainda que efetivamente e de fato apenas se apresentem aquelas provas em audiência, repitam-se ou no máximo disponibilizem para debate. A rigor, apenas a prova testemunhal parece submeter-se a essa ficção, que tinha algum sentido em épocas nas quais a prova não tinha o caráter técnico-científico que adquiriu no século XX e tende a dominar quase todo o processo do século XXI. Tem-se, ainda, falado, com o mesmo sentido e igualmente pouco convincente, em sucedâneo de prova[34].

Em sentido similar, e um pouco mais convincente talvez, costuma-se distinguir entre pesquisa, admissão, assunção e valoração da prova[35]. Mas a admissão (para julgamento) e assunção (para o juízo de condenação) não conseguem excluir o fato de que, efetivamente e em realidade, aquela prova foi originariamente produzida em fase preliminar de investigação. Isso é igualmente verdadeiro tanto no processo penal espanhol, com sua investigação tendencialmente instrutória, quanto no italiano, com sua máxima investigação pretensamente acusatória. E o mesmo se pode dizer dos processos penais brasileiro e português.

De fato, no processo penal espanhol, embora o art. 741 da LECrim disponha que a prova deve ser produzida em juízo oral, tem-se admitido que o atestado policial (art. 297) adquire um valor probatório, sobretudo na parte que contém elementos considerados objetivos. Embora a instrução seja judicial, vários atos se desenvolvem por diversos sujeitos e atores. Inicialmente a polícia desenvolve diligências prévias, a título de prevenção (inspeções, recolhas), bem como de investigação, algumas inclusive

---

[34] Cf. SCARENCE FERNADNES, A. *Provas no processo penal. Estudo comparado*, 2011.
[35] Essa disciplina é frequente no processo italiano. Cf. TONINI, P. *Manuale di procedura penale*, 2013.

A INVESTIGAÇÃO PROBATÓRIA NO PROCESSO PENAL CONTEMPORÂNEO

autônomas como interrogatório, reconhecimentos e informes técnicos, que vão compor o *atestado policial*, que se distingue em parte de caráter subjetivo e em parte com caráter objetivo[36]. Essa distinção justifica que se tenha considerado o valor probatório do atestado, ora como mera denúncia (terminologia do processo penal para uma notícia de crime), que se exige repetição em julgamento, ora como prova preconstituída[37].

E no processo penal italiano, a técnica dos "autos duplicados" acaba por encartar nos autos de julgamento muito do que se produziu efetivamente nas "indagini", conforme dispõe o art. 431 do CPP italiano, além da possibilidade de as partes acordarem sobre a utilização dos autos do MP e da defesa. A limitação ao valor probatório dos atos de investigação, que se opera por meio daquela técnica, pretende impedir que o juízo de julgamento tenha qualquer acesso a provas da investigação. Contudo, a secretaria do juízo ao constitui-lo deve juntar relatórios escritos de atos de investigação que não podem ser repetidos, bem como o corpus delicti e objetos a ele relacionados. Admitem-se ainda os autos da defesa, bem como as provas contidas nos autos do MP possam ser usadas negativamente em refutação. Em suma, as provas da investigação podem ser admitidas por constituição dos autos duplicados ou por leitura. E pelo simples fato de serem admitidos e/ou lidos adquirem a natureza de prova para o julgamento[38].

No processo penal brasileiro, sempre se discutiu o valor probatório dos atos de investigação que resultam em provas. Originariamente, a doutrina entendia que, com base no sistema de livre convicção motivada e no art. 155 originário, antes da reforma de 2008, não era possível excluir em absoluto o inquérito[39], embora sempre se tenham feito ressalvas ao fato de que o juiz deveria levar em conta a circunstância de que a prova não foi obtida em contraditório. Com o passar dos tempos, passou-se a desenvolver uma terminologia distintiva, no sentido de que na investigação apenas se encontram "elementos de prova", portanto, não provas em sentido próprio, visto que estas seriam de exclusiva produção da fase jurisdicional, em contraditório, mesmo havendo nisto alguma artificialidade, a considerar

---

[36] Nesse sentido, cf. ASENCIO MELADO, J. M. *Derecho procesal penal*, 2012p. 95ss.

[37] Nesse sentido, cf. GIMENO SENDRA, V. *Derecho procesal penal*, 2012, p. 343, referindo-se a decisões do tribunal constitucional.

[38] PERRODET, A. "O sistema italiano", in *Processos Penais da Europa*, DELMAS-MARTY, Mireille (org.). Rio de Janeiro: LumenJuris, 2005, p. 395.

[39] cf. ESPINOLA FILHO, E. *Código de processo penal anotado*, 2000.

CRIMINALIDADE ORGANIZADA

que muitas provas são na verdade apenas reproduzidas quando orais, se repetíveis, ou apenas discutidas quando não-repetíveis. Essa artificialidade, no processo penal brasileiro, é mais grave ainda porque o juiz que acompanha a investigação pode ser exatamente o mesmo que realizará o julgamento em primeira instância.

Com essa tendência, contudo, um novo sistema lógico-probatório sobre a valoração racional da prova começava a delinear-se e de fato, com a reforma de 2008, o art. 158 passou a considerar que: "O juiz formará sua convicção pela livre apreciação da prova produzida em contraditório judicial, não podendo fundamentar sua decisão exclusivamente nos elementos informativos colhidos na investigação, ressalvadas as provas cautelares, não repetíveis e antecipadas" (conforme disposição da Lei nº 11.690). Ao dizer "exclusivamente", contudo, o artigo passa a admitir que os elementos informativos possam ser considerados provas, se estiverem em conjunto com provas produzidas em instrução. No entanto, admite, sem qualquer condição, que provas cautelares podem servir para julgamento, ainda que obtidas em investigação criminal. E a considerar a quantidade e qualidade das provas que se têm produzido, a partir das leis de interceptação e organizações criminosas, é quase impossível negar um novo marco legal da investigação criminal no processo penal brasileiro que acaba por negar aquela pretendida separação rígida entre elementos de prova e provas efetivas.

No processo penal português, apenas é proibida de forma absoluta a leitura de depoimento prestado em inquérito ou instrução por testemunha que tenha recusado a depor em audiência, assim como a inquirição dos órgãos de polícia criminal sobre o conteúdo dessas declarações. No mais, vários atos do inquérito se admitem reproduzir por leitura. Embora a regra geral seja no sentido de que "não valem em julgamento...quaisquer provas que não tiverem sido produzidas ou examinadas em audiência" (art.355, 1), ao final é permitida a leitura em audiência de atos de inquérito e da instrução, desde que não contenham declarações do arguido, do assistente, partes civis e testemunhas (art. 356, 1 e 2). No entanto, por fim, a Lei n.º 20/2013 vem permitir até mesmo a leitura de declarações do arguido, mesmo que feitas no inquérito[40].

---

[40] MARQUES DA SILVA, G. *Direito processual penal português, III*, 2014, p. 223ss.

O problema dessas provas é que elas são sempre produzidas em condições insatisfatórias de contraditório. Não obstante, todos os sistemas processuais precisam admitir um conjunto de provas não-repetíveis, mas alguns chegam a admitir até provas repetíveis. Embora a técnica legislativa ou argumentação doutrinária sejam diversas, ao final das contas é inevitável que atos de investigação se invistam na qualidade atos de instrução e assim se consolidem como fundamentos de motivação da sentença final.

3.2. A inevitabilidade de instrução na investigação.

Parece haver, portanto, na investigação criminal, inevitavelmente, atos de instrução, tanto quanto na instrução é inevitável haver investigação, conquanto não sejam atividades intercambiáveis. Isso nos exige concluir que a investigação criminal não se pode confundir com uma fase estanque do processo ou um instrumento jurídico-formal (o inquérito, o sumário, a *indagine*). Em um sentido amplo, ela é atividade que percorre todo o processo penal, embora tenda a concentrar-se na primeira fase, geralmente chamada preliminar, mas que se poderia chamar prejudicial. No entanto, ela pode assumir funções diversas durante o curso do processo, conforme a fase em que se desenvolve ou conforme o ato de investigação específico. Em síntese, interessa-nos, em especial, aqueles atos que se realizam na fase preliminar de inquérito e que por fim adquirem a qualidade de prova em condições de ser utilizados como fundamentação condenatória.

A essencialidade que se reconhece no processo penal português (por ser fase obrigatória indisponível, à diferença da instrução), embora se ignore no processo brasileiro, vem em favor de evidenciar que a investigação criminal ainda permanece sendo a base efetiva da instrução, sem a qual o processo penal não é realmente possível. Ainda que a instrução efetivamente se desenvolva com outros elementos probatórios para além da investigação, essa ainda terá sido o ponto de partida para que se chegue àqueles outros elementos. E essa essencialidade praticamente domina o processo ao ser possível dispensar a fase de instrução.

Essa evidência irrenunciável desmente o caráter puramente acusatório da investigação, modelo que constitui a base dos novos sistemas processuais penais contemporâneos, que pretende limitar a investigação à função preparatória da acusação formal. Ela reafirma o caráter instrutório de parte essencial da investigação, que podemos chamar de probatória, para

CRIMINALIDADE ORGANIZADA

evitar a volta a modelos antigos, mas que exige pensar a investigação como processo penal e discutir a justiça do modelo supostamente acusatório de investigação que tende a dominar o processo penal dos próximos tempos.

Referências

AAVV, *O papel do Ministério Público. Estudo comparado dos países latino-americanos*. Coimbra: Almedna, 2008.

ALBERT, H. *O direito à luz do Racionsalimo crítico*. Brasília: UnB, 2013.

ALESSI, G. *Il processo penale. Profilo storico*. Napoli: Editorale Scientifica, 2011.

ALMEIDA, J. C. M. *Princípios fundamentais do processo penal*. São Paulo: RT, 1973.

AMBOS, K. "El principio acusatório y el processo acusatorio" in *Proceso penal y sistemas acusatórios*. Madrid: Marcial Pons, 2008.

AMODIO, E. *Processo penale, diritto europeo e common law: dal rito inquisitorio al giusto processo*. Milano: Giuffre, 2003.

ARMENTA DEU, T. *Sistemas procesales penales: La justicia penal em Europa y América*. Madrid: Marical Pons, 2012.

AROCA MONTERO, J. *Proceso penal y libertad. Ensayo polemic sobre el nuevo proceso penal*. Madrid: Civitas, 2008.

ASENCIO MELADO, J. M. *Derecho procesal penal*. Madrid: Tirant Lo Blacn,2012.

BRAUDEL, F. *Escritos sobre a História*. São Paulo: Perspectiva,1978.

CARRARA, F. *Programa do curso de dirito criminal. Parte geral. II.* São Paulo: Saraiva,1957.

CASSARA, R. R. *Mitologia processual penal*. São Paulo: Saraiva,2015

CORDERO, F. *Procedura penale*. Milano: Giuffrè, 2012.

COSTA ANDRADE, M. *"Bruscamente no verão passado", a reforma do Código de processo penal*. Coimbra: Editora Coimbra, 2009.

DELMAS-MARTY, M. "Evolução do Ministério Público e princípios diretivos do processo penal nas democracias europeias", *in Discursos Sediciosos: Crime, Direito e Sociedade*. Rio de Janeiro, Revan, 1997, p. 97-104.

ESMEIN, A. *Histoire de la procédure criminelle em France et spécialement de la procédure inquisitoire depuis le XIIIᵉ siècle jusqu'a nos jours*. Frankfurt: Sauer & Auvermann,1969.

ESPINOLA FILHO, E. *Código de processo penal anotado*. Campinas: Bookseller, 2000.

GIMENO SENDRA, V. *El Ministério Fiscal-Director de la instrucción*. Madrid: Iustel, 2006.

GIMENO SENDRA, V. *Derecho procesal penal*. Madrid: Civitas,2012.

GRINOVER, A. P. "Influência do Código de Processo Penal Modelo para Ibero-América na legislação latino-americana. Convergências e dissonâncias com os sistemas italiano e brasileiro" in *XIII Jornadas Iberoamericancas de Derecho Procesal*, 1993, pp. 541-574.

LAINGUI, A. "La phase préparatorie du procès penal: historique", *Revue Internationale de Droit Penale*, n. 56, 1985, pp. 66, 67

LOPES JR, A.; GLOECKNER, R. J. *Investigação preliminar no processo penal*. São Paulo: Saraiva, 2013.

MARQUES DA SILVA, G. *Direito processual penal português, III*. Lisboa: EDC,2014.

A INVESTIGAÇÃO PROBATÓRIA NO PROCESSO PENAL CONTEMPORÂNEO

MATHIAS, E. "O equilíbrio do Poder entre a Polícia e o Ministério Público" in *Processos Penais da Europa*, DELMAS-MARTY, Mireille (org.). Rio de Janeiro: LumenJuris, 2005, pp. 481-506.

MAZZA, O. "L'illusione accusatoria: Carnelutti e il modello dell'inchiesta preliminare di parte. Frammenti di storia del processo penale". *Rivista di diritto processuale*, Anno LXIV, N. 5, 2009, pp. 1185-1196.

MIGUEL, J. S. "O inquérito no Estatuto do Tribunal Penal Internacional" *in Direito e Justiça*. Lisboa: UCP, 2006, pp. 245-268.

PARKER, N. *As revoluções e a história*. Lisboa: Temas&Debates,2001.

PEREIRA, E. S. "Direito penal das organizações criminosas: Introdução aos problemas fundamentais", In *Organizações criminosas: Teoria e hermenêutica da lei 12.850/2013*. Porto Alegre: Nuria Fabris,2015, p. 14-46.

PERRODET, A. "O sistema italiano", in *Processos Penais da Europa*, DELMAS-MARTY, Mireille (org.). Rio de Janeiro: LumenJuris, 2005, p. 395.

RICCIO, G. *Procedura penale. Tra storia e politica*. Napoli: Editoriale Scientifica, 2010.

SCARENCE FERNANDES, A. *Provas no processo penal. Estudo comparado*. Saraiva: São Paulo, 2011.

THORWALD, J. *El siglo de las investigacion criminal*. Barcelona: Labor, 1966.

TOCHETTO, D. *Tratados de perícias criminalísticas*. Porto Algre: Sagra-Luzzatto, 1995.

TONINI, P. *Manuale de procedura penale*. Milnao: Giuffre, 2013.

TONINI, P. "Dalla perizia prova neutral al contraditorio sulla scienza", In CONTI, C. (cur.), *Scienza e processo penale: Nuove frontiere e vecchi pregiudizi,*. Milano: Giuffre, 2011.

VILLEGAS FERNÁNDEZ, J. M. *Fiscal investigador contra juez instructor*. Madrid: Marcial Ponst, 2012.

8. Ação controlada na investigação da criminalidade organizada

Carlos Roberto Bacila[1]

Introdução. Um caso de ação controlada nos anos 1990 antes da atual legislação

No ano de 1994 tive a oportunidade de atuar num caso que demonstra bem a importância do instituto que se estudará a seguir. Estava em regime de plantão numa cidade do interior do Paraná, ocasião em que uma mãe desesperada e aos prantos disse que seus dois filhos, com aproximadamente dez e oito anos de idade, haviam sido sequestrados pelo ex-marido. O detalhe é que uma das crianças era filha do segundo e atual casamento. A babá havia lutado para proteger ambos que, sem aviso, foram levados embora pelo sequestrador. Evidentemente que a situação era tensa e indicava algo muito grave, pois se a subtração de um filho pelo pai separado não é inédita, entretanto, a subtração do filho do segundo casamento constitui

---

[1] O Autor é Doutor em Direito pela Universidade Federal do Paraná, Professor de Direito Penal e Criminologia da Faculdade de Direito da Universidade Federal do Paraná e Delegado de Polícia Federal na Superintendência da Polícia Federal em Curitiba. Escreveu os seguintes livros: *Criminologia e Estigmas: Um Estudo Sobre os Preconceitos.* 4ª ed. Editora Atlas; *Lei de Drogas: Comentários Penais e Processuais Penais.* 3ª ed. Editora Atlas (co-autoria com PAULO RANGEL); *Teoria da imputação objetiva no direito penal.* Editora Juruá; *A vida de Dale Carnegie e sua filosofia de sucesso* (biografia). 2ª ed. Editora Belton; *Nos bastidores da sala de aula* (preparação para o magistério). Editora Intersaberes, etc.

CRIMINALIDADE ORGANIZADA

um sequestro de altíssimo risco, envolvendo passionalismo raramente noticiado e indica o grau de transtorno do sequestrador. Em diligências imediatas, apurou-se a localização do sequestrador que chamaremos de Alfonso, para proteger a identidade dos envolvidos. Mediante o testemunho da babá e da mãe, já estávamos diante de uma situação flagrancial, na qual Alfonso poderia ser preso e autuado em flagrante. Contudo, e se ele não dissesse onde estavam as crianças? Neste caso poderíamos perder tempo precioso para salvar as suas vidas. Então, naturalmente decidimos fazer uma vigilância e acompanhar Alfonso e verificar para onde ele se dirigia. Ao proceder desta maneira, estávamos realizando uma Ação Controlada não prevista na legislação brasileira da época e que atualmente não se enquadra na atual Lei 12.850/2013 que exige requisitos mais específicos tais como a presença de *organização criminosa*, o que na época não ocorrera, pois Alfonso agia sozinho. Enfim, a questão que se impunha era a tentativa de salvar a vida de duas crianças, postergando ou adiando o flagrante para mais tarde, no momento oportuno.

Efetivamente, seguimos Alfonso que se encaminhou para um apartamento, invadimos o local (o flagrante ainda persistia pois se trata de crime permanente) e encontramos as duas crianças vivas, embora em estado de choque, escondidas sob a cama no apartamento de Alfonso.

Neste caso singelo e crucial, o adiamento do flagrante foi vital para a salvação de duas crianças, demonstrando que o instituto pode e deve ser estudado e aplicado pela polícia. Veremos adiante quais os requisitos para o atual instituto da Ação Controlada e o seu contexto histórico, prático, legal e humanitário. No final, apresentaremos o estudo de um caso ambiental que está em consonância com o atual instituto da Ação Controlada.

Antes, porém, gostaria de manifestar um esclarecimento que julgo importante para a escolha do próximo tema. A primeira vez que abordamos o assunto da Ação Controlada dogmaticamente foi em parceria com o Professor Paulo Rangel, em nosso escrito em conjunto Lei de Drogas: Comentários Penais e Processuais Penais[2] ao comentarmos o artigo 53, II, da lei 11.343/2006, que prevê a não-atuação policial sobre os portadores de drogas e outros com a finalidade de identificar e responsabilizar maior

---

[2] RANGEL, Paulo e BACILA, Carlos Roberto. *Lei de Drogas: Comentários Penais e Processuais.* 3ª ed. São Paulo: Atlas, 2015, p. 186 e segs.

número de integrantes de operações de tráfico e distribuição, sem prejuízo da ação penal cabível.

Entretanto, o meu primeiro estudo sistemático sobre a Ação Controlada foi apresentado na Universidade de Göttingen, na Alemanha, em julho de 2015. Na ocasião a palestra inaugural foi do Professor Eugênio Raúl Zaffaroni, momento em que ele tratava do Direito Penal Desumano ou Inumano, comentando no seu estilo peculiar e brilhante, a origem de institutos fundamentais do Direito Penal e da Criminologia, desde a Idade Média. Efetivamente entendi também que o estudo da Ação Controlada necessitava de estudos dogmáticos e policiais, contudo, resolvi fazê-lo precedido de uma ótica humanitária.[3] Note-se que, desta forma, podemos assegurar se a Ação Controlada é ou não capaz de atender tanto preceitos práticos e dogmáticos quanto humanitários. Enfim, em não sendo a Ação Controlada *desumana ou inumana* podemos intensificar a adoção de tal instituto.

Feitas estas explicações necessárias, justifico então iniciar o debate do tema com o estudo da intersecção entre a Ação Controlada e os Direitos Humanos, logo a seguir.

1. Ação Controlada e Direitos Humanos

A necessidade da atuação estatal para proteção de bens jurídicos no âmbito econômico e social, levou ao aparecimento do direito penal especial ou secundário (*Nebenstrafrecht*). Este direito se caracteriza por legislação especial, responsabilidade individual mas também coletiva, com emprego de normas penais em branco e foco bastante incisivo na *White-collar Criminality*,[4] além de um acompanhamento da legislação processual e da atuação policial que deve ser condizente com o enfrentamento da criminalidade organizada.[5]

Desde o início, é importante esclarecer que não se pretende adotar a ideia do *Interventionsrecht*, que seria no sentido de tolerar a diminuição de garantias, violação do princípio da culpabilidade, imputações coletivas ou

---

[3] Confesso que não tinha conhecimento prévio de que o Professor ZAFFARONI falaria sobre o *Direito Penal Desumano*.

[4] FERNANDES, Paulo Silva. *Globalização, 'Sociedade de Risco' e o Futuro do Direito Penal. Panorâmica de Alguns Problemas Comuns*. Coimbra: Almedina, 2001, p.24-26.

[5] ANSELMO, Márcio Adriano. Da Ação Controlada. *Organizações Criminosas. Teoria e Hermenêutica da Lei nº 12.850/2013*. Porto Alegre: Nuria Fabris, 2015, p. 207.

CRIMINALIDADE ORGANIZADA

quebra de paradigma democrático.[6] Afinal, em se tratando de vigilância de pessoas a investigação entra em intersecção com liberdades pessoais, algumas delas citadas por Garibaldi como a liberdade de expressão, de associações, movimentação, repouso, intimidade, privacidade e prevenção contra registros que não são razoáveis.[7]

O Direito Penal Econômico tem um outro dilema, que é no sentido da busca da igualdade na investigação e imputação penal, tanto na procura de responsabilizar as pessoas no comando da organização, quanto em evitar o afunilamento da atuação contra os concorrentes do poder, que por sua vez, acabam se fragilizando neste processo.[8]

Merece ser lida e refletida a citação que faz, Peter Irons ao estudar a Suprema Corte dos Estados Unidos: *"Eu acredito firmemente que o comando básico da Constituição é que toda pessoa deve ser tratada com dignidade que ele ou ela merece como ser humano. Todas as pessoas devem ser tratadas com justiça e igualdade, sem discriminação por qualquer característica de nascimento ou por escolha que expresse sua identidade, incluindo-se raça, religião, nacionalidade, gênero, orientação sexual, política, necessidade especial e qualquer outro adjetivo diferente que nós utilizamos para estigmatizar pessoas. É o trabalho de todo oficial de governo – do policial ao presidente – tratar cada pessoa com respeito. Isto parece mais uma 'Regra de Ouro' do que uma 'regra legal', mas a ideia é a mesma em ambas".*[9]

---

[6] FERNANDES, *Op. Cit.* p. 25.

[7] GARIBALDI, Gustavo E.L. Efeitos da Video Vigilância e outras Técnicas de Rastreamento de Pessoas. Prevenção ou Sofisticada Modalidade de Aumento de Repressão Seletiva? Processo Penal, Constituição e Crítica. *Estudos em Homenagem ao Prof. Dr. Jacinto Nelson de Miranda Coutinho.* Rio de Janeiro: Lumen Juris, 2011, p. 365: "Todos Eles estão em Jogo de Um modo ou de Outro."

[8] ROCHA JUNIOR, Francisco do Rego Monteiro. Criminalização dos Delitos Econômicos: Um Direito Penal Igual para Todos. Processo Penal, Constituição e Crítica. *Estudos em Homenagem ao Prof. Dr. Jacinto Nelson de Miranda Coutinho.* Rio de Janeiro: Lumen Juris, 2011, p. 289-298.

[9] IRONS, Peter. *A People's History of The Supreme Court.* New York: Penguin Books, 1999, Introduction, p. XV. Tradução livre: *"I believe firmly that the Constitution's basic command is that every person must be accorded the dignity he or she deserves as a human being. All people must be treated fairly and equally, without discrimination because of any characteristic they were born with ou have chosen to express their identity, including race, religion, nationality, gender, sexual orientation, politics, disability, and any other distinguishing quality by which we label people. It is the job of every government official – from police officer to president – to treat each person with respect. This may sound more like the Golden Rule than the rule of law, but the same idea lies behind each".*

Em nosso escrito Criminologia e Estigmas: um estudo sobre os preconceitos, apontamos como principais *estigmas* que influenciam a atividade do sistema penal, os relacionados à pobreza, raça, religião e mulher, inobstante termos efetuado a análise de outros estigmas que atuam de forma relevante para o prejuízo da igualdade e equilíbrio sociais.[10] Após o estudo histórico e sistemático dos *estigmas*, procuramos aplicar tais conceitos em situações concretas da atividade policial. Efetivamente comprovou-se que as metarregras ou regras práticas relacionadas aos estigmas, causam graves erros no processo de investigação policial, promovendo desigualdade na distribuição do planejamento policial e erros impressionantes de avaliação de situações concretas. Uma das aplicações da ideia dos estigmas como metarregras foi no estudo de *serial killers*, constatando-se que na totalidade dos casos estudados, os homicidas poderiam ter sido identificados e responsabilizados já nos primeiros crimes, contudo, pela ausência de estigmas, as regras práticas – *metarregras* – induziram os policiais a abandonarem as investigações dos suspeitos, somente estes vieram a ser descobertos após a prática de dezenas de outros homicídios.[11]

Evidentemente que em todas as áreas os preconceitos deturpam a igualdade do sistema penal, igualdade que traria mais responsabilidade em todas as áreas sociais, angariando benefícios generalizados. Dennis Chapmandemonstrou o desequilíbrio policial no planejamento e atuação, afirmando que a *"...ação policial é mais certa em relação a crimes relacionados à propriedade e certos crimes de violência do que a maioria dos outros crimes; é mais certa em relação à ofensa à algumas classes de veículos do que outros; é mais certa em relação às classes trabalhadoras do que às classes médias; mais certa em relação aos homens do que às mulheres".*[12]

Neste ponto, cabe refletir o quanto a omissão ao combate à criminalidade organizada atinge os direitos humanos. No aspecto da corrupção, por exemplo, Luiz Fernando Coelho questiona: "É possível então definir

---

[10] BACILA, Carlos Roberto. *Criminologia e Estigmas: Um Estudo sobre os Preconceitos*. 4ª ed. São Paulo: Atlas, 2015. Ver também: BACILA, Carlos Roberto. *A Vida de Dale Carnegie e Sua Filosofia de Sucesso*. Curitiba: Belton, 2015, p. 182 e seguintes e BACILA, Carlos Roberto. *The Life of Dale Carnegie and his Philosophy of Success*. New York: Amazon, 2015, p. 154 e segs.

[11] BACILA, Carlos Roberto. *Criminologia e Estigmas: Um Estudo sobre os Preconceitos*. 4ª ed. São Paulo: Atlas, 2015, p. 275 e segs.

[12] CHAPMAN, Denis. *Sociology and the Stereotype of the Criminal*. London: Tavistock, 1968, p. 114-115. Tradução livre.

uma sociedade relativamente ética e outra relativamente corrupta? Supõe-se que em ambas os cidadãos éticos ver-se-iam em situação de perplexidade e indignação com o conhecimento dos atos de corrupção de seus coabitantes. Admitindo-se as atuais divisões dos grupos microssociais segundo seu poderio econômico, é de admitir-se também que a indignação cresceria em intensidade na medida da ascensão dos corruptos aos patamares mais elevados. Numa sociedade concreta, as desigualdades sociais seriam em grande parte resultado da corrupção, tanto quanto ou mais que do trabalho."[13]

Sobre o desequilíbrio da ausência de responsabilidade dos criminosos de alta lesividade social, Gabriel Ignacio Anitua comenta o seguinte:

"As garantias podem e devem ser entendidas como protetoras do fraco diante da ação do estado, mas também como impulsionadores de uma ação concreta que conduz à igualdade e, por conseguinte, ao desaparecimento da posição de fraqueza".[14]

Os delitos econômicos e sociais devem ser tratados com o atendimento dos direitos humanos e os próprios institutos de Direito Penal clássico no que couberem, pois a omissão da aplicação dos direitos humanos pode acarretar arbitrariedades que serão utilizadas como escudo de criminosos.

Em síntese, nada atrapalha a investigação policial a preservação da legalidade e dos direitos humanos. Por outro lado, o princípio da igualdade deve ser levado muito à sério quando se investiga a criminalidade organizada, reforçando que ninguém estará livre de responder por seus atos criminosos.

Inobstante, existem fortes indicativos de que a criminalidade organizada está se expandindo. Nas palavras de Luiz Rascovski *"...a criminalidade organizada se revela como uma ameaça para a estabilidade e segurança das sociedades, ao enfraquecer as instituições e os valores da democracia, da ética, da justiça e ao comprometer o desenvolvimento sustentável do Estado Democrático de Direito".[15]* De fato, as organizações criminosas possuem lucros exorbitantes e não pagam impostos, deixando de contribuir com o bem estar da população e causam efetivo ou potencial dano ao bem jurídico tutelado. Aparentemente

---

[13] COELHO, Luiz Fernando. *Helênia e Devília: Civilização e Barbárie na Saga dos Direitos Humanos.* Curitiba: Bonijuris, 2014, p. 406.

[14] ANITUA, Gabriel Ignacio. *Histórias dos Pensamentos Criminológicos.* Tradução de Sérgio Lamaran. Rio de Janeiro: Revan, 2008, p. 131.

[15] RASCOVSKI, Luiz. *Entrega Vigiada. Meio Investigativo de Combate ao Crime Organizado.* São Paulo: Saraiva, 2013, p. 16.

não há nenhuma vantagem no crime organizado, conforme veremos no final num estudo de caso.

Cabe a pergunta do motivo da expansão da criminalidade organizada. Provavelmente a melhor resposta foi dada pelo mentor do conceito do crime do colarinho branco[16], isto é, Edwin H. Sutherland, quando afirmou: *"Quando uma sociedade ou grupo menor desenvolve um interesse unificado por crimes que afetam seus valores fundamentais e comuns, ela geralmente consegue eliminar ou pelo menos reduzir grandemente o crime".*[17] Entretanto, ainda segundo Sutherland, usualmente a sociedade não se mobiliza para combater o crime, e ele explica o motivo: os interesses pessoais ou individuais de pequenos grupos. Os interesses imediatos se sobrepõem aos assuntos de bem-estar ou justiça.[18] Nas palavras de Sutherland: *"Desde que a cultura respeitadora da lei é dominante e mais extensiva, poderia ela sobrepujar o crime sistemático, se para esse fim se organizasse. Mas a sociedade organiza-se na maioria dos pontos em torno de interesse de indivíduos e de pequenos grupos. A pessoa acatadora da lei interessa-se mais pelos projetos pessoais imediatos, do que pelo abstrato bem-estar social ou pela justiça".*[19]

Veremos em que medida a *ação controlada* pode ser um meio para investigar e auxiliar a justiça no combate ao crime organizado, ao mesmo tempo em que deve ater-se ao compromisso com as garantias fundamentais conquistadas historicamente.

2. Terminologia

A *ação controlada* recebe denominações variadas, tais como *flagrante retardado, prorrogado, diferido* ou *postergado*[20], ou simplesmente *entrega vigiada*.[21] A

---

[16] O conceito da criminalidade do colarinho branco foi desenvolvido pela primeira vez por Edwin Sutherland numa palestra na Universidade de Chicago, no ano de 1939, e pode ser conhecido no artigo: SUTHERLAND, Edwin H. *White-collar criminality*. Indiana: American Sociological Review, February, 1940, V. 5, N 1.

[17] SUTHERLAND, Edwin H. *Princípios de Criminologia*. Tradução de ASDRUBAL MENDES GONÇALVES. São Paulo: Livraria Martins Ed., 1949, p. 17.

[18] SUTHERLAND, Edwin H. *Op. Cit.* p. 16.

[19] SUTHERLAND, Edwin H. *Op. Cit.* p. 16.

[20] OLIVEIRA, Alessandro José Fernandes de. *Estudos Avançados de Direito Aplicado a Atividade Policial*. Rio de Janeiro: Lumen Juris, 2014, p. 141.

[21] BALTAZAR JUNIOR, José Paulo. *Crimes Federais*. 6ª ed. Porto Alegre: Livraria do Advogado, 2010, p. 528.

CRIMINALIDADE ORGANIZADA

doutrina procurou fazer a distinção entre *ação controlada* e entrega vigiada. Para aqueles que vêem diferença, a *entrega vigiada* seria a investigação relacionada ao tráfico de drogas ou outros produtos proibidos (dinheiro, armas, etc.), visando acompanhá-los na sua trajetória. Assim, para a concepção diferenciadora, a entrega vigiada seria mais específica, referindo-se a objeto físico, enquanto que a *ação controlada* seria mais ampla, por exemplo, abrangendo pessoas.[22] Outros autores mencionam que a *entrega vigiada* seria diferente porque necessitaria de infiltração de agente, enquanto que *ação controlada* não precisaria de tal medida[23]. Este ponto não parece correto, pois é perfeitamente possível a instalação de um chip para acompanhar o produto ilícito e monitorá-lo sem um agente infiltrado. Por outro lado, vincular a *entrega vigiada* à atuação internacional e a *ação controlada* ao âmbito nacional, consoante faz parte da doutrina brasileira[24], também não parece adequado, afinal, estar-se-ia restringindo uma investigação ampla, enquanto que os mecanismos internacionais de tratado e de polícia não o fazem. Afinal, a incidência do crime organizado não respeita fronteiras e a sua investigação deve também transpô-las, ressalvando-se, é claro, o respeito dos acordos entre países e normas internacionais. Outro traço distintivo feito pela doutrina brasileira é o de que a *ação controlada* não dependeria de autorização judicial, enquanto que a *entrega vigiada* sim.[25] Este traço distintivo também não é fundamental, especialmente agora no direito brasileiro com a exigência legal de autorização prévia judicial, estabelecida na recente legislação que será adiante analisada. Também não parece que seja o caso de efetuar-se a distinção de ambos os institutos que são essencialmente equivalentes. Parece correto aceitar simplesmente a classificação doutrinária para gênero e espécie entre *ação controlada* e *entrega vigiada*[26], respectivamente. A *ação controlada* tem mais abrangência e pro-

[22] No sentido de que os institutos são diferentes: RASCOVSKI, Luiz. *Entrega Vigiada. Meio Investigativo de Combate ao Crime Organizado.* São Paulo: Saraiva, 2013, p. 75-77.

[23] RASCOVSKI, Luiz. *Entrega Vigiada. Meio Investigativo de Combate ao Crime Organizado.* São Paulo: Saraiva, 2013, p. 80. O autor menciona interessante neste sentido a posição de Flávio Cardoso Pereira.

[24] Neste sentido RASCOVSKI, Luiz. *Entrega Vigiada. Meio Investigativo de Combate ao Crime Organizado.* São Paulo: Saraiva, 2013, p. 80.

[25] RASCOVSKI, Luiz. *Entrega Vigiada. Meio Investigativo de Combate ao Crime Organizado.* São Paulo: Saraiva, 2013, p. 83.

[26] Para RASCOVSKI que faz distinção entre os dois institutos, a *entrega vigiada* "...é a técnica *de investigação consistente em permitir que remessas ilícitas ou suspeitas de entorpecentes ou outras*

cura verdadeira radiografia da organização criminosa, não se restringindo a acompanhar apenas o objeto material do crime (droga, arma, etc.), mas os passos criminosos da organização que envolvem delitos instantâneos, habituais ou permanentes. Desta maneira tem-se uma investigação mais completa e condizente com a gravidade e proporcionalidade das ações praticadas pela organização criminosa investigada.[27]

3. Origem

Diante do exposto acima, trataremos como relação de gênero e espécie, a *ação controlada* e a *entrega vigiada*, respectivamente. Assim, vista, como conexa à *entrega vigiada* a *ação controlada* teria a sua origem recente, com abrangência internacional no Convênio de Schengen de 14 de junho de 1985, celebrado entre Alemanha, Bélgica, França, Luxemburgo e Holanda. A ideia inicialmente do acordo era tratar da livre circulação entre as pessoas dos conveniados, o que futuramente se estenderia para os países da Comunidade Européia.[28] Mas neste contexto, foi também deliberada a *ação controlada* para acompanhar o tráfico de drogas. Cada país controlaria a ação em seu próprio território e a oportunidade de intervir ou não (artigo 73). Não havia especificação da forma de atuar.[29] No ano de 1988

---

substâncias proibidas circulem pelo território nacional, bem como dele saiam ou nele ingressem, sem interferência impeditiva da autoridade ou seus agentes, mas sob sua vigilância. Tudo com o fim de descobrir ou identificar pessoas envolvidas no cometimento de algum delito de elevada gravidade, bem como prestar auxílio a autoridades estrangeiras nesses mesmos fins". RASCOVSKI, *Op. Cit.* p. 110 e 111.

[27] Para GOMES "O conceito de *ação controlada* é mais amplo, pois permite o controle e vigilância (observação e acompanhamento, no texto legal) de qualquer ação criminosa e não apenas a entrega vigiada de entorpecentes e de armas, pois é instrumento de largo espectro que pode ser utilizado na repressão de organizações criminosas ligadas ao contrabando e no pagamento ou recebimento de propina, na forma da Convenção das Nações Unidas contra a Corrupção..." GOMES, Rodrigo Carneiro. A Repressão à Criminalidade Organizada e os instrumentos legais: *ação controlada*. Revista dos Tribunais | vol. 858/2007 | p. 455 – 464 | Abr / 2007. DTR\2007\306, p. 24. Flávio Cardoso Pereira, com razão, não vê importância prática na distinção entre *ação controlada* e entrega vigiada. PEREIRA, Flavio Cardoso. Meios extraordinários de investigação criminal: infiltrações policiais e entregas vigiadas controladas) *Ciências Penais* | vol. 6 | p. 199 – 226 | Jan – Jun / 2007 DTR\2007\26.

[28] RASCOVSKI, Luiz. *Entrega Vigiada. Meio Investigativo de Combate ao Crime Organizado*. São Paulo: Saraiva, 2013, p. 87-88.

[29] RASCOVSKI, Luiz. *Entrega Vigiada. Meio Investigativo de Combate ao Crime Organizado*. São Paulo: Saraiva, 2013, p. 87.

CRIMINALIDADE ORGANIZADA

a ONU promulgou a Convenção de Viena, objetivando combater o tráfico de drogas e mencionando expressamente a *entrega vigiada*[30]. O texto deixa claro que o mecanismo depende de previsão dos ordenamentos jurídicos de cada país, do acordo mútuo e cooperação internacional.[31] Contudo, foi um importante passo para o instituto em estudo, avançando-se um pouco mais sobre a definição de *entrega vigiada* relativamente ao Convênio de Schengen.[32] O Brasil recepcionou tal texto normativo da Convenção de Viena no ano de 1991.[33] Ampliando a matéria para além do tráfico de drogas, foi aprovada em Washington em 14 de novembro de 1997 a Convenção Interamericana contra a fabricação e o tráfico ilícito de armas de fogo, munições, explosivos e outros materiais correlatos.[34] No dia 15 de novembro de 2000 estabeleceu-se a *Convenção de Palermo*. Também designada como *Convenção das Nações Unidas contra o Crime Organizado Transnacional* teve como escopo atingir o crime organizado no aspecto financeiro, combatendo a lavagem de dinheiro, a corrupção e até a responsabilização da pessoa jurídica.[35] O artigo 20, 4, tratou da *ação controlada* da seguinte forma: *"As entregas vigiadas a que se tenha decidido recorrer em nível internacional poderão incluir, com o consentimento dos Estados Partes envolvidos, métodos como a interceptação de mercadorias e a autorização de prosseguir o seu encaminhamento, sem alteração ou após subtração ou substituição da totalidade ou de parte dessas mercadorias".* Consoante observa Rascovski, na *Convenção de Palermo* passou-se a tratar de toda e qualquer entrega ilícita ou suspeita.[36]

---

[30] Artigo 1º, l.

[31] Conforme artigo 11, incisos 1, 2 e 3.

[32] RASCOVSKI, Luiz. *Entrega Vigiada. Meio Investigativo de Combate ao Crime Organizado.* São Paulo: Saraiva, 2013, p. 91.

[33] Decreto 154, de 26.06.1991 e o Decreto Legislativo 162, de 14.9.1991, conforme RASCOVSKI, Luiz. *Entrega Vigiada. Meio Investigativo de Combate ao Crime Organizado.* São Paulo: Saraiva, 2013, p. 92.

[34] *"Participaram do encontro representantes de 22 países do continente, entre autoridades policiais, judiciais e militares, da Organização dos Estados (OEA) que, ao final assinaram a Declaração de Bogotá, como é conhecida a CIFTA".* (RASCOVSKI, Luiz. *Entrega Vigiada. Meio Investigativo de Combate ao Crime Organizado.* São Paulo: Saraiva, 2013, p. 93). A Convenção Interamericana foi também recepcionada pelo Brasil por intermédio do Decreto n. 3.229, de 29 de outubro de 1999.

[35] O Decreto 5.015, de 12 de março de 2004 aprovou no Brasil a *Convenção de Palermo*.

[36] RASCOVSKI, Luiz. *Entrega Vigiada. Meio Investigativo de Combate ao Crime Organizado.* São Paulo: Saraiva, 2013, p. 101.

Um dos pioneiros a tratar sobre o assunto no Brasil foi Néfi Cordeiro, Ministro do Superior Tribunal de Justiça, sob o título de *A Postergação do Momento* da Prisão,manifestando-se de forma brilhante da seguinte maneira:

"Trata-se de autorização legalmente útil, já que prevê o Código de Processo Penal (CPP) o dever de prisão em flagrante, pela autoridade policial e seus agentes, o que pode fazer presumir seja infração funcional o retardo na prisão. Entendemos porém, que mesmo sem esse permissivo legal seria de todo razoável a ação policial que retarda a prisão para o momento de maior utilidade – seja pela reunião de maior número de envolvidos, seja pela mais abrangente coleta de provas. O dever de prender em flagrante não estaria negado, mas postergado por razão justa e moral, impossibilitando a caracterização de infração pela autoridade".[37] Seria, assim, uma relativização do dever policial de atuar imediatamente, um *long haul* ao invés do *short strike* cotidiano[38].

4. Conceito

Ação controlada é o meio de investigação policial de organização criminosa no qual se deixa de efetuar a prisão em flagrante com o objetivo de acompanhar a conduta delituosa sigilosamente e desta forma ter conhecimento mais amplo de outros envolvidos e de outras provas e objetos ilícitos, conhecendo assim a estrutura criminosa de maneira mais abrangente[39] para, no final, proceder-se a responsabilização criminal mais estrita. É uma verdadeira radiografia do crime e da organização criminosa em toda a sua extensão. No sentido em que abordamos acima os direitos humanos, podemos afirmar que a *ação controlada* é um mecanismo inteligente de investigação e proteção estatal de bens jurídicos e que pode ser utilizado em prol dos direitos humanos, na medida em que visa responsabilizar pessoas pelas práticas de condutas que lesionam ou possuem alto potencial de lesividade a bens jurídicos.

---

[37] CORDEIRO, Néfi. *Tráfico Internacional de Entorpecentes.* Tese de Doutoramento. Curitiba: Setor de Ciências Jurídicas e Sociais da Universidade Federal do Paraná, 2000, p. 150.

[38] BALTAZAR JUNIOR, José Paulo. *Crimes Federais.* 6ª ed. Porto Alegre: Livraria do Advogado, 2010, p. 529.

[39] A *Convenção de Palermo* conceitua como <u>entrega vigiada</u> *"a técnica que consiste em permitir que remessas ilícitas ou suspeitas saiam do território de um ou mais Estados, os atravessem ou neles entrem, com o conhecimento e sob o controle das suas autoridades competentes, com a finalidade de investigar infrações e identificar as pessoas envolvidas na sua prática"* (artigo 2º, i).

4.1. Conceito Legal

Segundo a Lei 12.850 de 2013, que trata de organização criminosa no Brasil, no artigo 8º, *caput*, a *ação controlada* consiste em "*...retardar a intervenção policial ou administrativa relativa à ação praticada por organização criminosa ou a ela vinculada, desde que mantida sob observação e acompanhamento para que a medida legal se concretize no momento mais eficaz à formação de provas e obtenção de informações*".

5. Requisitos Legais

São requisitos que a lei 12.850 estabeleceu para a *ação controlada*:

a) Coordenação e controle da *ação controlada* de autoridade policial ou administrativa.
b) Crime(s) praticado(s) por organização criminosa ou a ela ligada
c) Observação e acompanhamento da(s) conduta(s)
d) Planejamento e atuação da medida legal (prisão, busca, etc.) no momento considerado mais oportuno para obtenção de provas e informações, desde que não se coloque em risco proibido pessoas que poderiam ser salvas com a atuação policial (ver comentários adiante).
e) Comunicação prévia ao juiz competente.
f) Sigilo da comunicação (acesso restrito a Juiz, Ministério Público e Delegado de Polícia).
g) Elaboração de auto circunstanciado.
h) Se a *ação controlada* envolver transposição de fronteiras, deverá ocorrer a cooperação das autoridades dos países relacionados, com o objetivo de reduzir os riscos de fuga e extravio do produto, objeto, instrumento ou proveito do crime.[40]
i) Pode-se acrescentar a estes requisitos a situação flagrancial, isto é, existir o estado de flagrante delito.[41]

---

[40] Artigo 8º e parágrafos da Lei 12.850/2013.
[41] OLIVEIRA, *Op. Cit.* p. 141.

6. Características

Além dos requisitos legais, gostaria de destacar algumas características que considero fundamentais na *ação controlada*.

a) Presença de crime em andamento. A inexistência de delito ou de delitos em andamento descaracteriza a *ação controlada*. Importante considerar a possibilidadede ocorrência de crimes continuados. Em nosso Lei de Drogas[42], tratamos do assunto: *"Denomina-se crime continuado a prática de duas ou mais condutas que constituem dois ou mais crimes da mesma espécie que, pelas condições de tempo, lugar, maneira de execução e outras semelhantes, são os subsequentes considerados como continuação do primeiro. Alfonso vende maconha para vários usuários, durante meses. Cada venda para um usuário configura um crime da mesma espécie, tipificado no artigo 33, caput, da Lei de Drogas. Contudo, como existe grande nexo entre eles, tempo e lugares próximos, maneira de execução e outros detalhes semelhantes, aplica-se um critério de unificação de crime com unificação da pena, ou seja, aplica-se a pena de um só dos crimes, se idênticas, ou a mais grave, se diversas, aumentada, em qualquer caso, de um sexto a dois terços, conforme determina o artigo 71 do Código Penal"[43]*. Assim, no caso de prática de delitos reiterados pela organização criminosa, pode ser decisiva a espera do momento oportuno para implementar a intervenção definitiva, ainda que esta seja precedida de intervenções intermediárias sem que a organização criminosa perceba que está sendo investigada como um todo, *v.g.*, a polícia que investiga a organização apresenta-se numa determinada situação para realizar um flagrante (v.g. venda de drogas), mas faz tal intervenção por intermédio de uma ação 'isolada' ou acionando outros agentes policiais que não têm conhecimento da *ação controlada*. O objetivo de intervenções ocasionais é duplo: a) redução de danos causados pela organização criminosa e b) colheita de provas que demonstrarão de forma cabal a conduta criminosa.

b) O delito a ser investigado deve ser de elevada gravidade.

---

[42] RANGEL, Paulo e BACILA, Carlos Roberto. *Lei de Drogas: Comentários Penais e Processuais*. 3ª ed. São Paulo: Atlas, 2015.

[43] RANGEL, Paulo e BACILA, Carlos Roberto. *Lei de Drogas: Comentários Penais e Processuais*. 3ª ed. São Paulo: Atlas, 2015, p. 159.

CRIMINALIDADE ORGANIZADA

Dado o aparato de poder e investimentos que representa a *ação controlada*, não se pode monitorar qualquer conduta ou qualquer suspeição, pois, caso contrário, estar-se-ia num estado totalitário.[44] O respeito à Democracia e aos direitos humanos está inserido na ideia de que somente condutas extremamente graves ou que se suspeitem como tal podem legitimar uma intervenção estatal tão forte quanto à *ação controlada*.

c) Deve existir finalidade útil, tal como a ampliação do conhecimento de quem são os partícipes ou outras atuações da organização criminosa.

d) Na fase de investigação não tem sentido o contraditório.[45]

e) O vício torna a prova ilícita e inadmissível em juízo.[46]

f) O controle judicial e do Ministério Público. Este controle implica responsabilidade no sentido de amparar a ação policial em situações críticas, tais como determinar com rapidez uma busca ou decretar prisões temporárias ou preventivas, como o intuito de resguardar bens jurídicos e a própria investigação. Evidentemente que tal controle efetivo possibilita maior proteção dos direitos fundamentais.

7. Espécies

A partir do que foi estipulado na Convenção de Viena[47], observa-se três espécies de *ação controlada*: 1) *interdição*[48] na qual a remessa é interrompida, porquanto as provas e informações buscadas já foram obtidas ou então

---

[44] RASCOVSKI, *Op. Cit.* p. 120.

[45] RASCOVSKI, *Op. Cit.* p. 117. Para o citado autor, com razão a entrega vigiada: *"baseia-se no fator surpresa e, portanto, não prevê a comunicação do defensor do investigado quando a técnica for utilizada na fase de investigação; d) por essa cautelaridade, configurada pela surpresa, recai sobre fatos que, por sua fugacidade, dificilmente são reproduzidos em juízo; e) por seu intermédio recolhem-se elementos probatórios preexistentes ao procedimento de sua aquisição para o processo..."*

[46] RASCOVSKI, *Op. Cit.* p. 117.

[47] O artigo 11, 3, da Convenção de Viena estabelece: *"As remessas ilícitas, cuja entrega vigiada tenha sido negociada poderão, com o consentimento das Partes interessadas, ser interceptadas e autorizadas a prosseguir intactas ou tendo sido retirado ou subtraído, total ou parcialmente, os entorpecentes ou substâncias psicotrópicas que continham".*

[48] RASCOVSKI menciona tal classificação, contudo não conferindo o sentido pleno da *ação controlada*, conforme é o nosso entendimento de ser esta mais ampla que a *entrega vigiada*, *Op. Cit.* p. 123 e 124.

porque há riscos acima do tolerável para pessoas. Em razão de acompanhar diretamente os fatos e os policiais responsáveis, a autoridade policial que acompanha a diligência deve decidir se é o caso de interrupção imediata do acompanhamento da atividade, por motivos e fundamentos que posteriormente explanará para o juiz e Ministério Público. 2) *substituição*: é a permuta da carga ilegal por substância inofensiva, objetivando diminuir os riscos da operação tais como a distribuição do material ilícito[49] ou lesão para terceiros. Suponha-se uma quantidade grande de explosivos sendo transportada, arriscando durante todo o trajeto a explosão e lesão de pessoas ou bens (pontes, avenidas, prédios). Outro exemplo que pode recomendar a substituição, analisando-se o caso concretoé o transporte de armamentos ou drogas[50]. Seria recomendável a avaliação de substituição por objetos inofensivos na primeira oportunidade, mantendo-se o acompanhamento do itinerário e das pretensões dos envolvidos. As armas e explosivos podem ser substituídos por simulacros inofensivos e a cocaína por farinha de trigo.[51] Entretanto, na prática a *substituição* é extremamente complicada e deve ser muito avaliada a sua viabilidade. 3) *acompanhamento*: é a observação do objeto ilícito até o seu destino final.[52]

8. Incidentes na Ação Controlada

8.1. Lesão ao Bem Jurídico: Limites

Embora a *ação controlada*tenha enorme relevância para desvelar organizações criminosas, deve-se respeitar como limite de atuação o balanço ou sopesamento de bens jurídicos para avaliar o quanto a polícia pode deixar de atuar no caso concreto.

O exemplo que me parece bastante útil é o de uma situação de extorsão mediante sequestro no qual a polícia descobre a identidade e atividade de três dos sequestradores e de mais dois partícipes que fazem a manutenção

---

[49] RASCOVSKI, *Op. Cit.* p. 125.

[50] Sobre a *ação controlada* na Lei de Drogas ver: RANGEL, Paulo e BACILA, Carlos Roberto. *Lei de Drogas: Comentários Penais e Processuais Penais*. 3ª ed. São Paulo: Atlas, 2015. Sobre a aplicação da imputação objetiva na Lei de Drogas e o Concurso de Pessoas ver BACILA, Carlos Roberto. *Teoria da Imputação Objetiva no Direito Penal*. Curitiba: Juruá, 2011.

[51] Ver RASCOVSKI, *Op. Cit.* p. 125.

[52] RASCOVSKI, *Op. Cit.* p. 128.

CRIMINALIDADE ORGANIZADA

das vítimas no cativeiro[53], contudo, o local preciso onde se encontram os reféns é desconhecido. Temos nesta situação a localização de cinco criminosos num crime permanente, mas a situação recomenda evidentemente aguardar a localização das vítimas no cativeiro.

Entretanto, quando os reféns forem localizados, deixa de predominar a racionalidade da *ação controlada* que é a de descobrir mais autores, mais partícipes, maiores informações, pois a prioridade agora passa a ser o **salvamento das vítimas**.

Portanto, não se pode mais deixar os reféns correndo riscos de serem mortos, sob o pretexto de se aguardar mais dias para o descobrimento de outros envolvidos com os delitos.

Uma ação deliberadamente omissiva neste caso, no qual se poderia evitar danos às vidas humanas, leva os agentes responsáveis à imputação por crime omissivo impróprio (homicídio doloso por omissão). Digo isto no caso de os policiais responsáveis pela *ação controlada* possuírem o controle da situação, podendo impedir a morte dos reféns. Evidentemente que se não possuírem tal domínio sobre a relação de causalidade por não poderem evitar o resultado, somente seria discutível a existência ou não de delito de homicídio culposo. Porquanto o que está fora do alcance físico dos policiais ou o que escapou de suas percepções não se lhes pode atribuir. Se os policiais atuam com o máximo de dedicação e fazem tudo que está ao seu alcance, mas mesmo assim o resultado negativo ou a lesão ao bem jurídicovida humana acontece, não se lhes cabe responsabilidade alguma.[54]

De outro lado, vale lembrar que na *ação controlada* não se trata de simplesmente evitar a continuação do delito ou excluir de maneira absoluta a lesão ao bem jurídico, tendo em vista que é da natureza mesma da *ação controlada* eventuais perdas. O que está em discussão é o limite da lesão ao bem jurídico, fato este que deve ser analisado sob a ótica de proporcionalidade e aceitação de tais perdas em prol de resultados muito mais importantes e efetivos no âmbito probatório e de combate ao crime. Palavras como razoabilidade, proporcionalidade, sopesamento de bens jurídicos, e, por que não dizer, bom senso, são cruciais nesta análise.

---

[53] Sabe-se que os dois criminosos vigiam o cativeiro porque se ouviu diálogos deles, mas não se localizou ainda o cativeiro mesmo, por exemplo.

[54] PRADO, Geraldo e DOUGLAS, William. *Comentários à Lei Contra o Crime Organizado*. Belo Horizonte: Del Rey, 1995, p. 52.

Outrossim, em se tratando de delitos de criminalidade organizada ocorre, às mais das vezes, a incidência de *interesses difusos*[55], relacionados à grande parte da população, o que caracteriza o sujeito indefinido (exemplo: qualidade do ar que se respira). A falta de definição do sujeito não quer dizer que ele inexiste. No dizer de Fernandes há que se saber quem são os *"possíveis destinatários da ação dos infratores"*.[56]

Quanto aos interesses coletivos, por fazerem parte de um grupo delimitado (pessoa jurídica – v.g. questões envolvendo sindicatos ou determinados consumidores de um produto defeituoso, etc.) a tutela penal se faz por meio dos tipos de perigo abstrato, o que não descaracteriza a individualização do bem jurídico.

Em síntese, mesmo nos tipos penais relacionados à sociedade de risco deveexistir bem jurídico tutelado, o que não impede que ele deva ser melhor estudado e definido.[57] Por outro lado, a *ação controlada*é medida pragmática e que deve ser implementada quando não ocorra riscos à vida dos envolvidos acima dos riscos habituais.

8.2. Direitos Fundamentais em Questão

Conforme mencionamos no início deste escrito, apesar da sua importância e necessidade para os tempos atuais, a *ação controlada* deve sempre respeitar a legalidade e os direitos humanos. Algumas intervenções parecem bem fortes quando se refere à *ação controlada*: a interceptação de conversa telefônica, de correspondência e a invasão do direito à intimidade.[58] Para além das exceções razoáveis das garantias fundamentais, a Lei 12.850 de 2013 regulamentou a matéria e tornou a investigação por intermédio da *ação controlada* um legítimo meio de atuação policial para apuração da criminalidade organizada. Evidentemente que o controle judicial e do Mi-

---

[55] Esta expressão foi utilizada pela primeira vez no Direito Penal por FILIPPO SGUBBI, em 1975, na obra 'Tutela Penale di Interessi Difussi'. Nas palavras de FERNANDES *"interesses repartidos pela maioria da população (não pela totalidade, já vimos, caso em que estaríamos, não diante de interesses difusos mas sim do próprio interesse público), não pertencentes a ninguém em particular mas aos membros de uma determinada coletividade em geral, ou seja, da pessoa enquanto sujeito social indefinido mas definível".* FERNANDES, *Op. Cit.* p. 87 e 88.

[56] FERNANDES, *Op. Cit.* p. 87 e 88.

[57] FERNANDES, *Op. Cit.* p. 96 e 97.

[58] RASCOVSKI, *Op. Cit.* p. 174.

CRIMINALIDADE ORGANIZADA

nistério Público fortalecem as garantias democráticas, seguidas da defesa que, posteriormente à conclusão da investigação por intermédio da *ação controlada*, exercerá fiscalização sobre o atendimento estrito dos preceitos legais da investigação. No caso brasileiro não há dúvida de que os tratados internacionais foram incorporados no ordenamento jurídico por decretos e leis federais, atendendo plenamente às regras limpas da intervenção pública na esfera privada.

Os preceitos normativos de investigação encontram amparo nos documentos internacionais e também no direito brasileiro. Contudo, sem nos estendermos neste assunto que é bastante tratado pela doutrina, há igualmente necessidade de ponderação e razoabilidade. A interceptação telefônica é regulamentada pela lei (9.296/96) e deve ser empregada nos seus exatos termos. Por outro lado, se existe proteção à privacidade das correspondências, também existe a proibição nacional (Decreto 1.789, de 12 de janeiro de 1996) e internacional de envio de substâncias ilícitas. O extremo formalismo da proteção ao direito fundamental do sigilo epistolar poderia levar a polícia a não avisar o destinatário de uma correspondência de que ele receberá uma bomba ou um vírus letal. A proteção do sigilo das comunicações visa proteger a intimidade e a vida privada das pessoas, mas não garantir o livre trânsito de explosivos, venenos, vírus, drogas, animais silvestres, documentos contendo planos de atentados terroristas e contrabando. Nas regiões de fronteira é muito comum proibir-se a remessa de objetos para outras partes do país, como política criminal para evitar-se o contrabando e o descaminho.

8.3. Transposição de Fronteiras

Em ocorrendo transposição de fronteiras, deverá ser procurada cooperação do país cujo percurso suspeito tenha a maior probabilidade de ocorrer, tanto para evitar-se os riscos de perda do acompanhamento dos suspeitos ou fuga, quanto para prover de legalidade a ação policial.[59]

---

[59] LEÃO, Rodrigo Claudio de Gouvea. *Legislação Especial. Delegado Federal.* Coordenação: Moacir Martini de Araújo. São Paulo: Rideel, 2014, p. 578.

8.4. Atuação Policial: Requisitos

A tarefa da ação prolongada não é fácil e o policial precisa ter disciplina espartana[60], com organização estratégica e tática e determinação bastante acima da média para superar os obstáculos imprevisíveis que podem surgir durante a operação.

Inobstante, a investigação da criminalidade organizada precisa sair dos moldes tradicionais que sobrecarrega um investigador com uma agenda cheia de casos para verificar o que ocorreu no passado. É necessário, no dizer de Célio Jacinto Santos *"desenvolver um planejamento estratégico que contemple aspectos operacionais, financeiros, logísticos e humanos..."* E a polícia deve *"contar com recursos humanos e materiais similares às grandes organizações privadas e as empresas multinacionais"*.[61]

Neste sentido, o policial e os estudiosos da área devem estar atentos para adequarem todos os conceitos e regras jurídicas com a realidade, exatamente nos termos da observação de Eliomar da Silva Pereira: "...é ilusório querer pensar a teoria ou a prática de forma independente, ou tentar estabelecer a prevalência de uma sobre a outra ou, ainda que seja possível, desenvolver qualquer atividade séria de que se espera certa eficiência demonstrada por resultados aferíveis, sem mesclar teoria e prática. Ademais, se é certo que a teoria deve anteceder à prática, não vemos, contudo, como se possa teorizar sobre algo que nunca tenha sido praticado. A atividade dos 'teoricistas' está de tal forma arraigada ao que os 'praxistas' desenvolvem que se torna impossível, e mesmo supérfluo, teorizar sem o contraponto da prática."

"Nesse sentido, temos em mente que uma possível investigação criminal científica, como sustentada nesse trabalho, somente se tornará possível na medida em que possamos falar em 'teoria e prática', como faces da 'investigação criminal', que exige tanto uma 'arquitetura de ideias' como uma 'engenharia de ações'".[62]

---

[60] Sobre o tema da disciplina como fator importante no preparo para enfrentar dificuldades extremas: KELLETT, Anthony. *Motivação para o Combate*. Tradução de Delcy Doubrawa. Rio de Janeiro: Biblioteca do Exército, 1987, p. 151 e seguintes.

[61] SANTOS, Celio Jacinto. *Investigação Criminal Especial: Seu Regime no Marco do Estado Democrático de Direito*. Porto Alegre: Nuria Fabris, 2013, p. 92.

[62] PEREIRA, Eliomar da Silva. *Teoria da Investigação Criminal. Uma Introdução Jurídico-Científica*. Coimbra: Almedina, 2010, p. 343-344.

8.5. Meios de Apoio

Quais seriam os meios de apoio para a *ação controlada*? Como se pode acompanhar uma organização que está praticando crimes? A resposta mais tradicional é o acompanhamento por intermédio de vigilância à distância, como seria o caso de seguir um veículo que transporta drogas, para verificar o seu itinerário. Outra possibilidade, por exemplo, é a instalação de um chip no veículo. Outro meio ocorre por intermédio do agente infiltrado que acompanha parte das atividades da organização criminosa. Também não podem ser descartados a escuta telefônica e ambiental. Por outro lado, os meios são inesgotáveis dentro das criações humanas abrangidas pelo conhecimento e ciência. Reitera-se que todos estes meios devem estar amparados na legalidade que pressupõe o respeito aos direitos fundamentais e, consequentemente, aos direitos humanos.

8.6. Mecanismos Internacionais

O artigo 2º, i, da Convenção das Nações Unidas Contra a Corrupção estabelece: "Por 'entrega vigiada' se entenderá a técnica consistente em permitir que remessas ilícitas ou suspeitas saiam do território de um ou mais Estados, ou atravessem ou entrem nele, com o conhecimento e sob a supervisão de suas autoridades competentes, com o fim de investigar um delito e identificar as pessoas envolvidas em sua ocorrência".

O artigo 50, 1, da mesma Convenção classifica a *ação controlada* como *técnica especial de investigação* e a recomenda para **combate efetivo da corrupção**. O referido artigo ressalta que se deve atentar para os princípios e leis dos estados parte, contudo, pode-se considerar outras técnicas de investigação especial tais como vigilância eletrônica ou "operações secretas".[63]

O artigo 50, 4, acrescenta: *"Toda decisão de recorrer à entrega vigiada no plano internacional poderá, com o consentimento dos Estados Partes interessados,*

---

[63] Na íntegra: *"A fim de combater eficazmente a corrupção, cada Estado Parte, na medida que lhe permitam os princípios fundamentais de seu ordenamento jurídico interno e conforme as condições prescritas por sua legislação interna, adotará as medidas que sejam necessárias, dentro de suas possibilidades, para prever o adequado recurso, por suas autoridades competentes em seu território, à entrega vigiada e, quando considerar apropriado, a outras técnicas especiais de investigação como a vigilância eletrônica ou de outras índoles e as operações secretas, assim como para permitir a admissibilidade das provas derivadas dessas técnicas em seus tribunais".*

incluir a aplicação de métodos tais como interceptar bens e fundos, autorizá-los a prosseguir intactos ou retirá-los ou substituí-los total ou parcialmente".

9. Direito Comparado e Competência

Tendo em vista que a criminalidade organizada ultrapassa as fronteiras de todos os países, é importante saber o que estipulam outros ordenamentos jurídicos sobre a ação controlada, especialmente quanto à competência e órgão responsável pela direção da investigação. Afinal, conforme bem acentuam Emerson Silva Barbosa e Priscila de Castro Busnello: *"O fenômeno da globalização transformou a humanidade e criou ambientes inéditos e propícios para o desenvolvimento de novas formas de criminalidade. A chamada criminalidade transnacional é fluída, sem rosto e sem fronteiras, mas a aplicação da sanção penal deve ser precedida de regular apuração, com a cabal comprovação da autoria e materialidade do crime".*[64]

Veremos a seguir aspectos da atribuição e competência compartilhada entre a Polícia, o Ministério Público e o Judiciário para autorizar ou coordenar a *ação controlada*.

9.1. Portugal

O Direito Português prevê a constituição de equipe de investigação policial para acompanhamento de investigações internacionais amparadas por acordos, tratados ou convenções para cooperar nas 'entregas controladas' ou 'vigiadas'.[65]Manuel Monteiro Guedes Valente, cita o artigo 160-A, da Lei de Cooperação Internacional em Matéria Penal, inserido pelo artigo 6º, da Lei 104/2001: *"1- Pode ser autorizada caso a caso, pelo Ministério Público, perante o pedido de um ou mais Estados estrangeiros, nomeadamente se previsto em instrumento convencional, a não actuação dos órgãos de polícia criminal, no âmbito de investigações criminais Transfronteiriças relativas a infrações que admitam extradição com a finalidade de proporcionar, em colaboração com o Estado ou Estados estrangeiros, a identificação e responsabilização criminal do maior número de agentes da infracção."*

---

[64] BARBOSA, Emerson Silva e BUSNELLO, Priscila de Castro. Disposições Finais. *Organizações Criminosas. Teoria e Hermenêutica da Lei 12.850/2013.* Porto Alegre: Nuria Fabris, 2015, p. 324.
[65] VALENTE, Manuel Monteiro Guedes. *Teoria Geral do Direito Policial.* 2ª ed. Coimbra: Almedina, 2009, p. 524 e 525.

CRIMINALIDADE ORGANIZADA

9.2. Espanha

A legislação da Espanha foi remodelada logo após a Convenção de Viena. Regulou o instituto tanto no âmbito internacional como também no caso de *ação controlada* ocorrida exclusivamente dentro de seu território.[66] Sob o nome de *entrega vigiada* a legislação espanhola prevê no artigo 263-bis da *Ley de Enjuiciamiento Penal* a possibilidade do juiz, Ministério Público ou chefe de polícia judiciária autorizar a entrega vigiada de drogas ou *ação controlada* para bens que afetem o meio ambiente, falsificação de moeda ou armas e explosivos ou receptação e lavagem de dinheiro (artigos 301 a 304, 368 a 373 332, 334, 386, 566, 568 e 569 do Código Penal Espanhol). A Espanha tem a competência conjunta da Polícia, do Ministério Público e do Judiciário para autorizar a *ação controlada*.

9.3. França

A França prevê a *ação controlada* (*livraisons surveillées*) relacionada ao tráfico de drogas, permitindo a atuação da autoridade de fronteira (aduana) e de saúde pública e de polícia judiciária, devendo-se o oficial comunicar o Ministério Público.[67]

9.4. Itália

Na Itália, a Lei 146, de 16 de março de 2006 estabeleceu em seu artigo 9º, para crimes tais como lavagem de dinheiro, relacionados a armas e explosivos, imigrações e terrorismo, a possibilidade de *ação controlada*, mediante comunicação prévia ao Ministério Público e informações breves sobre o curso da investigação. O nome dos policiais deve ser revelado e terceiros não policiais também podem ser empregados pela Polícia. O Decreto presidencial 309, de 09 de outubro de 1990 já tratava do acompanhamento de drogas, incluindo a cooperação internacional. Incumbe-se ao juiz o poder de atrasar a intervenção de maneira fundamentada. A Autoridade Policial pode autorizar o retardamento da intervenção relacionada ao tráfico de

---

[66] RASCOVSKI, *Op. Cit.* p.141-148.
[67] Lei 91-1264, de 19 de dezembro de 1991 e Decreto 92-696, de 20 de julho de 1992.

drogas, contudo, num prazo máximo de quarenta e oito horas deverá comunicar o juiz.[68]

9.5. Argentina

A legislação argentina também prevê a *ação controlada*, conferindo ao juiz o poder de autorizar ou até permitir a saída da substância controlada (drogas) para o país de destino.[69]

9.6. Alemanha

Na Alemanha o agente infiltrado foi previstona lei para o combate às organizações criminosas, de 15.07.1992 que inseriu os parágrafos 110a e 110b no Código de Processo Penal.[70] Não há especificamente regulamentação da *ação controlada*, contudo, o instituto é adotado de forma discricionária pelas autoridades de persecução criminal.[71] As instruções policiais estão atribuídas nos artigos 161 a 163 do Código de Processo Penal. Em princípio, a polícia deve agir assim que tenha conhecimento da infração penal, conforme determinam as normas processuais. Johan Peter Wilhelm Hilgerconsidera a *ação controlada* como indispensável ferramenta para a investigação do crime organizado no âmbito internacional.[72] Segundo Hilger, o princípio da intervenção rápida não especifica as medidas a serem adotadas, salvo se houver perigo para o bem protegido. O importante é que a responsabilização criminal ocorra, mas a exata medida de como intervir não está especificada na lei e depende de questões táticas da investigação. Portanto, Hilger não vê contradição, mas sim complementação entre a *ação controlada* e a obrigatoriedade da intervenção. Ainda segundo o ex-chefe da Divisão do Sistema Judicial do Ministério Federal da Justiça na Alemanha, uma intervenção muito precoce pode trazer prejuízos à

---

[68] RASCOVSKI, *Op. Cit.* p.156.

[69] Lei 24.424/1995.

[70] MENDRONI, Marcelo Batlouni. *Curso de Investigação Criminal.* 3ª ed. São Paulo: Atlas, 2013, p. 123.

[71] HILGER, Johan Peter Wilhelm. *Controlled Delivery.* In: http://www.unafei.or.jp/english/pdf/RS_No58/No58_10VE_Hilger1

[72] HILGER, Johan Peter Wilhelm. *Controlled Delivery.* In: http://www.unafei.or.jp/english/pdf/RS_No58/No58_10VE_Hilger1

CRIMINALIDADE ORGANIZADA

investigação. Hilger enuncia os casos em que não é recomendável atuar com a *ação controlada*: a) quando a implementação da *ação controlada* possa ser muito perigosa para os policiais envolvidos; b) quando possa colocar em risco os bens que estão sendo transportados, como no caso de tráfico de seres humanos; c) quando já houver identificação dos líderes envolvidos; d) quando houver outros meios de descoberta da organização criminosa. Hilger também recomenda que os objetos e pessoas possam ser acessados a qualquer tempo.[73] Luiz Rascovski resumiu assim as exigências do Direito alemão para a *ação controlada*: "*a) deve ser utilizada somente no enfrentamento de delitos graves; b) não deve ser realizada sem que haja compradores; c) deve ser garantida a possibilidade de detenção ou de perseguição em qualquer momento; d) são proibidas as vendas encobertas com perigo de desaparecimento das drogas e e) a ela se aplica o princípio da subsidiariedade*".[74]

Sem embargo de tais prescrições constituírem metas a serem atingidas, mas será que são plenamente executáveis na prática? Parece necessário estudar mais casos concretos de execução e verificar no campo as suas dificuldades reais antes de formular regras que podem ser inexequíveis na sua totalidade. De qualquer forma, as recomendações para a aceitação alemã da *ação controlada* relativamente aos estados parceiros parecem bastante razoáveis: a) assegurar o monitoramento permanente; b) assegurar o empenho na investigação dos transportadores, cabeças e compradores, apreender as drogas, armas, objetos roubados e levar adiante até a provável condenação dos criminosos e c) informar continuamente as autoridades alemãs envolvidas no procedimento.[75]Para finalizar faremos um breve estudo de caso procurando abordar no seu relato a maioria dos temas tratados até este ponto.

10. Estudo de Caso na Área Ambiental

O caso adiante tratado aborda questões já divulgadas pela imprensa, protegendo completamente a identidade dos envolvidos[76].

---

[73] HILGER, Johan Peter Wilhelm. *Controlled Delivery*. In: http://www.unafei.or.jp/english/pdf/RS_No58/No58_10VE_Hilger1

[74] RASCOVSKI, *Op. Cit.* p. 161.

[75] HILGER, Johan Peter Wilhelm.*Controlled Delivery*. In: http://www.unafei.or.jp/english/pdf/RS_No58/No58_10VE_Hilger1.pdf

[76] Cf. http://g1.globo.com/pr/campos-gerais-sul/noticia/2015/06/pf-e-ibama-deflagram-operacao-para-proteger-matas-nativas-no-sul-do-pr.html

A investigação teve início quando uma testemunha admitiu que emprestou seu nome como "laranja" para a formação de uma empresa que adquiria carvão vegetal ilegal do Estado do Paraná de uma das poucas regiões onde ainda existe uma pequena área de mata nativa. Efetuou-se investigação preliminar e constatou-se que os empresários de duas cidades ligadas na região compravam o carvão de produtores locais, disseminados na região, remetendo enormes quantidades de carvão para Santa Catarina que o armazenava em um depósito. Em seguida, o carvão era distribuído para os mercados do sul.

Os delitos praticados nas condutas acima descritas são previstos na Lei de Crimes Ambientais e, praticados reiteradamente, configuravam delitos continuados. Tais condutas poderiam em tese gerar a autuação em flagrante por conta da previsão da Lei de Crimes Ambientais (Lei 9.605/98), afinal os pequenos produtores de carvão e os adquirentes estavam suscetíveis da detenção e autuação em flagrante.

Contudo, se houvessem abordagens naquele momento, as pessoas autuadas estariam sujeitas às sanções leves do Juizado Especial Criminal (Lei 9.099/95) e condutas mais graves não seriam esclarecidas, tais como: por que o depósito de carvão de Santa Catarina possuía documentação suficiente para todo o carvão armazenado, com DOF's (Documento de Origem Florestal) que indicavam que o carvão ali armazenado (muitas toneladas) seria proveniente do Paraguai? Quem estaria fornecendo os créditos DOF's de carvão importado ilegalmente? O que estaria ocorrendo com o carvão realmente importado? Qual a extensão do prejuízo ambiental?

Portanto, era necessário verificar a fundo o que estava acontecendo, sem simplesmente sair autuando pequenos infratores.

Ora, numa primeira avaliação do caso, tem-se em tela a potencialidade lesiva ao meio ambiente, mediante o risco de extinção de espaços verdes nativos, mas também a administração pública está vulnerável no aspecto de aquisição fraudulenta de créditos ambientais (DOF's), além, é claro, da lavagem de dinheiro e falta de recolhimento de tributos dos bens ofertados no comércio.

Diante deste quadro de suspeita de que o carvão armazenado em Santa Catarina era completamente produzido no Paraná, representou-se judicialmente pela *ação controlada*, sob as formas cabíveis, isto é, escuta telefônica, vigilância policial de perto e outros mecanismos viáveis durante a investigação. Todas as medidas foram autorizadas judicialmente.

CRIMINALIDADE ORGANIZADA

Durante meses houve o acompanhamento das condutas dos suspeitos. Num dado momento julgou-se conveniente uma abordagem por amostragem para coletar provas. Outra finalidade tão importante quanto a coleta de provas é a diminuição dos riscos que, no caso concreto se caracteriza pela lesão efetiva ao meio ambiente que estava em curso. Note-se que mesmo com a *ação controlada*, não se possui o tempo todo conhecimento dos passos da organização criminosa, isto é, não se pode precisar a cada instante todos os delitos praticados pela organização, motivo pelo qual se está justamente implementando a *ação controlada*.

Mas assim que se teve a ciência de onde atuaria a organização, com a abordagem encoberta sob o manto da 'aleatoriedade' e eventualidade, efetuaram-se algumas detenções e apreensões e encaminhamento para a Delegacia local, sem que nem mesmo os policiais da delegacia local soubessem que a *ação controlada* estava em curso. Resultado da intervenção feita, após a perda considerável de patrimônio ilegal (carga, caminhão, etc.) os suspeitos diminuíram a atividade ilegal.

A referida medida foi importante para comprovar muitos fatos, mas ainda não possibilitava a ligação entre a aquisição do carvão ilegal e os créditos de importação (DOF's).

Consequentemente a *ação controlada* prosseguiu e conseguiu-se algumas semanas depois colher mais alguns indícios. Na fase final, novas medidas foram requeridas e desta maneira foi comprovado que uma pessoa X promovia, inicialmente, a importação legal de carvão do Paraguai, recebia DOF's de um órgão público federal (IBAMA) e, em seguida, ao invés dos créditos ambientais acompanharem as cargas, ao contrário, tomavam rumo distinto: a) a carga era distribuída em locais que aceitavam o carvão sem documentação (mercados de carvão para churrasco ou para fornos de usinas no Mato Grosso do Sul, Goiás ou outros estados).

b) a documentação da carga de carvão era vendida para os empresários do Paraná que a utilizavam para documentar o carvão obtido através da derrubada de toneladas de árvores nativas do Paraná.

Desta maneira, a *ação controlada* possibilitou por intermédio do "controle" dos flagrantes e da observação cautelosa, a apuração de delitos muito mais graves (artigo 299 do Código Penal, artigo 2º, da Lei 12.850/2013, artigo 69-A, da Lei 9.605/98 e outros) e proteção mais ampla do meio ambiente e da administração pública (interrompendo-se e prevenindo-se a utilização de produtos ilícitos em vários estados, documentos legais

244

utilizados para adulterar devastação da mata nativa, mão de obra empregada com trabalho análogo ao de escravo, etc.). Esclareça-se que em todos os passos da investigação acima mencionada foram respeitadas todas as garantias fundamentais: em nenhum momento excedeu-se os limites legais e constitucionais, porém, a defesa de interesses públicos sobrepôs-se às barreiras individuais de interesses criminosos. Curiosamente, observou-se também uma resignação dos autores dos delitos com a imposição da lei, isto é, houve um reconhecimento de que a legalidade na área ambiental deve ser adotada.

11. Conclusão

A *ação controlada* é instituto legítimo e reconhecido por documentos internacionais acordados entre diversos países que procuram combater com eficácia o crime organizado. Os estados integrantes das regulamentações também legislaram internamente sobre a *ação controlada*.

Constitui-se mecanismo fundamental para, ao postergar a autuação do flagrante delito e acompanhar a atividade criminosa de maneira ampla, efetuar verdadeira radiografia da organização criminosa, tutelando com profundidade os bens jurídicos envolvidos.

Apesar de sua importância no sistema penal, não se pode transigir com os direitos humanos ou 'flexibilizá-los', pois o procedimento da *ação controlada* deve observar a legalidade em todas as fases de aplicação. Contudo, a proteção da intimidade e da privacidade não podem constituir escudo para a prática de crimes graves, afinal, em se tratando de *ação controlada*, somente crimes extremamente lesivos podem ser o foco da sua implementação, pois o aparato envolvido e os riscos para os policiais não são compatíveis com investigação de delitos inexpressivos.

O estudo de caso é imprescindível, podendo-se vislumbrar melhor detalhes da *ação controlada* que a leitura unicamente teórica não atinge. No estudo de caso ora apresentado, procurou-se sair dos exemplos corriqueiros de entrega controlada de drogas ou armas e munições, ao analisar-se a importância da *ação controlada* na tutela ambiental e da administração pública.

CRIMINALIDADE ORGANIZADA

Referências

ANITUA, Gabriel Ignacio. *Histórias dos Pensamentos Criminológicos*. Tradução de Sérgio Lamaran. Rio de Janeiro: Revan, 2008.

ANSELMO, Márcio Adriano. *Da Ação Controlada. Organizações Criminosas. Teoria e Hermenêutica da Lei nº 12.850/2013*. Porto Alegre: Nuria Fabris, 2015.

BACILA, Carlos Roberto. *A Vida de Dale Carnegie e Sua Filosofia de Sucesso*. 2ª ed.Curitiba: Belton, 2015.

BACILA, Carlos Roberto. *Criminologia e Estigmas: Um Estudo sobre os Preconceitos*. 4ª ed. São Paulo: Atlas, 2015.

BACILA, Carlos Roberto. *Teoria da Imputação Objetiva no Direito Penal*. Curitiba: Juruá, 2011.

BACILA, Carlos Roberto. *The Life of Dale Carnegie and his Philosophy of Success*. New York: Amazon, 2015.

BALTAZAR JUNIOR, José Paulo. *Crimes Federais*. 6ª ed. Porto Alegre: Livraria do Advogado, 2010.

BARBOSA, Emerson Silva e BUSNELLO, Priscila de Castro. Disposições Finais. *Organizações Criminosas. Teoria e Hermenêutica da Lei 12.850/2013*. Organização de Eliomar da Silva Pereira e Emerson Silva Barbosa. Porto Alegre: Nuria Fabris, 2015.

CHAPMAN, Denis. *Sociology and the Stereotype of the Criminal*. London: Tavistock, 1968.

COELHO, Luiz Fernando. *Helênia e Devília: Civilização e Barbárie na Saga dos Direitos Humanos*. Curitiba: Bonijuris, 2014.

CORDEIRO, Néfi. *Tráfico Internacional de Entorpecentes*. Tese de Doutoramento. Curitiba: Setor de Ciências Jurídicas e Sociais da Universidade Federal do Paraná, 2000.

FERNANDES, Paulo Silva. *Globalização, 'Sociedade de Risco' e o Futuro do Direito Penal. Panorâmica de Alguns Problemas Comuns*. Coimbra: Almedina, 2001.

GARIBALDI, Gustavo E.L. Efeitos da Vídeo Vigilância e outras Técnicas de Rastreamento de Pessoas. Prevenção ou Sofisticada Modalidade de Aumento de Repressão Seletiva? Processo Penal, Constituição e Crítica. *Estudos em Homenagem ao Prof. Dr. Jacinto Nelson de Miranda Coutinho*. Rio de Janeiro: Lumen Juris, 2011.

GOMES, Rodrigo Carneiro. A Repressão à Criminalidade Organizada e os instrumentos legais: ação controlada. *Revista dos Tribunais* | vol. 858/2007 | p. 455 – 464 | Abr / 2007. DTR\2007\306.

HILGER, Johan Peter Wilhelm. Controlled Delivery. In: http://www.unafei.or.jp/english/pdf/RS_No58/No58_10VE_Hilger1.pdf

IRONS, Peter. *A People's History of The Supreme Court*. New York: Penguin Books, 1999.

KELLETT, Anthony. *Motivação para o Combate*. Tradução de Delcy Doubrawa. Rio de Janeiro: Biblioteca do Exército, 1987.

MENDRONI, Marcelo Batlouni. *Curso de Investigação Criminal*. 3ª ed. São Paulo: Atlas, 2013.

LEÃO, Rodrigo Claudio de Gouvea. *Legislação Especial. Delegado Federal*. Coordenação: Moacir Martini de Araújo. São Paulo: Rideel, 2014.

PEREIRA, Eliomar da Silva. *Teoria da Investigação Criminal. Uma Introdução Jurídico-Científica*. Coimbra: Almedina, 2010.

AÇÃO CONTROLADA NA INVESTIGAÇÃO DA CRIMINALIDADE ORGANIZADA

PEREIRA, Flavio Cardoso. *Meios Extraordinários de Investigação Criminal: Infiltrações Policiais e Entregas Vigiadas Controladas.*Ciências Penais | vol. 6 | p. 199 – 226 | Jan – Jun / 2007 DTR\2007\26.

PRADO, Geraldo e DOUGLAS, William. *Comentários à Lei Contra o Crime Organizado.* Belo Horizonte: Del Rey, 1995.

RANGEL, Paulo e BACILA, Carlos Roberto. *Lei de Drogas: Comentários Penais e Processuais.* 3ª ed. São Paulo: Atlas, 2015.

RASCOVSKI, Luiz. *Entrega Vigiada. Meio Investigativo de Combate ao Crime Organizado.* São Paulo: Saraiva, 2013.

ROCHA JUNIOR, Francisco do Rego Monteiro. Criminalização dos Delitos Econômicos: Um Direito Penal Igual para Todos. Processo Penal, Constituição e Crítica. *Estudos em Homenagem ao Prof. Dr. Jacinto Nelson de Miranda Coutinho.* Rio de Janeiro: Lumen Juris, 2011.

SANTOS, Celio Jacinto. *Investigação Criminal Especial: Seu Regime no Marco do Estado Democrático de Direito.* Porto Alegre: Nuria Fabris, 2013.

SUTHERLAND, Edwin H. *Princípios de Criminologia.* Tradução de ASDRUBAL MENDES GONÇALVES. São Paulo: Livraria Martins Ed., 1949.

SUTHERLAND, Edwin H. White-collar criminality. Indiana: American Sociological Review, February, 1940, V. 5, N 1.

VALENTE, Manuel Monteiro Guedes. *Teoria Geral do Direito Policial.* 2ª ed. Coimbra: Almedina, 2009.

9. Crime organizado e lavagem de dinheiro: uma aproximação quanto aos métodos de investigação

Márcio Adriano Anselmo[1]

Introdução

O fenômeno da criminalidade econômico financeira atrai a atenção dos membros de diversos organismos internacionais nas últimas décadas. Intensificado pelo que se convencionou chamar de globalização[2], despertou o interesse dos Estados em iniciativas conjuntas de enfrentamento e deu ensejo a diversos compromissos internacionais formando uma complexa estrutura normativa sob o comando do Escritório das Nações Unidas para

---

[1] Doutor em Direito pela Universidade de São Paulo. Delegado de Polícia Federal. Autor de diversos estudos sobre os temas de lavagem de dinheiro e criminalidade organizada.

[2] Muito se tem discutido no campo das ciências sociais acerca do conceito de globalização. Optou-se aqui mencionar a concepção de um de seus principais teóricos, Anthony Giddens, para quem a globalização pode ser encarada como um fenômeno de intensificação das relações sociais mundiais que ligam localidades distantes de maneira que os acontecimentos locais são fortemente influenciados por eventos que ocorrem à distancia e vice versa (GIDDENS, 1990, p. 64). Ainda sobre o tema, importante estudo sobre os teóricos da globalização é apresentado por Arnaldo Godoy em Globalização, Neoliberalismo e o Direito no Brasil, em que o autor apresenta o posicionamento de diversos teóricos como Antony Giddens, Milton Santos, Octavio Ianni, Francis Fukuyama, Antonio Negri, dentre outros (GODOY, Arnaldo Sampaio de Moraes. **Globalização, Neoliberalismo e Direito no Brasil**. Londrina: Humanidades, 2004).

CRIMINALIDADE ORGANIZADA

o Crime (UNODC) e Grupo de Ação Financeira em Lavagem de Dinheiro (GAFI).

No relatório da Organização das Nações Unidas-ONU *The Globalization of Crime: A Transnational Organized Crime Threat Assessment* (UNODC, 2010), apontou-se que o crime organizado tem faturado bilhões de dólares por ano com o tráfico de drogas, armas, pessoas, recursos naturais, produtos contrafeitos, bem como pirataria marítima e cibernética. O relatório destaca ainda que uma luta mais eficaz contra essa modalidade criminosa exige mudança de foco para a desestruturação de máfias e de seus mercados por meio de medidas mais duras de combate à lavagem de dinheiro e à corrupção.

Essa tem sido, portanto, a tônica de atuação que norteia a Organização das Nações Unidas desde a Convenção de Viena (1988), assim como a atividade de outras organizações e organismos internacionais. Veja-se, a título exemplificativo, que, apenas no âmbito da ONU, o tema foi tratado também pelas Convenções de Palermo e Mérida, instituindo às autoridades de law enforcement o objetivo de atuar no sentido de atacar a capitalização das organizações criminosas.

Assim, a criminalidade econômico-financeira tem sido objeto de estudo dos organismos internacionais a cujo tema se relaciona, bem como tem sido objeto de preocupação dos governos no seu controle por meio de mecanismos estatais.

Nesse sentido, o Brasil presenciou nos últimos anos a revisão de diversos diplomas legislativos, assim como a promulgação de novos instrumentos voltados a esse controle, onde se destaca a Lei de Crime Organizado (Lei n° 12.850/2012), Lei Anticorrupção (Lei n° 12.846/2013) e as profundas alterações na Lei de Lavagem de Dinheiro (Lei n° 12.683/2012).

1. Lavagem de dinheiro, corrupção e crime organizado: rumo a uma interação investigativa

Na esteira dos instrumentos internacionais no âmbito da ONU, a Convenção das Nações Unidas contra o Crime Organizado Transnacional – Convenção de Palermo , aprovada em 15.11.2000, consiste em outro importante marco no tratamento do fenômeno da lavagem de dinheiro.

A Convenção tem como antecedente a Conferência Ministerial Mundial sobre o Crime Organizado Transnacional, realizada em 1994, quando foi

CRIME ORGANIZADO E LAVAGEM DE DINHEIRO

reconhecido o enorme crescimento do fenômeno, assim como a aprovação pela Assembléia Geral da ONU de um Plano de Ação Global e a criação de um comitê *ad hoc* intergovernamental em 1998.

Impulsionado pelo fenômeno da globalização, que apresentou reflexos diretos no avanço e internacionalização da criminalidade (HIRSH, 2005; SILVA, 2009; AMBOS, 2007), a iniciativa da ONU com o instrumento multilateral conhecido como "Convenção de Palermo" marcou sua atuação em relação ao tema.

O documento discorre sobre diversos temas relevantes como a cooperação e o intercâmbio internacional de informações entre autoridades administrativas, de regulamentação, detecção e repressão; medidas de detecção e monitoramento de movimentos transfronteiriços de dinheiro; adoção de medidas antilavagem pelos órgãos regionais e internacionais; desenvolvimento de cooperação internacional; estabelecimento pelas instituições financeiras de um amplo regime interno de regulamentação e supervisão; e a manutenção pelas instituições financeiras de controle dos requisitos relativos a identificação do cliente, etc.

Fabián Caparros (2006, p. 31) aponta a Convenção de Palermo como uma "evolução natural" da Convenção de Viena, tratando da lavagem de dinheiro nos artigos 6º. e 7º., respectivamente sobre a criminalização da lavagem do produto do crime e às medidas para combater a lavagem de dinheiro. Como ponto de destaque, procurou incorporar, após mais de uma década da Convenção de Viena, novas dimensões da criminalidade, estendendo o combate para outras formas de crime organizado além do narcotráfico, ampliando o objeto material do delito. "A lavagem de dinheiro passa a ser vista como atividade comum a todas as modalidades de crime organizado que precisam encobrir a origem ilícita de seus recursos, para poder usufruir dos lucros e reinvestir no negócio." (CORREA, 2013, p. 48-49)

O documento internacional foi além da Convenção de Viena ao estabelecer medidas para prevenir a lavagem de dinheiro, com destaque para a regulamentação das atividades bancárias ou de outras atividades susceptíveis de utilização para a lavagem, materializando no instrumento de *hard law* temas tratados nas Recomendações do GAFI, como as medidas destinadas à identificação do cliente, registro de operações e comunicação de operações suspeitas; a cooperação e a troca de informações entre autoridades em âmbito nacional e internacional; a criação de um serviço de informação financeira para coleta, análise e difusão de informação relativa

CRIMINALIDADE ORGANIZADA

a atividades de lavagem; e a detecção e vigilância de movimento transfronteiriço de numerários e de títulos.

Embora o texto não faça menção explícita às Recomendações do GAFI, Corrêa (2013, p. 51), ele destaca sua nítida inspiração nas mesmas, assemelhando-se à versão resumida das Recomendações, cujo documento surgiu em 1990 e indica o reconhecimento internacional do documento originário do GAFI.

Já no ano de 2003, foi estabelecida a Convenção das Nações Unidas contra a Corrupção – Convenção de Mérida , de 9 de dezembro de 2003, teve por objetivo atacar a corrupção enquanto crime financiador das organizações criminosas, com destaque para a infiltração dessas organizações nas estruturas estatais. De forma semelhante a outros instrumentos internacionais, Convenção de Mérida apresenta disposições específicas sobre a criminalização da lavagem de dinheiro e mecanismos de controle.

Para Caparrós (2006, p. 34), assim como alguns outros pesquisadores, criminalidade organizada, lavagem de dinheiro e corrupção constituem temas indissolúveis na atualidade, mantendo entre si relações de dependência mútua e funcionalidade. Da mesma forma, Chaikin e Sharman (2009) apontam um relacionamento simbiótico entre corrupção e lavagem de dinheiro, defendendo a tese de que a corrupção e a lavagem de dinheiro, embora tenham sido tratadas como questões separadas, as respostas podem e devem ser integradas. O autor estabelece a existência de um nexo entre a prática de corrupção e lavagem de dinheiro.

Ainda segundo o autor, têm ocorrido falhas na apreciação da relação entre a corrupção e a lavagem de dinheiro. As Unidades de Inteligência Financeira (UIF) deixam de enxergar a corrupção em sua área de responsabilidade, e, por outro lado, os órgãos de combate à corrupção consideram a lavagem de dinheiro da mesma forma. Assim, tais estruturas poderiam ser compartilhadas e melhor aproveitadas em políticas conjuntas de combate à lavagem de dinheiro e à corrupção.

Essa simbiose é reconhecida pela UNODC, como, por exemplo, no documento *Anti Corruption Tool Kit*, quando aponta a existência de ligações importantes entre corrupção e lavagem de dinheiro, destacando que a capacidade de transferir e ocultar fundos é fundamental para os autores de corrupção, especialmente em grande escala ou "grande corrupção". Além disso, os funcionários públicos e os que trabalham em áreas financeiras do setor privado são especialmente vulneráveis ao suborno, intimidação ou outros incentivos para ocultar atividades financeiras ilícitas. Portanto, é necessário um alto grau de coordenação para combater os dois problemas e implementar medidas que tenham impacto sobre ambas as áreas. Assim, um primeiro ponto essencial é a necessidade de estabelecer a corrupção como um crime antecedente à lavagem de dinheiro.

Por outro lado, Carr e Goldby (2009, p. 22), destacam que, embora o combate a lavagem de dinheiro não extingua a corrupção, ele pode ser uma ferramenta muito eficaz, especialmente em casos de grandes proporções, auxiliando na detecção e recuperação dos ativos oriundos da corrupção.

O preâmbulo da Convenção de Mérida já aponta a posição dos membros "Preocupados, também, pelos vínculos entre a corrupção e outras formas de delinquência, em particular o crime organizado e a corrupção econômica, incluindo a lavagem de dinheiro". O tema da lavagem de dinheiro é amplamente tratado na Convenção, iniciado pelo Artigo 14, que trata sobre as medidas para prevenir a lavagem de dinheiro, entre elas a regulamentação administrativa e supervisão das instituições financeiras; a cooperação entre autoridades nacionais e internacionais de administração, regulamento e cumprimento da lei e demais autoridades encarregadas de combater a lavagem de dinheiro; a criação de um departamento de inteligência financeira para análise e difusão de possíveis atividades de lavagem de dinheiro; controle do movimento transfronteiriço de moeda e títulos negociáveis; e, finalmente, a cooperação, em todos os níveis.

O Relatório Anual do GAFI 2010 2011 (FATF, 2011), por sua vez, destaca o pedido dos líderes do G20 ao GAFI para auxiliar a detectar os atos de corrupção, bem como impedir a prática desses crimes por meio do reforço das Recomendações do GAFI. Em resposta, o GAFI destacou que a corrupção e lavagem de dinheiro estão intrinsecamente ligadas e que, da mesma forma que ocorre em relação a outros crimes graves, os crimes de corrupção e desvio de recursos públicos geralmente são cometidos com a finalidade de obtenção de ganhos privados.

Assim, o combate à lavagem de dinheiro funcionaria como um dos pilares da agenda de combate à criminalidade grave e organizada, com o objetivo de privar os criminosos de ganhos ilícitos bem como incriminando os que atuam da lavagem desses ganhos.

Segundo organismo, a implementação bem-sucedida e eficaz das Recomendações permite a existência de um ambiente em que é mais difícil para que a corrupção prospere e passar despercebida, notadamente em

CRIMINALIDADE ORGANIZADA

razão dos controles preventivos no setor financeiro, acompanhamento das pessoas politicamente expostas, etc.

Corrêa (2013, p. 156-158) traz que a relação entre corrupção e lavagem de dinheiro já havia sido levantada em 2005, na primeira reunião plenária conjunta com uma projeção regional, o *Asia-Pacific Group* (APG), realizada em Cingapura, em junho de 2005.

Nessa primeira abordagem sobre o tema da corrupção, concluiu-se que, ao mesmo tempo em que a corrupção constitui fonte importante de recursos ilícitos a serem "lavados", pode afetar a eficácia dos sistemas nacionais de prevenção e combate à lavagem de dinheiro e ao financiamento do terrorismo, ao envolver instituições do Estado, como o Judiciário, a polícia e os órgãos supervisores.

O GAFI publicou em 2013 o documento *Best Practices Paper: The use of the FATF Recommendations to combat corruption* (FATF, 2013) , onde trata da utilização das Recomendações como mecanismo de combate à corrupção. Além do referido documento, podem ser citados ainda os seguintes trabalhos do órgão sobre o tema: *A Reference Guide and Information Note on the use of the FATF Recommendations to support the fight against Corruption (the Corruption Information Note)* publicado em outubro de 2012, sobre a utilização das Recomendações para o combate à corrupção; *Guidance on Politically Exposed Persons (Recommendations 12 and 22)* que trata da implementação das Recomendações relacionadas às pessoas politicamente expostas, publicado em junho de 2013; *Specific Risk Factors in Laundering the Proceeds of Corruption: Assistance to Reporting Entities* , publicado em junho de 2012, que busca auxiliar as instituições financeiras e entidades não financeiras a analisar e compreender os fatores de risco associados com lavagem de dinheiro oriundo da corrupção; e *Laundering the Proceeds of Corruption*, publicado em julho de 2011, analisa tipologias relacionadas à lavagem de dinheiro tendo como crime antecedente a corrupção.

Assim, observa-se que, embora não diretamente colocado como tema no mandato do GAFI, o organismo destaca a importância da implementação das Recomendações como uma ferramenta no combate à corrupção, sobretudo em razão de facilitar a detecção, investigação e recuperação de ativos oriundos de tais crimes. Por outro lado, a associação entre lavagem de dinheiro e corrupção tenda a reforçar ainda mais a legitimidade das recomendações e o papel do GAFI.

2. Os meios de investigação e obtenção de prova na criminalidade organizada

A legislação brasileira de combate ao crime organizado, notadamente em sua última alteração legislativa, no ano de 2012, tem como meios de investigação voltados à investigação da criminalidade organizada:

I – colaboração premiada;
II – captação ambiental de sinais eletromagnéticos, ópticos ou acústicos; ação controlada;
III – acesso a registros de ligações telefônicas e telemáticas, a dados cadastrais constantes de bancos de dados públicos ou privados e a informações eleitorais ou comerciais;
IV – interceptação de comunicações telefônicas e telemáticas, nos termos da legislação específica;
V – afastamento dos sigilos financeiro, bancário e fiscal, nos termos da legislação específica;
VI – infiltração, por policiais, em atividade de investigação, na forma do art. 11;
VII – cooperação entre instituições e órgãos federais, distritais, estaduais e municipais na busca de provas e informações de interesse da investigação ou da instrução criminal.

Em que pese vários desses meios já tenham tratamento por legislações anteriores, tais como o afastamento de sigilo financeiro, bancário e fiscal, regido pela Lei Complementar n° 105/2001, assim como a interceptação das comunicações telefônicas, prevista na Lei ° 9296/1996, outros meios de investigação, meramente nominados na legislação anterior, passaram a ser disciplinados pelo novo diploma legal, como no caso da colaboração premiada, ação controlada e da infiltração de agentes.

A lei prevê ainda a utilização da interceptação de comunicações telefônicas e telemáticas; e o afastamento dos sigilos financeiro, bancário e fiscal, cujo tratamento se dá por meio de diplomas legislativos utilizados como meio de investigação em geral, mas que também devem ser aplicados à criminalizada organizada.

Por fim, a lei estabelece, como não poderia ser diferente, a cooperação entre instituições e órgãos federais, distritais, estaduais e municipais na busca de provas e informações de interesse da investigação ou da instrução criminal.

CRIMINALIDADE ORGANIZADA

2.1. Colaboração premiada

A colaboração premiada, prevista em diversos ordenamentos jurídicos, trata-se de uma confissão por parte do criminoso, acompanhada de informações que colaborem com a investigação criminal no sentido de:

I – a identificação dos demais coautores e partícipes da organização criminosa e das infrações penais por eles praticadas;
II – a revelação da estrutura hierárquica e da divisão de tarefas da organização criminosa;
III – a prevenção de infrações penais decorrentes das atividades da organização criminosa;
IV – a recuperação total ou parcial do produto ou do proveito das infrações penais praticadas pela organização criminosa;
V – a localização de eventual vítima com a sua integridade física preservada.

Assim, uma vez que o investigado colabore, alcançando esses requisitos, seja um ou mais, alcançar redução de pena privativa de liberdade de até 2/3 ou sua substituição por pena restritiva de direitos ou até mesmo, a depender do grau de cobaração, obter o perdão judicial, pelo juiz, sempre levando em conta a personalidade do colaborador, a natureza, as circunstâncias, a gravidade e a repercussão social do fato criminoso e a eficácia da colaboração.

A regulamentação atual da colaboração premiada prevê uma ampla regulação da situação do colaborador, onde é possível destacar:

a) Possibilidade de suspensão do prazo para oferecimento de denúncia ou o processo, relativos ao colaborador, por até 6 (seis) meses, prorrogáveis por igual período, suspendendo-se o respectivo prazo prescricional;
b) Possibilidade do Ministério público não oferecer denúncia quando o colaborador não for o líder da organização criminosa ou for o primeiro a prestar efetiva colaboração nos termos deste artigo;
c) Redução de pena até a metade ou progressão de regime ainda que ausentes os requisitos objetivos, quando a colaboração se der após a sentença;

CRIME ORGANIZADO E LAVAGEM DE DINHEIRO

No que tange às negociações, estas serão realizadas entre as partes para a formalização do acordo de colaboração, que ocorrerá entre o delegado de polícia, o investigado e o defensor, com a manifestação do Ministério Público, ou, conforme o caso, entre o Ministério Público e o investigado ou acusado e seu defensor, sem a participação do Juiz, a quem compete apenas a homologação, quando deverão ser verificadas a regularidade, legalidade e voluntariedade do acordo, podendo para este fim, sigilosamente, ser ouvido o colaborador. O juiz poderá recusar homologação à proposta que não atender aos requisitos legais, ou ainda adequá-la ao caso concreto.

O acordo admite ainda retratação, caso em que as provas autoincriminatórias produzidas pelo colaborador não poderão ser utilizadas exclusivamente em seu desfavor.

O registro dos atos de colaboração será feito pelos meios ou recursos de gravação magnética, estenotipia, digital ou técnica similar, inclusive audiovisual, destinados a obter maior fidelidade das informações, devendo o colaborador, nos depoimentos que prestar, renunciar ao direito ao silêncio e estará sujeito ao compromisso legal de dizer a verdade, sempre na presença de seu defensor

O artigo 5º estabelece os direitos do colaborador:

I – usufruir das medidas de proteção previstas na legislação específica;
II – ter nome, qualificação, imagem e demais informações pessoais preservados;
III – ser conduzido, em juízo, separadamente dos demais coautores e partícipes;
IV – participar das audiências sem contato visual com os outros acusados;
V – não ter sua identidade revelada pelos meios de comunicação, nem ser fotografado ou filmado, sem sua prévia autorização por escrito;
VI – cumprir pena em estabelecimento penal diverso dos demais corréus ou condenados.

Os requisitos do acordo de colaboração são previstos no artigo 6º que, por sua vez, estabelece que os termos deverão ser reduzidos a escrito e conter o relato da colaboração e seus possíveis resultados; as condições da proposta do Ministério Público ou do delegado de polícia; a declaração de aceitação do colaborador e de seu defensor; as assinaturas do representante do Ministério Público ou do delegado de polícia, do colaborador e de seu

CRIMINALIDADE ORGANIZADA

defensor; a especificação das medidas de proteção ao colaborador e à sua família, quando necessário.

O pedido de homologação do acordo deverá ser distribuído sob sigilo, contendo apenas informações que não possam identificar o colaborador e o seu objeto. O acesso aos autos será restrito ao juiz, ao Ministério Público e ao delegado de polícia, como forma de garantir o êxito das investigações, assegurando-se ao defensor, no interesse do representado, amplo acesso aos elementos de prova que digam respeito ao exercício do direito de defesa, devidamente precedido de autorização judicial, ressalvados os referentes às diligências em andamento.

Por fim, a lei estabelece, em seu parágrafo 3º que o acordo de colaboração premiada deixa de ser sigiloso assim que recebida a denúncia. Por óbvio, quando o acordo ensejar a indicação de vários fatos, apenas o sigilo sobre os fatos denunciados é que será suspendido quando do recebimento da denúncia, uma vez que a colaboração pode ensejar diversos fatos, cuja investigação se dê em momentos diferentes, a depender da dificuldade na obtenção da prova de cada fato.

O tema encerra ainda uma série de questões polêmicas, sejam elas de ordem ética e moral ou ainda relacionada a aspectos processuais cujo espaço aqui não permite aprofundar a discussão. Cita-se, como exemplo, a possibilidade de um colaborador que já tenha firmado um acordo em determinada oportunidade no passado voltar a firmar novo acordo. Entendemos não haver qualquer óbice à tal situação, haja visto que a lei não o veda. Tratando-se a colaboração de direito subjetivo do colaborador, não é possível tolher-lhe tal direito sem vedação expressa em lei.

Ainda como exemplo questiona-se a voluntariedade da colaboração estando o colaborador submetido a prisão cautelar onde, da mesma forma, não se vê qualquer óbice, notadamente em razão da ausência de vedação expressa, o que tolheria ao colaborador uma linha de defesa, muitas delas a única alternativa viável de assegurar-lhe uma redução em uma eventual pena, seja já imposta ou em perspectiva.

Portanto, no nosso entendimento, apenas a lei poderia impor restrições ao direito subjetivo do investigado/réu em travar um processo de colaboração premiada.

2.2. A Ação Controlada

O instituto da ação controlada, de acordo com o artigo 9°, consiste em retardar a intervenção policial ou administrativa relativa à ação praticada por organização criminosa ou a ela vinculada, desde que mantida sob observação e acompanhamento para que a medida legal se concretize no momento mais eficaz à formação de provas e obtenção de informações.

Trata-se de instituto de uso frequente em investigações de tráfico de drogas ou armas, mas cuja utilização não esta restrita a esta modalidade criminosa, podendo, por exemplo, ser utilizado em investigações de lavagem de dinheiro. Tal acompanhamento revela-se de fundamental importância sobretudo na identificação do *modus operandi* do grupo criminoso em todas as fases da prática do crime.

Cabe destacar que a ação de retardamento da intervenção policial ou administrativa não depende de autorização judicial, mas deverá ser previamente comunicada ao juiz competente que, se for o caso, estabelecerá os seus limites e comunicará ao Ministério Público.

Como forma de garantia da manutenção do sigilo, a comunicação será distribuída de forma a não conter informações que possam indicar a operação a ser efetuada e, até o encerramento da diligência, o acesso aos autos será restrito ao juiz, ao Ministério Público e ao delegado de polícia, devendo, ao seu término, ser elaborado um auto circunstanciado acerca da ação controlada.

O artigo 9° prevê que, no caso de investigações transnacionais, quando ocorrer a transposição de fronteiras, o retardamento da intervenção policial ou administrativa somente poderá ocorrer com a cooperação das autoridades dos países que figurem como provável itinerário ou destino do investigado, de modo a reduzir os riscos de fuga e extravio do produto, objeto, instrumento ou proveito do crime.

2.3. Infiltração de Agentes

Instituto meramente referido anteriormente no ordenamento brasileiro, notadamente em instrumentos internacionais internalizados no Brasil, o instituto da infiltração de agentes é regulado pela lei brasileira de combate ao crime organizado, de forma que o artigo 10 estabelece que "a infiltração de agentes de polícia em tarefas de investigação, representada pelo

CRIMINALIDADE ORGANIZADA

delegado de polícia ou requerida pelo Ministério Público, após manifestação técnica do delegado de polícia quando solicitada no curso de inquérito policial, será precedida de circunstanciada, motivada e sigilosa autorização judicial, que estabelecerá seus limites."

Em que pese sempre necessite autorização judicial, o diploma legal estabelece a necessidade de ser ouvido o Delegado de Polícia, enquanto autoridade tecnicamente responsável pela diligências, mesmo nos casos em que o requerimento se der pelo Ministério Público. Tal manifestação demonstra-se de extrema relevância, sobretudo em razão dos riscos à pessoa do agente infiltrado que poderão ser melhor sopesados pela autoridade policial, que detêm a expertise necessária na investigação criminal.

Como requisito de adminissão da infiltração a lei estabelece a presença de houver indícios de infração penal praticada por organização criminosa e, cumulativamente, que a prova não possa ser produzida por outros meios disponíveis. Entendemos que a infiltração deve ser utilizada como última medida na escala de meios de investigação da criminalidade organizada, sobretudo em razão dos riscos já expostos.

O requerimento do Ministério Público ou do delegado de polícia para a infiltração de agentes deverá, além de demonstrar a necessidade da medida, estabelecer o alcance das tarefas dos agentes e, quando possível, os nomes ou apelidos das pessoas investigadas e o local da infiltração.

Uma vez deferida a medida, a mesma poderá ser autorizada pelo prazo de até 6 (seis) meses, sem prejuízo de eventuais renovações, desde que comprovada sua necessidade, devendo, ao término do prazo, ser apresentado relatório circunstanciado ao juiz competente, que imediatamente cientificará o Ministério Público. Por outro lado, o delegado de polícia poderá determinar aos seus agentes, bem como o Ministério Público poderá requisitar, a qualquer tempo, relatório da atividade de infiltração, cujo atendimento deverá observar as cautelas necessárias.

Entendemos que a renovação do prazo da medida pode ocorrer enquanto presentes os requisitos que a autorizarão, que deverão sempre ser apresentados circunstanciadamente e apreciados pela autoridade judiciária.

Como regra, sobretudo a fim de resguardar sua eficácia e segurança, o procedimento deve ser distribuído sigilosamente, de forma a não conter informações que possam indicar a operação a ser efetivada ou identificar o agente que será infiltrado, cuja identidade deve ser preservada.

Os autos contendo as informações da operação de infiltração acompanharão a denúncia do Ministério Público, quando serão disponibilizados à defesa, assegurando-se a preservação da identidade do agente. No caso, entendemos que a disponibilização à defesa não abrange a real identidade do agente, que deve ser preservada, de modo que haja a cautela de, no curso do procedimento, seja mediante a formação de autos apartados ou não, inexistir qualquer indicativo da identidade real do agente infiltrado.

O artigo 14 estabelece como direitos do agente:

I – recusar ou fazer cessar a atuação infiltrada;

II – ter sua identidade alterada, aplicando-se, no que couber, o disposto no art. 9o da Lei no 9.807, de 13 de julho de 1999, bem como usufruir das medidas de proteção a testemunhas;

III – ter seu nome, sua qualificação, sua imagem, sua voz e demais informações pessoais preservadas durante a investigação e o processo criminal, salvo se houver decisão judicial em contrário;

IV – não ter sua identidade revelada, nem ser fotografado ou filmado pelos meios de comunicação, sem sua prévia autorização por escrito.

Aqui entendemos que não pode o juiz, no caso do artigo III, decidir pela divulgação dos dados do agente infiltrado no curso da medida ou mesmo após sua cessação, salvo em procedimento apartado, em que se assegure a preservação do mesmo.

A lei estabelece ainda que, havendo indícios seguros de que o agente infiltrado sofre risco iminente, a operação será sustada mediante requisição do Ministério Público ou pelo delegado de polícia, dando-se imediata ciência ao Ministério Público e à autoridade judicial.

Tema de absoluta relevância no caso do agente infiltrado se refere aos limites da atuação do mesmo, de forma que o artigo 13 estabelece que "o agente que não guardar, em sua atuação, a devida proporcionalidade com a finalidade da investigação, responderá pelos excessos praticados." Por outro lado, o diploma legal estabelece também que "Não é punível, no âmbito da infiltração, a prática de crime pelo agente infiltrado no curso da investigação, quando inexigível conduta diversa."

2.4. Do Acesso a Registros, Dados Cadastrais, Documentos e Informações

O artigo 15 do diploma legal assegura ao delegado de polícia e ao Ministério Público o acesso, independentemente de autorização judicial, aos dados cadastrais do investigado que informem exclusivamente a qualificação pessoal, a filiação e o endereço mantidos pela Justiça Eleitoral, empresas telefônicas, instituições financeiras, provedores de internet e administradoras de cartão de crédito.

Da mesma forma, as empresas de transporte possibilitarão, pelo prazo de 5 (cinco) anos, acesso direto e permanente do juiz, do Ministério Público ou do delegado de polícia aos bancos de dados de reservas e registro de viagens.

As concessionárias de telefonia fixa ou móvel também são obrigadas a manter, pelo prazo de 5 (cinco) anos, à disposição das autoridades, os registros de identificação dos números dos terminais de origem e de destino das ligações telefônicas internacionais, interurbanas e locais.

3. Lei de lavagem e investigação

O processo de inserção do Brasil no combate à lavagem de dinheiro pode ser resumido a três iniciativas principais: a internalização da Convenção de Viena sobre o tráfico de substâncias entorpecentes, a introdução no ordenamento pátrio da Lei n° 9.613/98, que tipifica o crime de lavagem de dinheiro e cria o sistema nacional de prevenção e, finalmente, a sua inserção como membro do GAFI, cujo início se deu a partir de correspondência do então Ministro da Fazenda ao organismo, em 26 de abril de 1999, dando conta da estruturação do combate à lavagem de dinheiro no país e do interesse do Brasil em integrá-lo.

A partir dessas três iniciativas, o Brasil assume perante a comunidade internacional o compromisso de implantar um sistema de prevenção à lavagem de dinheiro, nos moldes estabelecidos internacionalmente.

O país, ao tempo em que foi sancionada a lei brasileira que rege a matéria, pouco tempo após a internalização da Convenção de Viena (1988) buscou participar das iniciativas internacionais junto ao GAFI.

O GAFISUD (atual GAFILAT), por sua vez, foi criado na Reunião dos Ministros de Estado da Fazenda dos países da América Latina, no Mexico, em fevereiro de 2000, que marcou a instituição da projeção regional do GAFI, cujo memorando de entendimentos fora assinado em 8 de dezembro de 2000, em Cartagena das Índias, marcando assim o ingresso do Brasil na projeção regional do GAFI.

Portanto, a partir dessas iniciativas, o Brasil encontrava ambiente propício para internalização e estruturação do seu ambiente de prevenção à lavagem de dinheiro, cuja base se encontra na Lei n° 9.613/98, compromisso internacional assumido pelo Brasil com a Convenção de Viena (1988), que dispunha que o país deveria criminalizar a lavagem de valores oriundos do narcotráfico.[3]

O Brasil é signatário dos principais instrumentos internacionais multilaterais que tratam da matéria. A Convenção Contra o Tráfico Ilícito de Entorpecentes e Substâncias Psicotrópicas (Viena, 1988), de 15 de dezembro de 1980, que pela primeira vez instituiu aos países signatários a obrigação em criminalizar a lavagem de dinheiro proveniente do tráfico de entorpecentes, foi internalizada pelo Brasil por meio do Decreto 154, de 26 de junho de 1991. Foi a Convenção que originou a primeira iniciativa legislativa no Brasil para disciplinar o tema – a Lei n° 9.613/98.

No ano de 1999, foi adotada a Convenção Internacional para Supressão do Financiamento do Terrorismo, que foi incorporada no direito pátio por meio do Decreto n° 5.640 de 26 de dezembro de 2005.

A Convenção das Nações Unidas contra o Crime Organizado Transnacional – Convenção de Palermo, aprovada em 15.11.2000, outro importante marco no tratamento do fenômeno da lavagem de dinheiro originado da criminalidade organizada, objeto de incorporação no direito brasileiro pelo Decreto n° 5015 de 15 de março de 2004 que promulga a Convenção das Nações Unidas contra o Crime Organizado Transnacional.

---

[3] Corrêa (2013, p. 169-185) traz um importante retrospecto histórico da evolução da participação do Brasil nas iniciativas internacionais de prevenção à lavagem de dinheiro, narrando com minúcia o processo político que culminou com a inserção do Brasil no GAFI. O autor constrói todo o panorama político desde a ratificação e incorporação ao nosso ordenamento da Convenção de Viena (1988), passando pela assinatura dos outros instrumentos internacionais relevantes até o início das tratativas para admissão do Brasil no GAFI, que deram início sob os auspícios da CICAD/OEA, posteriormente levados a cabo com o Grupo de Peritos para Controle da Lavagem de Ativos (LAVEX) e a *"per pressure"* exercida no seu âmbito para que o país estruturasse seu ambiente interno.

CRIMINALIDADE ORGANIZADA

A Convenção das Nações Unidas contra a Corrupção – Convenção de Mérida, de 9 de dezembro de 2003, que teve por objetivo atacar a corrupção enquanto crime financiador das organizações criminosas, com destaque para a infiltração dessas organizações nas estruturas estatais, por sua vez, teve sua incorporação pelo Decreto no 5.687 de 31 de janeiro de 2006, que promulga a Convenção das Nações Unidas contra a Corrupção.

O tema do terrorismo é o mais árduo nas questões nacionais de prevenção à lavagem de dinheiro, sobretudo em razão da questão, como aponta Corrêa (2013, p. 193), não fazer parte da realidade brasileira, o que sempre dificultou que o país se engajasse nessa luta. Assim, a questão da criminalização do financiamento ao terrorismo, em que pese o Brasil tenha assinado a convenção que rege a matéria, foi motivo de críticas ao país por parte de organismos internacionais, como, por exemplo, os apontamentos nas avaliações da segunda e terceira rodadas do GAFI.

Observa-se, portanto, que os instrumentos multilaterais onusianos mais relevantes sobre a matéria encontram-se devidamente internalizados pelo Estado brasileiro, tendo, a partir da Convenção de Viena, influenciado a legislação pátria ao longo dos anos.

Para além desses instrumentos, o Brasil também é parte da Convenção da OEA sobre corrupção (1996) e da Convenção sobre corrupção da Organização para a Cooperação e o Desenvolvimento Econômico – OCDE (1997).

O combate à lavagem de dinheiro no Brasil, sob a perspectiva legislativa, teve seu marco em 3 de março de 1998, com a publicação da lei n° 9.613/98, que instituiu o sistema de prevenção à lavagem de dinheiro no Brasil, criando a unidade de inteligência financeira nacional – o COAF (Conselho de Controle das Atividades Financeiras) e, sob a perpectiva criminal, tipificando o crime de lavagem de dinheiro.

A exposição de motivos do diploma legal já fazia referências expressas ao compromisso firmado pelo Brasil ao ratificar a Convenção contra o Tráfico Ilícito de Entorpecentes e de Substâncias Psicotrópicas (Convenção de Viena), bem como ao *"Regulamento Modelo sobre Delitos de Lavagem Relacionados com o Tráfico Ilícito de Drogas e Delitos Conexos"*, elaborado pela Comissão Interamericana para o Controle do Abuso de Drogas – CICAD e aprovado na XXII Assembleia-Geral da OEA, em Bahamas, entre 18 e 23 de maio de 1992.

No texto, fazia-se a opção por uma legislação de segunda geração, que contemplasse outros crimes antecedentes além do tráfico de drogas, na

CRIME ORGANIZADO E LAVAGEM DE DINHEIRO

esteira das legislações vigentes na Alemanha, Espanha e Portugal. Em que pese o tipo penal da lavagem seja assemelhado ao crime de receptação[4], já previsto no código penal, busca diferenciá-lo da lavagem, destinando-a a crimes graves e com características transnacionais, permanecendo sob a égide do artigo 180 do Código Penal, que define o crime de receptação, as condutas relacionadas aos ilícitos parasitários de crimes contra o patrimônio.

A exposição de motivos, ao tratar da redação do tipo penal, remetia aos modelos da Alemanha (§ 261 do Código Penal), Bélgica (§ 4o do art. 505 do Código Penal, introduzido por Lei de 17 de julho de 1990), França (art. 222-38 e 324-1 do Código Penal, redigidos pela Lei no 96-392 de 13 maio de 1996), México (art. 400 bis do Código Penal, alterado em 13 de maio de 1996), Portugal (alínea *b* do item 1 do art. 2o do Decreto-Lei no 325, de 2 de dezembro de 1995) e Suíça (art. 305 bis do Código Penal, introduzido por Lei de 23 de março de 1990), bem como às recomendações internacionais (alínea *ii* da letra *b* do art. 3o da Convenção de Viena; e o no 3 do art. 2o do Regulamento Modelo da CICAD).

Assim, o tipo penal restou descrito como quaisquer ações, que obtenham, como resultado, a ocultação ou a dissimulação da "natureza, origem, localização, disposição, movimentação ou propriedade de bens, direitos ou valores oriundos, direta ou indiretamente, ... "dos crimes de tráfico ilícito de entorpecentes, terrorismo, contrabando e tráfico de armas , munições ou material destinado a sua produção, extorsão mediante sequestro, contra a Administração Pública, contra o Sistema Financeiro Nacional e praticado por organização criminosa.

O tipo penal previa também que:

incorre na mesma pena quem, para ocultar ou dissimular a utilização de bens, direitos ou valores provenientes de qualquer dos crimes antecedentes referidos neste artigo: (I) os converte em ativos lícitos; (II) os adquire, recebe, troca, negocia, dá ou recebe em garantia, guarda, tem em depósito, movimenta ou transfere; (III) importa ou exporta bens com valores inexatos.

Além da perspectiva penal e processual penal, que trata da descrição do tipo penal da lavagem de dinheiro e estabelece algumas disposições de

---

[4] Acerca da distinção entre lavagem de dinheiro e receptação: Cervasco (2002).

CRIMINALIDADE ORGANIZADA

natureza processual, uma terceira parte da lei trata das disposições administrativas, voltadas à prevenção, sobretudo buscando regular a utilização de setores da atividade econômica potencialmente lesivos.

Há, portanto, a imposição de obrigações administrativas aos setores potenciamente lesivos selecionados pelo legislador, que atuarão na identificação e comunicação dessas operações elencadas pela autoridade administrativa como suspeitas ou atípicas. Criou-se, para gerenciar essa estrutura de informações, a estrutura administrativa conhecida internacionalmente como unidade de inteligência financeira, que no Brasil recebeu o nome de Conselho de Controle de Atividades Financeiras (COAF).

O compartilhamento de responsabilidade entre o Estado e os setores da atividade econômica utilizados para a lavagem de dinheiro constitui um importante fator de inibição da utilização desses setores na lavagem de dinheiro, sobretudo do Sistema Financeiro Nacional, que canaliza o fluxo financeiro e consiste no primeiro caminho a ser utilizado pela atividade criminosa para circulação de valores.

O artigo 9º indica as pessoas jurídicas sujeitas ao regime administrativo, que, além de instituições financeiras, alcança também setores da atividade econômica potencialmente lesivos em razão da circulação de valores, como por exemplo as administradoras de cartões de crédito, bolsas de valores, empresas de factoring, comércio de bens de alto luxo, etc.

Em resumo, as obrigações administrativas se consistem na manutenção de um cadastro de clientes atualizado e ao registro das operações que se enquadrem em determinados patamares fixados pelas autoridades administrativas, via de regra o COAF ou Banco Central, na grande maioria dos casos.

A Lei nº 9.613 foi submetida a diversas alterações, sempre com o escopo de adequá-la ao regime internacional e às necessidades locais, até a última alteração, no ano de 2012, que apresentou ampla reformulação do tratamento do tema na ordem nacional.

A primeira alteração à lei brasileira de lavagem de dinheiro deu-se em 11 de junho de 2002, visando a dar efetividade ao Decreto no 3.678, de 30 de novembro de 2000, que promulga a Convenção sobre o Combate da Corrupção de Funcionários Públicos Estrangeiros em Transações Comerciais, concluída em Paris, em 17 de dezembro de 1997.

Tal diploma legislativo, dentre suas alterações, incluiu entre os crimes antecedentes da lavagem de dinheiro previstos no artigo 1° da lei, o inciso VIII, que previa como crime antecedente o crime:

VIII – praticado por particular contra a administração pública estrangeira (arts. 337-B, 337-C e 337-D do Decreto-Lei no 2.848, de 7 de dezembro de 1940 – Código Penal).

Assim, a legislação brasileira buscou se adeaquar ao compromisso internacional firmado, catalogando como crime antecedente também os crimes praticados contra a administração pública estrangeira.

Em nova alteração legislativa, introduzida em 09 de julho de 2003, por meio da Lei n° 10.701, mais uma vez buscando atender a compromissos internacionais, o legislador brasileiro alterou a redação do inciso II do artigo 1°, incluindo os crimes de terrorismo e seu financiamento como crimes antecedentes da lavagem de dinheiro.

Além dessa alteração, foram introduzidas algumas questões pontuais pertinentes a regulação administrativa das obrigações de reportar operações, como por exemplo a inclusão do inciso XII no artigo 9°, que colocava como sujeito obrigado "as pessoas físicas ou jurídicas que comercializem bens de luxo ou de alto valor ou exerçam atividades que envolvam grande volume de recursos em espécie."

Foi introduzido ainda o artigo 10A que dispõe que:

> Art. 10A. O Banco Central manterá registro centralizado formando o cadastro geral de correntistas e clientes de instituições financeiras, bem como de seus procuradores.

Tal artigo instituiu o hoje chamado Cadastro de Clientes do Sistema Financeiro Nacional – CCS, sistema informatizado que centraliza informações sobre clientes de produtos financeiros no país, ferramenta de grande utilidade para as autoridades de *law enforcement*.

Alteração importante ainda foi a previsão do parágrafo §3º do artigo 14, que garante o poder de requisição ao COAF, que pode instar aos órgãos da Administração Pública que apresentem informações cadastrais bancárias e financeiras de pessoas envolvidas em atividades suspeitas.

Nova alteração na legislação brasileira de lavagem de dinheiro, promoveu mudanças na composição do COAF, prevista pela Lei n° 10.683, de 28 de maio de 2003, segundo a qual o Artigo 16 da Lei n° 9.613/98 passa a vigorar com a seguinte redação:

CRIMINALIDADE ORGANIZADA

O COAF será composto por servidores públicos de reputação ilibada e recnhecida competência, designados em ato do Ministro de Estado da Fazenda, dentre os integrantes do quadro de pessoal efetivo do Banco Central do Brasil, da Comissão de Valores Mobiliários, da Superintendência de Seguros Privados, da Procuradoria-Geral da Fazenda Nacional, da Secretaria da Receita Federal, de órgão de inteligência do Poder Executivo, do Departamento de Polícia Federal, do Ministério das Relações Exteriores e da Controladoria--Geral da União, atendendo, nesses quatro últimos casos, à indicação dos respectivos Ministros de Estado.

Trata-se de mera adequação administrativa à estrutura do COAF, já criado pela Lei n° 9.613/98, sem maiores repercussões.

Após nove anos sem alterações, a Lei n° 12.683, de 09 de julho de 2012 introduziu profundas mudanças na legislação brasileira, visando a sua adequação aos compromissos internacionais. Inicialmente, foi extinto o rol de crimes antecedentes, de forma que o tipo penal passou a ser redigido como:

> Art. 1º Ocultar ou dissimular a natureza, origem, localização, disposição, movimentação ou propriedade de bens, direitos ou valores provenientes, direta ou indiretamente, de infração penal.

Dessa forma, não há mais rol de crimes antecedentes, ampliando-se ainda o conceito para infração penal, a fim de abarcar inclusive a ocultação ou dissimulação da propriedade oriunda de contravenções penais, o que permite, dentre outros, alcançar principalmente os jogos ilegais, prática comum no país. Alcançou-se, assim, uma legislação conhecida como de terceira geração, em relação a anterior, que era de segunda geração, por criminalizar a lavagem de dinheiro oriunda de um rol taxativo de crimes.

Entre as principais mudanças sob a perspectiva processual, é possível citar a alienação antecipada, objeto de tratamento no art. 4°, §1°, que prevê que "Proceder-se-á à alienação antecipada para preservação do valor dos bens sempre que estiverem sujeitos a qualquer grau de deterioração ou depreciação, ou quando houver dificuldade para sua manutenção", que foi objeto de minuciosa regulamentação no artigo 4° A, inserido com o novo diploma legal.

Ao final do diploma legal, incluíram-se quatro novos artigos que dispõem sobre o acesso a dados cadastrais do investigado pela autoridade

CRIME ORGANIZADO E LAVAGEM DE DINHEIRO

policial e ministério público[5]; fornecimento de dados fiscais e bancários por meio informatizado[6]; afastamento de servidor público em caso de indiciamento por crimes de lavagem de dinheiro[7]; e conservação de dados pela Receita Federal pelo prazo mínimo de cinco anos[8].

4. Mecanismos de controle e regulação administrativa

Como um dos pilares do sistema de combate à lavagem de dinheiro, a regulação administrativa é ferramenta essencial no combate à lavagem de dinheiro, em razão da instituição de mecanismos de controle da criminalidade econômico-financeira.

A Lei 9.613/98, além de tipificar criminalmente a conduta da lavagem de dinheiro e trazer disposições processuais sobre o processo e julgamento do crime, também tratou dos aspectos administrativos do sistema de prevenção, sobretudo com a criação da unidade de inteligência financeira brasileira[9], o COAF – Conselho de Controle de Atividades Financeiras e de toda a estruturação das obrigações de ordem administrativas, conforme disposto no artigo 14 da referida lei, que assim dispõe:

[5] Art. 17-B. A autoridade policial e o Ministério Público terão acesso, exclusivamente, aos dados cadastrais do investigado que informam qualificação pessoal, filiação e endereço, independentemente de autorização judicial, mantidos pela Justiça Eleitoral, pelas empresas telefônicas, pelas instituições financeiras, pelos provedores de internet e pelas administradoras de cartão de crédito.

[6] Art. 17-C. Os encaminhamentos das instituições financeiras e tributárias em resposta às ordens judiciais de quebra ou transferência de sigilo deverão ser, sempre que determinado, em meio informático, e apresentados em arquivos que possibilitem a migração de informações para os autos do processo sem redigitação.

[7] Art. 17-D. Em caso de indiciamento de servidor público, este será afastado, sem prejuízo de remuneração e demais direitos previstos em lei, até que o juiz competente autorize, em decisão fundamentada, o seu retorno.

[8] Art. 17-E. A Secretaria da Receita Federal do Brasil conservará os dados fiscais dos contribuintes pelo prazo mínimo de 5 (cinco) anos, contado a partir do início do exercício seguinte ao da declaração de renda respectiva ou ao do pagamento do tributo.

[9] Internacionalmente conhecidas como FIU – *Financial Intelligence Unit*. Como exemplos de FIU, podemos citar o FINCEN – *Financial Crimes Enforcement Network*, dos Estados Unidos; TRACFIN – *Traitment Du Renseignement et Action Contre lês Circuits Financiers Clandestins*, na França; SEPBLAC – *Servicio Ejecutivo de La Comission de Prevención del Blanqueo de Capitales e Infracciones Monetárias*, da Espanha.

CRIMINALIDADE ORGANIZADA

Art. 14. É criado, no âmbito do Ministério da Fazenda, o Conselho de Controle de Atividades Financeiras – COAF, com a finalidade de disciplinar, aplicar penas administrativas, receber, examinar e identificar as ocorrências suspeitas de atividades ilícitas previstas nesta Lei, sem prejuízo da competência de outros órgãos e entidades.

Conforme já exposto, a criação da estrutura antilavagem no Brasil deu-se em atendimento à Recomendação n° 26 do GAFI à epoca que, em seus termos, apontava que:

> Os países deveriam criar uma Unidade de Informação Financeira (UIF) que sirva como centro nacional para receber (e, se permitido, requerer), analisar e transmitir declarações de operações suspeitas (DOS) e outras informações relativas a atos susceptíveis de constituírem branqueamento de capitais ou financiamento do terrorismo. A UIF deveria ter acesso, direto ou indireto e em tempo útil, às informações financeiras, administrativas e provenientes das autoridades de aplicação da lei (*law enforcement authorities*), para desempenhar cabalmente as suas funções, incluindo a análise das declarações de operações suspeitas.

Buscou-se estruturar, dessa forma, as bases do sistema de prevenção e combate à lavagem de dinheiro, com a imposição da obrigação de reportar operações atípicas/suspeitas, a ser efetuada pelos denominados "sujeitos obrigados", que compreende os setores da atividade econômica considerados de potencial utilização para a lavagem de dinheiro, tais como instituições financeiras, factorings, mercado de valores, loterias, cartões de crédito, dentre outros, selecionados pelo legislador.

A regulamentação foi então distribuída entre diversas instituições nacionais, como por exemplo, ao BACEN, a regulamentação das operações no âmbito do sistema financeiro; à CVM no âmbito do mercado de valores; à SUSEP no âmbito dos seguros, permanecendo o COAF com a atribuição residual de regular as atividades que não dispõem de um órgão regulador específico. Assim, na inexistência de um regulador específico, cabe ao COAF esgtabelecer sua regulação.

A exposição de motivos da Lei 9.613/98, ao tratar da criação do COAF, assim justificou:

CRIME ORGANIZADO E LAVAGEM DE DINHEIRO

[...] o regime administrativo terá como ponto crucial a realização, pelos sujeitos obrigados, de registro e comunicações de operações que excedam determinado valor, além de comunicações eventuais e periódicas de operações suspeitas de consubstanciarem a prática de 'lavagem' de dinheiro. Isso, indubitavelmente, implicará um número elevadíssimo de informações sobre operações financeiras e comerciais, realizadas nos mais diversos pontos do país e no exterior. Para que essas informações descontroladas e isoladas sejam transformadas em evidências da prática de crime de 'lavagem' de dinheiro, há a necessidade de que lhes seja dado um tratamento adequado, seja pelo cruzamento dessas informações, seja pelo trabalho de natureza estatística. Para tanto, será imprescindível uma estrutura administrativa especializada, familiarizada com os instrumentos do mercado financeiro e comercial do país e internacional, para que, de posse dessas informações possa extrair evidências e provas da prática dos crimes de 'lavagem' de dinheiro, sem falar que, muitas vezes, a celeridade das investigações será uma peça fundamental para o desbaratamento de uma empresa criminosa.

A Lei 9.613/98, em seu aspecto regulamentar, instituiu um rol de atividades legalmente obrigadas a informar ao COAF movimentações atípicas por parte de seus clientes, que, em sua versão inicial, previa:

Art. 9º Sujeitam-se às obrigações referidas nos arts. 10 e 11 as pessoas jurídicas que tenham, em caráter permanente ou eventual, como atividade principal ou acessória, cumulativamente ou não:
I – a captação, intermediação e aplicação de recursos financeiros de terceiros, em moeda nacional ou estrangeira;
II – a compra e venda de moeda estrangeira ou ouro como ativo financeiro ou instrumento cambial;
III – a custódia, emissão, distribuição, liqüidação, negociação, intermediação ou administração de títulos ou valores mobiliários.
Parágrafo único. Sujeitam-se às mesmas obrigações:
I – as bolsas de valores e bolsas de mercadorias ou futuros;
II – as seguradoras, as corretoras de seguros e as entidades de previdência complementar ou de capitalização;
III – as administradoras de cartões de credenciamento ou cartões de crédito, bem como as administradoras de consórcios para aquisição de bens ou serviços;

CRIMINALIDADE ORGANIZADA

IV – as administradoras ou empresas que se utilizem de cartão ou qualquer outro meio eletrônico, magnético ou equivalente, que permita a transferência de fundos;

V – as empresas de arrendamento mercantil (leasing) e as de fomento comercial (factoring);

VI – as sociedades que efetuem distribuição de dinheiro ou quaisquer bens móveis, imóveis, mercadorias, serviços, ou, ainda, concedam descontos na sua aquisição, mediante sorteio ou método assemelhado;

VII – as filiais ou representações de entes estrangeiros que exerçam no Brasil qualquer das atividades listadas neste artigo, ainda que de forma eventual;

VIII – as demais entidades cujo funcionamento dependa de autorização de órgão regulador dos mercados financeiro, de câmbio, de capitais e de seguros;

IX – as pessoas físicas ou jurídicas, nacionais ou estrangeiras, que operem no Brasil como agentes, dirigentes, procuradoras, comissionárias ou por qualquer forma representem interesses de ente estrangeiro que exerça qualquer das atividades referidas neste artigo;

X – as pessoas jurídicas que exerçam atividades de promoção imobiliária ou compra e venda de imóveis;

XI – as pessoas físicas ou jurídicas que comercializem jóias, pedras e metais preciosos, objetos de arte e antigüidades.

XII – as pessoas físicas ou jurídicas que comercializem bens de luxo ou de alto valor ou exerçam atividades que envolvam grande volume de recursos em espécie.

A partir de 2012, com a alteração legislativa introduzida pela Lei n° 12.682, de 9 de julho de 2012, foram inseridos novos setores da atividade econômica na condição de sujeitos obrigados:

I – as bolsas de valores, as bolsas de mercadorias ou futuros e os sistemas de negociação do mercado de balcão organizado;

[...]

X – as pessoas físicas ou jurídicas que exerçam atividades de promoção imobiliária ou compra e venda de imóveis;

[...]

XII – as pessoas físicas ou jurídicas que comercializem, ou intermedeiem a comercialização, de bens de luxo ou de alto valor ou exerçam atividades que envolvam grande volume de recursos em espécie;

XIII – as juntas comerciais e os registros públicos;

CRIME ORGANIZADO E LAVAGEM DE DINHEIRO

XIV – as pessoas físicas ou jurídicas que prestem, mesmo que eventualmente, serviços de assessoria, consultoria, contadoria, auditoria, aconselhamento ou assistência, de qualquer natureza, em operações:
a) de compra e venda de imóveis, estabelecimentos comerciais ou industriais ou participações societárias de qualquer natureza;
b) de gestão de fundos, valores mobiliários ou outros ativos;
c) de abertura ou gestão de contas bancárias, de poupança, investimento ou de valores mobiliários;
d) de criação, exploração ou gestão de sociedades de qualquer natureza, fundações, fundos fiduciários ou estruturas análogas;
e) financeiras, societárias ou imobiliárias;
f) de alienação ou aquisição de direitos sobre contratos relacionados a atividades desportivas ou artísticas profissionais;
XV – pessoas físicas ou jurídicas que atuem na promoção, intermediação, comercialização, agenciamento ou negociação de direitos de transferência de atletas, artistas ou feiras, exposições ou eventos similares;
XVI – as empresas de transporte e guarda de valores;
XVII – as pessoas físicas ou jurídicas que comercializem, ou intermedeiem a comercialização, de bens de alto valor de origem rural;
XVIII – as dependências no exterior das entidades mencionadas neste artigo, por meio de sua matriz no Brasil, relativamente a residentes no País."

O legislador, quando da revisão do diploma legislativo, buscou incorporar novos sujeitos obrigados, sobretudo a partir da identificação de novas tipologias cuja realização perpassa por determinados setores da atividade econômica que anteriormente não eram obrigados a reportar operações. Assim, ampliou-se consideravelmente o rol de sujeitos obrigados a comunicar operações ao COAF, compondo a estrutura administrativa do combate à lavagem de dinheiro. A alteração contemplou setores como a negociação de direitos sobre contratos relacionados a atividades desportivas[10],

---

[10] A lavagem de dinheiro por meio de atividades envolvendo negociações no mercado esportivo foi objeto de estudo de tipologias do GAFI, publicado em julho de 2009, com o título **Money Laundering through the Football Sector**, onde o próprio relatório ressalta a possibilidade de utilização não so do futebol, mas de outros esportes para estruturas de lavagem de dinheiro: *"Based on a literature review and the results of the FATF-questionnaire, several sports can be identified as being vulnerable to money laundering. Sports that are regularly indicated as being vulnerable to criminal money are football, cricket, rugby, horse racing, motor racing, car racing, ice hockey, basketball and volleyball."* (p. 7-8)

CRIMINALIDADE ORGANIZADA

transporte de valores, comercialização de bens de origem rural[11], bem como a prestação de serviços de assessoria, consultoria, contadoria, auditoria, aconselhamento ou assistência, que tem sido identificadas com frequência em exercícios de tipologias utilizadas na lavagem de dinheiro.

Buscou-se, portanto, alcançar outros setores da atividade econômica que pudessem ser utilizados para a prática da lavagem de dinheiro, sobretudo atividades que não haviam sido mencionadas quando da redação originária, mas que são suscetíveis de utilização, como por exemplo, as empresas de transporte de valores, comércio de bens de alto valor de origem rural ou animal, atividades relacionadas a comercialização de direitos sobre atletas, entre outros.

A alteração legislativa incluiu também as pessoas físicas ou jurídicas que prestem, mesmo que eventualmente, serviços de assessoria, consultoria, contadoria, auditoria, aconselhamento ou assistência, de qualquer natureza, em determinadas operações, onde se incluem os advogados, circunstância que gerou grande repercussão.[12]

Tal ampliação na estrutura dos sujeitos obrigados pretende aumentar o rol de operações a serem reportadas ao COAF, visando a tornar o sistema de prevenção mais eficiente. É importante destacar ainda que a ampliação de tais obrigações de reportar operações atípicas/suspeitas somente será melhor estabelecida com a publicação dos atos infra legais que regularão tais comunicações.

Essas obrigações administrativas podem ser agrupadas em dois grandes grupos, que compreendem, em resumo, as atividades de **identificação dos clientes e manutenção registros** e a **comunicação de operações atípicas ou suspeitas**. Quanto à identificação e registro dos clientes, o artigo 10 da Lei 9.613/98 dispõe que os sujeitos obrigados:

---

[11] Casos recentes do Brasil apontam a utilização de comércio de gado na lavagem de dinheiro, como justificativa de incremento patrimonial, tendo em vista a dificuldade em se mensurar e controlar rebanhos, bem como o valor de mercado dos mesmos em que facilmente se pode inflar valores para justificar o incremento patrimonial e assim o lucro ou prejuízo em operações destinadas à lavagem de dinheiro.

[12] Acerca da inclusão dos advogados como sujeito obrigado na prevenção à lavagem de dinheiro: Ambos (2007); Sánchez e Gomez-Trelles (2008, p. 1-40); Sanchez Stewart (2008, p. 1-9); Faraldo Cabana (2007, p. 318-336) ; Rios (2010); Grandis (2011, p. 115-146).

CRIME ORGANIZADO E LAVAGEM DE DINHEIRO

I – identificarão seus clientes e manterão cadastro atualizado, nos termos de
instruções emanadas das autoridades competentes;
II – manterão registro de toda transação em moeda nacional ou estrangeira, títulos e valores mobiliários, títulos de crédito, metais, ou qualquer ativo
passível de ser convertido em dinheiro, que ultrapassar limite fixado pela
autoridade competente e nos termos de instruções por esta expedidas;
III – deverão adotar políticas, procedimentos e controles internos, compatíveis
com seu porte e volume de operações, que lhes permitam atender ao disposto
neste artigo e no art. 11, na forma disciplinada pelos órgãos competentes;
IV – deverão cadastrar-se e manter seu cadastro atualizado no órgão regulador ou fiscalizador e, na falta deste, no Conselho de Controle de Atividades
Financeiras (Coaf), na forma e condições por eles estabelecidas;
V – deverão atender às requisições formuladas pelo Coaf na periodicidade,
forma e condições por ele estabelecidas, cabendo-lhe preservar, nos termos
da lei, o sigilo das informações prestadas.

O Brasil incorpora, assim, a política internacional de *"know you client"*,
de forma que os sujeitos obrigados devem adotar medidas no sentido de
garantir a perfeita identificação de seus clientes, ficando tal identificação
a ser disciplinada pelas autoridades competentes incumbidas de baixar
as instruções regulamentares. Quanto à classificação das operações como
atípicas ou suspeitas, por sua vez, o ato se dá mediante regulamentação
por cada autoridade administrativa competente (COAF, BACEN, SUSEP,
CVM, etc), que, no âmbito de sua competência, disciplina as operações
consideradas atípicas ou suspeitas, por serem consideradas operações de
risco, pela sua natureza, espécie ou forma de realização, por exemplo.
O artigo 11 disciplina o segundo bloco de obrigações impostas aos setores selecionados no artigo 9°: a obrigação de comunicar as operações:

I – dispensarão especial atenção às operações que, nos termos de instruções
emanadas das autoridades competentes, possam constituir-se em sérios indícios dos crimes previstos nesta Lei, ou com eles relacionar-se;
II – deverão comunicar ao Coaf, abstendo-se de dar ciência de tal ato a qualquer pessoa, inclusive àquela à qual se refira a informação, no prazo de 24
(vinte e quatro) horas, a proposta ou realização:
   a)   de todas as transações referidas no inciso II do art. 10, acompanhadas
       da identificação de que trata o inciso I do mencionado artigo; e
   b)   das operações referidas no inciso I;

CRIMINALIDADE ORGANIZADA

III – deverão comunicar ao órgão regulador ou fiscalizador da sua atividade ou, na sua falta, ao Coaf, na periodicidade, forma e condições por eles estabelecidas, a não ocorrência de propostas, transações ou operações passíveis de serem comunicadas nos termos do inciso II.

Observa-se que o texto incorpora as recomendações que tratam da necessidade de comunicação das operações atípicas/suspeitas, que apresentem indícios do crime de lavagem de dinheiro. Necessário ainda, que tal comunicação seja realizada sem que a pessoa a que se refere a informação seja cientificada.

Conclusão

O presente trabalho teve por objetivo analisar a estrutura de combate à criminalidade econômico-financeira no Brasil, visando tratar da estrutura de investigação e obtenção de prova no combate à criminalidade organizada e, por outro lado, dos mecanismos de controle da criminalidade financeira, cuja institucionalização deu-se a partir da lei de lavagem de dinheiro e suas alterações.

Nesse cenário, dois elementos são de fundamental análise para a compreensão da estrutura nacional: o combate à lavagem de dinheiro, de um lado, mediante a estruturação dos mecanismos de controle da criminalidade financeira, permite um acompanhamento das atividades financeiras; e, de outro lado, os meios de produção/obtenção de provas para investigação da criminalidade organizada disciplinam os principais meios de investigação e obtenção de prova, tais como a interceptação telefônica, captação ambiental de sinais, colaboração premiada, infiltração policial, etc. Ambos, de maneira complementar, mediante ainda a integração de outros diplomas legislativos, permitem a compreensão da estrutura que dispõe as autoridades brasileiras de *law enforcement* na investigação da criminalidade econômica-financeira.

Para tanto, foi analisado como o Brasil estrutura seu regime de combate à lavagem de dinheiro e como procedeu à implementação dos normativos internacionais, com a identificação inicial dos principais instrumentos internacionais dos quais o Brasil faz parte. O arcabouço legislativo brasileiro, cujo primeiro diploma legal que tratou do tema é datado de 1998 (Lei nº 9.613), foi objeto de profunda reforma em 2012, por meio da Lei n° 12.683/2012, representando hoje um marco legislativo nacional que atende, em grande parte, às necessidades legislativas para o combate à lavagem de dinheiro, seja sob a perspectiva penal, processual penal (incluindo aí o importante tratamento da alientação antecipada), bem como medidas que permitam a estruturação do sistema nacional de prevenção à lavagem de dinheiro.

Nesse contexto, outro ponto de fundamental importância é a regulação administrativa, mediante a estruturação da unidade de inteligência financeira nacional – o Conselho de Controle de Atividades Financeiras (COAF) – e a atribuição *à* reguladores nacionais, como por exemplo o Banco Central, a Comissão de Valores Imobiliários, e o próprio COAF, entre outros, para estabelecerem as obrigações administrativas a serem observadas pelos sujeitos obrigados a reportar as operações atípicas ou suspeitas ao COAF (instituições financeiras, empresas de factoring, administradoras de cartões de crédito, comerciantes de bens de alto valor, empresas de transporte de valores e outras atividades que oferecem risco potencial à prática da lavagem de dinheiro).

Assim, além da mera implementação das recomendações que regem a matéria na perspectiva internacional para a ordem interna, relevante se faz perquirir acerca de sua efetividade, tema essa que norteará a nova rodada de avaliações que foi recém iniciada pelo GAFI, inclusive adotando nova metodologia em que os países serão avaliados a partir de matrizes de risco prioritárias.

Portanto, os mecanismos de investigação da criminalidade organizada e dos atos de lavagem de dinheiro aqui interagem para formar o núcleo que permite alcançar o material probatório da investigação econômico-financeira no Brasil. Deve ser frisado ainda que tratam-se de diplomas legais recentes, cuja aplicação casuística pelos tribunais permitirá o preenchimento de eventuais lacunas existentes, assim como o estabelecimento de seus limites interpretativos.

CRIMINALIDADE ORGANIZADA

Referências

AMBOS, Kai. **Lavagem de dinheiro e direito penal**. Porto Alegre: Sergio Antonio Fabris Editor, 2007.

_____. Internacionalización del derecho penal: el ejemplo del "lavado de dinero". **Revista de Derecho Penal y Procesal Penal**, Buenos Aires, n. 1, p.1-16, enero 2012.

ANSELMO, Márcio Adriano. O Banco Central e a nova regulamentação da prevenção à lavagem de dinheiro no âmbito do sistema financeiro: anatomia da Circular 3.461/2009. **Revista de Direito Bancário e do Mercado de Capitais**, São Paulo, v. 13, n. 50, p. 126-156, out./dez. 2010.

BARROS, Marco Antonio de. **Lavagem de Capitais e Obrigações Civis Correlatas**. São Paulo: RT, 2004.

_____. **Lavagem de Capitais e Obrigações Civis Correlatas**. 3ª ed. São Paulo: RT, 2012.

BLANCO CORDERO, Isidoro. La lucha contra el blanqueo de capitales procedentes de las actividades delictivas en el marco de la Unión Europea. **Eguzkilore: Cuaderno del Instituto Vasco de Criminología**, San Sebastian, n. 15, p.7-38, 2001.

_____. Eficacia del sistema de prevención del blanqueo de capitales. Estudio del cumplimiento normativo (compliance) desde una perspectiva criminológica. **Eguzkilore: Cuaderno del Instituto Vasco de Criminología**, San Sebastian, n. 23, p.117-138, 2009.

_____. Los tributos defraudados como objeto material del delito de lavado de activos. El delito tributário como el delito prévio del lavado de activos. **Gaceta Penal**, n. 19, enero-2011, p. 160-183.

_____. El delito fiscal como atividade delictiva previa del blanqueo de capitales. **Revista Electrónica de Ciencia Penal y Criminología**. 2011, núm. 13-01, p. 01-46.

CARR, Indira M. GOLDBY, Miriam, **The United Nations Anti-Corruption Convention and Money Laundering**. 2009. Disponível em: <http://ssrn.com/abstract=1409628>. Acesso em: 08 set. 2014.

CERVASCO. Luis Jorge. **Encubrimiento y lavado de diñero – nueva formulación del delito de encubrimiento**. Buenos Aires: Fabian J. de Placido Editor, 2002.

CORRÊA, Luiz Maria Pio. **O Grupo de Ação Financeira Internacional (GAFI): organizações internacionais e crime transnacional**. Brasília : FUNAG, 2013.

FABIÁN CAPARROS, Eduardo. Antecedentes: iniciativas internacionales. Efectos del lavado de dinero. Bien jurídico tutelado. Fenomenologia del lavado de dinero. In: BLANCO CORDERO, Isidoro; FABIÁN CAPARROS, Eduardo Fábian; ZARAGOZA AGUADO, Javier Alberto. **Combate del lavado de activos desde el sistema judicial.** 3 ed. Washington: CICAD/OEA, 2006.

FATF. **Annual Report 2010-2011**. Paris, 2011. Disponivel em < http://www.fatf-gafi.org/media/fatf/documents/reports/formatted%20annual%20report%20for%20printing. pdf>. Acesso em 18 jun. 2013.

_____. **Laundering the Proceeds of Corruption**. Paris, 2011.

_____. **A Reference Guide and Information Note on the use of the FATF Recommendations to support the fight against Corruption (the Corruption Information Note).** Paris, 2012.

CRIME ORGANIZADO E LAVAGEM DE DINHEIRO

_____. Specific Risk Factors in Laundering the Proceeds of Corruption: Assistance to Reporting Entities. Paris, 2012.

_____. Best Practices Paper: The use of the FATF Recommendations to combat corruption. Paris, 2013.

_____. Guidance on Politically Exposed Persons (Recommendations 12 and 22). Paris, 2013.

FARALDO CABANA, Patricia. Legal Professionals and Money Laundering in Spain. **Journal of Money Laundering Control**. v. 10, n. 3, p. 318-336, 2007.

GIDDENS, Anthony. **Consequences of Modernity**. Stanford: Stanford University Press, 1990.

GODOY, Arnaldo Sampaio de Moraes. **Globalização, Neoliberalismo e Direito no Brasil**. Londrina: Humanidades, 2004.

GRANDIS, Rodrigo de. O exercício da advocacia e o crime de "lavagem" de dinheiro. In: DI CARLI, Carla Veríssimo. MENDONÇA, Andrey Borges de. **Lavagem de dinheiro: prevenção e controle penal.**Porto Alegre: Verbo Jurídico, 2011, p. 115-146.

HIRSCH, Hans Joachim. Internacionalización del derecho penal y de la ciencia del Derecho penal. **Revista de Derecho Penal**, Buenos Aires, n. 2, p. 399-420, 2005.

QUINTERO OLIVARES, Gonzalo. El delito fiscal y el ámbito material del delito de blanqueo. **Actualidad Juridica Aranzadi**. Ano XVI, n. 698, p. 1-5, feb-2006.

RIOS, Rodrigo Sanchez. **Advocacia e Lavagem de Dinheiro**: questões de dogmática jurídico-penal e de política criminal. São Paulo: Saraiva, 2010.

SÁNCHEZ, Javier. GOMEZ-TRELLES, Vera. Blanqueo de capitales e abogacía: un necesaria análisis crítico desde la teoria de la imputación objetiva. **InDret – Revista para el Análisis del Derecho**. Barcelona, janeiro, 2008, p. 1-40.

SANCHEZ STEWART, Nielson. Las funciones del abogado en relación a las obligaciones que impone la normativa de prevención. **La Ley Penal**, n. 53, octubre 2008, p. 1-9.

SILVA, Ivan Luiz da. Internacionalização do direito penal: a tutela penal na ordem jurídica internacional. **Revista Portuguesa de Ciência Criminal**, Coimbra, v. 19, n. 3, p. 351-390, jul./set. 2009.

SOUZA NETTO, Jose Laurindo de. **Lavagem de dinheiro – comentários à Lei 9.613/98**. Curitiba, Juruá, 2010.